本书由陕西师范大学出版基金资助出版

陕西师范大学国家重点学科建设项目

张懋镕　主编

# 中国古代青铜器整理与研究

## 应国青铜器卷

李树浪　著

科学出版社
北京

**图书在版编目（CIP）数据**

中国古代青铜器整理与研究. 应国青铜器卷 / 张懋镕主编；李树浪著. —北京：科学出版社，2019. 3
陕西师范大学国家重点学科建设项目
ISBN 978-7-03-055975-3

Ⅰ. ①中…　Ⅱ. ①张…　②李…　Ⅲ. ①青铜器（考古）-研究-中国　Ⅳ. ①K876. 414

中国版本图书馆CIP数据核字（2017）第312902号

责任编辑：李　茜　曹　伟 / 责任校对：邹慧卿
责任印制：吴兆东 / 封面设计：北京美光制版有限公司

科学出版社 出版
北京东黄城根北街16号
邮政编码：100717
http：//www.sciencep.com
北京建宏印刷有限公司印刷
科学出版社发行　各地新华书店经销

*

2019年3月第　一　版　开本：787×1092　1/16
2024年1月第二次印刷　印张：15 1/2　插页：1
字数：368 000

**定价：198.00元**

# 多卷本《中国古代青铜器整理与研究》编写缘起

经过十几年的准备工作，多卷本的《中国古代青铜器整理与研究》即将出版。回顾往事，真是百感交集。

30年前，我的处女作《释“东”及与“东”有关之字》发表，从那时候起，青铜器的学习与研究注定成为我一生的追求。

29年前，我开始师从李学勤先生研习古文字。中国古文字有很多分支，如甲骨文、金文、战国文字、简牍帛书文字。先生告诉我：“你在陕西，陕西有很多青铜器，你就做金文研究吧。”在先生的指导下，我受到严格的学术训练，这令我终身受益。我的硕士学位论文是《周原出土西周有铭青铜器综合研究》。所谓综合研究，就是从青铜器、古文字、历史文献三方面来研究。从此，综合研究成为我研究青铜器遵循的准则与方法。

1989年，西北大学文博学院成立新的专业——博物馆专业，大概考虑到我本科学的是考古，于是把我从文献专业调到博物馆专业。我除了继续讲古文字，又开了一门新课“青铜器鉴定”。自此之后，我开始系统研习青铜器，包括没有铭文的青铜器。

在长期的教学与研究工作中，我渐渐对中国古代青铜器有了新的认识。

概而言之，中国古代青铜器的研究，自两宋以来，已有一千多年的历史，取得了丰硕的成果。尤其是近百年来的研究，在青铜器的分期、分区系、分国别、分器类诸方面卓有成效，为世人所瞩目。

回顾历史，也毋庸讳言，我认为就青铜器基础性工作而言，其资料的整理还远远不够。且提一个最基本也是最简单的问题：迄今为止究竟有多少件中国古代青铜容器？几万还是十几万（尚且没有涉及兵器、工具、车马器、钱币、铜镜等），恐怕连一个非常粗略的估计都没有，专家也说不清楚。家底不清，研究对象模糊，研究很难继续深入。由于中国古代青铜器资料十分庞杂，其收集、整理并非易事，所以这一部分的工作非常重要。说到研究，比如青铜器的定名，鼎、鬲、簋等各类器物的分类研究，它们之间的相互关系，各类纹饰的分类研究，纹饰和器物之间的相互关系，各个阶段铭文的特点，器物、纹饰、铭文三者之间的互动关系以及对断代的作用等，其研究或不够系统，或不够深入，有些方面甚至是空白。

20多年来，我一直在进行这方面的研究工作，写了《西周方座簋研究》《两周青铜盨研究》《西周青铜器断代两系说刍议》《试论中国古代青铜器器类之间的关系》《试论青铜器自名现象的另类价值》等文章，希望从器类、断代、地域、定名等多个角度和层面对青铜器进行探索。

同时我也十分关注国内外青铜器研究专家的成果，他们的论著是我案头的必备书籍，我经常阅读，受益无穷。

在研究中，我深感个人力量的有限。从1999年招收青铜器方向研究生起，就逐渐形成了一个构想：如果研究生本人没有更好的研究题目，我就请他（她）来做青铜器中的某一部分，整理、研究某一类青铜器，或某一类纹饰，或某一时段的铭文，等等。经过十多年的积累，已经完成了20多篇硕士和博士学位论文。其中分器类的整理与研究完成多半，某一地区、某一时段的青铜器的整理与研究正在进行，纹饰与铭文的分类、分时段研究也做了一部分。这些为多卷本《中国古代青铜器整理与研究》的编撰奠定了基础。同时，我注意到其他先生也在指导研究生做类似的学位论文，对我们也很有启发与帮助。

前几年，在编写《青铜器论文索引》的过程中，我与线装书局的刘聪建先生多有接触。他听了我的上述介绍后，很感兴趣，遂与我商定，在原有研究生学位论文的基础上，由我主编，各专题作者分别著述，形成一套多卷本《中国古代青铜器整理与研究》。但由于种种原因，在线装书局只出了三卷。如今，在科学出版社的大力支持下，计划得以重新实现，拟在今后的若干年里，陆续完成和出版20卷以上的著作。

写作多卷本《中国古代青铜器整理与研究》的目的拟在全面、系统整理青铜器资料，充分吸取古今中外研究成果的基础上，对青铜器的形制、纹饰、铭文、组合关系等方面做全方位考察和研究，并试图总结出关于中国古代青铜器产生、发展、消亡的基本途径、规律、特点及其原因。这是一个遥远的目标，但我们有信心一步一步地走近它。

由于这套多卷本《中国古代青铜器整理与研究》的作者都是毕业不久的研究生，眼界有限、文字青涩在所难免。我的指导也很有限，很多问题我也不懂或知之甚少。当时作学位论文时，我希望他们放大胆子去写，因此他们的观点与我也不尽一致。但无论如何，在阅读他们的学位论文时，在与他们的反复讨论、交流中，我也有很多收获，这是最令人快乐的事情。我将阅读后的感想写出来，作为序言放在书前，就是希望继续与大家讨论，将《中国古代青铜器的整理与研究》延续下去。而随着一本本书稿的出版，这一批年轻的作者也正在走向成熟，这或许是比书稿的出版更有意义的事情。

最后，要感谢参加我的研究生学位论文答辩以及审阅论文的诸位先生，并希望今后继续得到你们的批评与帮助。感谢陕西师范大学暨历史文化学院给予的大力支持，感谢科学出版社李茜与曹伟两位编辑的辛勤工作，让我们十几年来的梦想终于得以实现。

乙未年立冬后二日张懋镕写于

陕西师范大学中国青铜文化研究中心

# 西周姬姓诸侯国青铜礼容器的比较研究（代序）

张懋镕

三十年前，李学勤先生在《西周时期的诸侯国青铜器》一文中指出："过去只能讲东周时期列国青铜器的异同，现在则有条件探讨西周诸侯国青铜器的若干特点。"并认为："诸侯国的青铜器很多和周王朝的器物相同，在器形、纹饰和工艺上都看不出明显的特点。"[①]这是很中肯的结论。三十年来，随着大量西周诸侯国墓葬与青铜器的发现、国别文化研究的进一步深入，对西周诸侯国青铜文化的认识也更为深入细致。李树浪博士所著的《中国古代青铜器整理与研究·应国青铜器卷》[②]，就是对西周时期姬姓诸侯国应国青铜礼器的专门研究。本文想在此基础上着重讨论西周姬姓诸侯国在青铜礼器方面的差别，研究这种差异，对了解姬姓诸侯国的生存环境和状态具有重要意义。

本文研究的对象是几个主要的姬姓诸侯国：北方的晋国、中原的应国、南方的曾国、东方的鲁国。考虑西周时期鲁国的青铜器墓发现很少，所以将春秋早期的鲁国青铜器墓也包含在研究范围内，以资参考。

在西周时期，大致存在三大族群：殷遗民、周人和土著（土著包括西戎、北狄、东夷、南蛮等）[③]。就文化属性而言，有殷商文化、周文化和土著文化。所谓西周姬姓诸侯国青铜文化的差异，往往就是他们（周人）受殷商文化和当地的土著文化影响的深浅程度。窃以为，衡量他们受影响的标尺有四个方面：青铜器出土环境的差异、青铜器类别的差异、墓葬出土青铜器组合形式的差别以及日名和族徽问题。

## 一、青铜器出土环境的差异

内涵相近的青铜器，如果出土在不同的环境里，其性质可能会截然不同。譬如，

---

① 李学勤：《西周时期的诸侯国青铜器》，《中国社会科学院研究生院学报》1985年第6期；《新出青铜器研究》（增订版），人民美术出版社，2016年，28页。

② 李树浪：《中国古代青铜器整理与研究·应国青铜器卷》，科学出版社，2019年。本文凡引述该书的观点，不再一一注明。

③ 张懋镕：《西周早期铜器墓的分类与族属——兼论"分器"现象》，《古文字与青铜器论集》第五辑，科学出版社，2016年，347～349页。

同样是有族徽和日名的青铜器，出土在西周殷遗民的墓葬中（如鹿邑长子口墓），它可能就是墓主人的器物，对判断此墓的性质起决定性作用；如果出土在周人的墓葬里（如叶家山曾国墓地），它就不一定是墓主人的器物，对判断此墓的性质起不了多大作用，甚至有可能扰乱我们的视线，导致做出错误的判断。所以讨论青铜器的差别，应该先从青铜器出土的环境差异谈起。

所谓青铜器的出土环境，即指青铜器所在墓葬的形制和葬式。在应、晋、鲁、曾四国中，以曾国的葬制与葬式最为特殊，与王畿地区的形式迥异。从叶家山曾国墓地布局来看，墓葬的方位大致是东西向，墓主人头朝东①。同时期殷遗民和周人墓葬的方位大致是南北向，墓主人头朝北，而江汉土著的墓葬的方位大致是东西向，墓主人头朝东。同时，叶家山曾国墓地年代最早的M1还有腰坑。腰坑是殷商墓葬的主要表征之一，自先周以来，周人的墓葬基本不用腰坑。由此可见，叶家山曾国墓地的葬制与葬式受到土著文化和殷商文化的双重影响，情况非常复杂，无怪乎很多资深的研究者一开始都不认为叶家山曾国墓地的主人是姬姓诸侯国的贵族。②

其次是晋国。在天马-曲村北赵晋侯墓地出现殉人、殉狗现象。M114有殉人、殉狗③，M9、M6、M91有殉狗④。商代晚期殉人、殉狗现象很普遍，与腰坑一样，是殷商文化的表征。自先周以来，周人的墓葬基本不用殉人、殉狗。可见西周时期的晋国葬制与葬式受到殷商文化的影响。由于未见腰坑，况且殉人、殉狗的例子也不多，故晋国葬制与葬式受到殷商文化的影响有限⑤。

再次是应国。在河南平顶山应国墓地，墓葬的方位大致是南北向，墓主人头北足南，既无腰坑，也无殉人、殉狗，可见在葬制与葬式方面应国贵族与王畿地区的姬周贵族一致，没有受到外来文化的影响⑥。

鲁国比较特殊。据《曲阜鲁国故城》介绍，墓葬的方位大致是南北向，分为甲、

---

① 湖北省博物馆、湖北省文物考古研究所、随州市博物馆：《随州叶家山西周早期曾国墓地》，文物出版社，2013年，12页。

② 李学勤、李伯谦、朱凤瀚等：《湖北随州叶家山西周墓地笔谈》，《文物》2011年第11期，64～77页；黄凤春：《关于叶家山西周曾国墓地的族属问题》，《叶家山西周墓地国际学术研讨会会议论文》，2013年，5页。

③ 北京大学考古文博学院、山西省考古研究所：《天马-曲村遗址北赵晋侯墓地第六次发掘》，《文物》2001年第8期，9、10页。

④ 北京大学考古学系、山西省考古研究所：《天马-曲村遗址北赵晋侯墓地第二次发掘》，《文物》1994年第1期，3～6页；北京大学考古学系、山西省考古研究所：《天马-曲村遗址北赵晋侯墓地第五次发掘》，《文物》1995年第7期，10页。

⑤ 张懋镕：《晋侯墓地文化解读三题》，《古文字与青铜器论集》，科学出版社，2002年，70～72页。

⑥ 河南省文物考古研究所、平顶山市文物管理局：《平顶山应国墓地Ⅰ》，大象出版社，2012年，18、92、144、188、219页。

乙两组风格迥异的墓葬。前者有腰坑，绝大部分头向朝南，M202有殉人，有29座墓有殉狗，后者无腰坑，也无殉人、殉狗，多数头向北。前者是当地的土著，东夷人，后者是姬姓鲁国贵族。两组墓的葬制、葬式不同，壁垒分明①。值得注意的是，在其他姬姓诸侯国的墓地，葬制、葬式往往很难分清，而在鲁国，却是一目了然。这种区分，显然是要彰显姬姓鲁国贵族在维护周礼方面的纯正性。

总而言之，在墓葬的形制和葬式方面，曾国所受外来文化影响最深，其次是晋国，再次是应国，最后是鲁国。

## 二、青铜器类别的差异

商周之际青铜器类别的变化主要体现在传统酒器的减少，以爵、觚、觯、斝、方彝的变化最为明显。我们曾经对有铭文的爵、觚、觯、斝、方彝的数量变化做过统计。商代晚期爵、觚、觯、斝、方彝的数量分别占总数的71.9%、89.4%、49.2%、82.2%、73.5%；西周早期爵、觚、觯、斝、方彝的数量分别占总数的26.7%、10.6%、46%、16.8%、13.3%；西周中期爵、觚、觯、斝、方彝的数量分别占总数的1.3%、0%、4.8%、0%、13.3%②。可见爵、觚、觯、斝、方彝在西周早中期之交迅速衰落或消亡了。

需要说明的是，在西周早期的墓葬中，使用爵、觚、觯、斝、方彝者主要是殷遗民，周人较少使用。具体而言，不同等级的姬周贵族人使用爵、觚、觯、斝、方彝的情况也不一样。大致4平方米以下的小型墓葬以及中型偏小的墓葬出土鼎和簋，不出爵、觚和觯；中型偏大以及大型墓葬会出土爵、觚、觯、斝、方彝。但其中有些爵、觚、觯、斝、方彝乃“分器”及其他途径而来，并非墓主人所固有（详下）。中期之后，即使在中型偏大的姬周贵族墓葬中也几乎不使用爵、觚、觯；在大型姬周贵族墓葬中有使用爵、觚、觯、斝、方彝，但其中很多为明器。显然在西周时期，爵、觚、觯、斝、方彝是具有标志性的器物。我们可以通过分析应、晋、鲁、曾四国青铜器中这些酒器的数量与质量来评判各自受殷商文化影响的程度。

先看应国。平顶山应国墓地出土的酒器有M229出土的应事爵和应事觯，M242出土爵1件、觯2件，M210出土爵（明器）、觯（明器）各1件，M84出土爵、觯各1件，M85出土素面觯1件，M232出土觯或尊的残片，M231出土锡觯1件，M213出土锡爵、

① 山东省文物考古研究所、山东省博物馆等：《曲阜鲁国故城》，齐鲁书社，1982年，214、215页。

② 张懋镕：《试论商周青铜器的文化属性与器类演变的关系》，《古文字与青铜器论集》第四辑，科学出版社，2014年，197～201页。

觯各1件，M86出土爵、觯的残片①。由应事爵和应事觯的铭文可知是应国贵族的青铜器，其他酒器虽无铭文，但从锈色和器物风格来看，不好说是外来之器，大致也是应国青铜器。传世应国青铜器中还有两件应公觯，一件有鋬（《商周》010269）②，一件或被称为尊（《商周》010269），其实还是觯。引人注目的是后一件应公觯腹部饰大兽面纹，其纹饰形态和布局都有浓郁的商器艺术风格。M242的年代大致在昭王时期，M229的年代已进入西周中期。爵与觯自西周早期晚段开始衰落，在周王畿地区的周人墓里已经很少见到爵和觯了，而在应国墓地还多次出现，考虑应国墓地被盗严重，实际上传统酒器数量还要多。例如，2008年苏富比春拍的一件应䵼方彝③，做工精致，可能来自平顶山应国墓地。西周中期方彝很少，且制作一般，应䵼方彝便显得引人注目。这些都说明在酒礼器方面，应国受殷商文化影响还是比较大的④。

再看晋国。山西天马-曲村北赵晋侯墓地的发掘资料至今没有详细公布，加之被盗严重，想对墓地的文化状态做一点研究是非常困难的。下面只是根据已公布的材料谈一点看法。M113和M114是墓地中年代最早的一组墓葬，在西周早中期之交，是最合适与其他三个诸侯国做比较的考古遗址，因为叶家山曾国墓地的下限在这个时期，平顶山应国墓地的材料也主要在这个时期，是最能反映诸侯国文化差异的时期。M114乃晋侯墓，被盗严重，出土觯1件；M113为晋侯夫人墓，此墓未被盗，出土爵2件、觯3件、觚1件⑤。按常理可推知M114出土的爵、觯、觚的数量应更多，种类也更多。中期偏晚的M33出土觯1件，晚期的M8、M62～M64、M91～M93、M102都出土有爵或爵、觯。M62、M63、M93、M102还出土了方彝⑥。M63出土的云纹方彝（M63：76），盖体连铸，无底，显然是一件明器。M93出土的龙纹方彝（M93：51），装饰比上一件讲究多了，在盖顶捉手两侧各装饰一只蹲踞状的小熊，在器盖四侧分别装饰顾首卧龙和卧虎各两只，器身上亦装饰爬兽4只，从器盖到器身及四角装饰扉棱，盖、沿下饰波带

---

① 河南省文物考古研究所、平顶山市文物管理局：《平顶山应国墓地Ⅰ》，大象出版社，2012年，27、96、154～156、190、191、391、407、408、449、583、670页。

② 吴镇烽：《商周青铜器铭文暨图像集成》，上海古籍出版社，2012年。

③ 李树浪：《中国古代青铜器整理与研究 · 应国青铜器卷》，科学出版社，2019年。

④ 张懋镕：《西周早中期应国青铜礼器中的商文化因素》，《古文字与青铜器论集》第五辑，科学出版社，2016年，79～83页。

⑤ 北京大学考古文博学院、山西省考古研究所：《天马-曲村遗址北赵晋侯墓地第六次发掘》，《文物》2001年第8期，12页。

⑥ M8、M13见于北京大学考古系、山西省考古研究所：《天马-曲村遗址北赵晋侯墓地第二次发掘》，《文物》1994年第1期，4～6页。M31见于北京大学考古系、山西省考古研究所：《天马-曲村遗址北赵晋侯墓地第三次发掘》，《文物》1994年第8期，22、33页。M62～M64见于北京大学考古系、山西省考古研究所：《天马-曲村遗址北赵晋侯墓地第四次发掘》，《文物》1994年第8期，1～21页。M33、M91～M93、M102见于北京大学考古系、山西省考古研究所：《天马-曲村遗址北赵晋侯墓地第五次发掘》，《文物》1995年第7期，4～38页。

状云纹，近圈足处饰斜角云纹，圈足上饰重鳞纹。方彝在西周中期之后已很少见，西周晚期的晋侯墓葬出土这样装饰讲究的方彝，可见在晋国社会上层，受殷商文化的影响可谓绵长。

由于尚未发现西周时期鲁侯的墓葬，所以很难与其他诸侯国国君的墓葬做对比研究。迄今为止只见到一件鲁侯爵（《商周》08580），不知有觚、觶、斝、方彝否，所以鲁国在青铜器类方面所受殷商文化的影响难以判断。

最后谈曾国。湖北随州叶家山墓地保存完整，使我们有可能对西周早期的曾国青铜器的类别特点有比较清楚的了解。叶家山曾国墓地出土不少爵、觚、觶，但是其中有一部分缀有族徽，显然是外来之器，部分可能是“分器”所得的器物[①]，应剔除出去，以免影响我们的判断。曾经有人以叶家山墓地出土族徽青铜器多而否定墓地主人为姬姓贵族，显然是没有搞清楚它们的来源。

M1出土父乙爵1件（M1：010）、父癸觚2件（M1：013、M1：020）和冉父丁斝1件（M1：015），共4件[②]。这4件器物属于“分器”的可能性很大。

M27出土父乙觚（M27：13）1件，觶4件：父癸觶、守父乙觶、冉觶、且南萑觶（有人将萑前二字释作“且南”，恐怕有问题，在早期金文中，通常人名之前是族徽，所以这也是一件有族徽的觶）[③]。这4件觶尺寸、形制、纹饰、族徽各不相同，可见是临时拼凑的一套器物，不是曾侯自己的器物。有一件举𣪘壶也是外来之器。还有一件兽面纹觥，发掘者认为有较早的年代特征，很有道理[④]。共7件。另外M27出土2件青铜爵（M27：5、M27：6），尺寸、形制、纹饰基本一致，无族徽，很可能是曾侯自己的器物。

M28出土父辛爵（M28：172）1件，另一件父辛爵（M28：171）与前者形态、风格接近，很可能是同时所铸。这两件爵年代较早。还有母辛觶（M28：168）1件[⑤]。这几件器物属于“分器”的可能性很大。

M46出土鸟父丁爵2件（M46：13、M46：14）、亚雋父丙觶1件（M46：11）、

---

① 张懋镕：《西周早期铜器墓的分类与族属——兼论“分器”现象》，《古文字与青铜器论集》第五辑，科学出版社，2016年，344页。

② 湖北省文物考古研究所、随州市博物馆：《湖北随州叶家山西周墓地发掘简报》，《文物》2011年第11期，27～29页。

③ 湖北省文物考古研究所、随州市博物馆：《湖北随州叶家山西周墓地发掘简报》，《文物》2011年第11期，27～32页。

④ 湖北省博物馆、湖北省文物考古研究所、随州市博物馆：《随州叶家山西周早期曾国墓地》，文物出版社，2013年，210页。

⑤ 湖北省文物考古研究所、随州市博物馆：《湖北随州叶家山M28发掘报告》，《江汉考古》2011年第4期，26、27页。

父乙尊（M46：16）、□祖乙卣（M46：12）各1件[①]。这几件器物的年代都比较早，属于“分器”的可能性很大。

M65出土弦纹爵2件（M65：33）、云雷纹觶1件（M65：159）[②]。这3件器的年代也比较早。

M107出土𠘨◇父乙爵1件（M107：10）[③]，□觚（M107：11）1件，戈父乙尊（M107：8）、戈父乙卣（M107：7）各1件。这些器的年代大致在昭王前后，所以不属于前面所说的“分器”，可能是通过助祭、通婚等途径获得的。M107出土西宫爵1件（M107：12），显然是曾侯的器物，还有父辛觶（M107：9）1件，从组合关系的角度看，也有可能为曾侯所作。

M111出土觚形器1件（M111：123）[④]，此器形制特殊，前所未见，又无族徽，装饰简单，与晚殷以来的觚有别，很可能是曾侯自作的器物。还有侯用彝斝（M111：111），上有铭文“侯用彝”，表明这是曾侯所用器。这些不是外来之器。

综上所述，叶家山曾国墓地出土爵、觚、觶、斝等酒器不少，其中至少有6件是曾侯自作的器物。其中曾侯用斝的出现，引人注目，因为西周早期斝特别少，而且在此之前还没有一件斝可以证明为姬周贵族所用。这些都表明曾国青铜器受到殷商文化的影响可能比较大[⑤]。

总而言之，在青铜酒器的使用方面，像应、晋、鲁、曾国这样远离西周王畿，靠近或者处于殷商文化氛围浓郁的地方的诸侯国，既不同于殷遗民对酒器的眷恋，也与西周王畿姬周贵族的态度有别。比较而言，在酒器方面所受殷商文化的影响，应、晋、曾三国为大，鲁国可能较小。

应、晋、鲁、曾四国青铜器不仅受到殷商文化的影响，也受到周边土著文化的影响。

正如《中国古代青铜器整理与研究 · 应国青铜器卷》指出的，应国部分青铜器受到南方青铜文化的影响。譬如，甗盉的形制与雁形近，明显是模仿水禽的造型，可能起源于地方青铜文化。M242出土的素面鼎（M242：13）很有特点，束颈、垂腹、细高足，这种薄壁细高足鼎不产于中原地区，从商代晚期到春秋战国时期，一直在南方地

① 湖北省文物考古研究所、随州市博物馆：《湖北随州市叶家山西周墓地》，《考古》2012年第7期，47页。

② 湖北省文物考古研究所、随州市博物馆：《湖北随州叶家山M65发掘简报》，《江汉考古》2011年第3期，21、22页。

③ 湖北省文物考古研究所、随州市博物馆：《湖北随州叶家山M107发掘简报》，《江汉考古》2016年第3期，13页。

④ 湖北省博物馆、湖北省文物考古研究所、随州市博物馆：《随州叶家山西周早期曾国墓地》，文物出版社，2013年，112～146页。

⑤ 需要说明的是，叶家山有些资料没有发表或者不完整（如只有铭文拓片没有器形图），本文无法运用，故而会有议论不到的地方。

区流行。M85出土的蟠龙盖盉（M85：16），作为盖纽的蟠龙为高浮雕，与中原地区的蟠龙的造型和装饰风格不同。陈小三博士认为该器有典型的吴越风格特点①。很有道理。M84出土的箍棱鼎（M84：74）的形制也很特别，做束颈、垂腹状，但与一般束颈垂腹鼎不同的是颈与腹交界处呈凸起状，形成一周箍棱，这种形制的鼎在中原地区罕见，应是受到长江中游青铜文化影响的结果，或许是应国位置偏南的原因受南方青铜文化影响比较深。

与应国相反，晋国地处北土，受北方、西北青铜文化的影响要大一些。晋侯墓地M113出土一件青铜三足瓮（M113：37），乃仿陶三足瓮而成，极为少见，年代在西周早期。而陶三足瓮可能来自更北的内蒙古（朱开沟遗址）或较近的东下冯遗址，通过女性婚嫁（M113是晋侯夫人墓），将这些异族的器物带进晋国。M113还出土一件青铜双耳罐（M113：125），年代应在西周早期。青铜罐很少见于西周墓葬中。双耳折肩罐为齐家文化陶器中的常见形制，而这件铜双耳罐与齐家文化秦魏家下层出土的陶双耳罐（M89：3）相似。这些器物出在晋侯夫人墓中，晋侯夫人很可能与羌人有关系，至少表明晋文化与西方、北方的戎狄文化有频繁交流②。

西周时期鲁国的情况目前我们还不清楚，到了春秋早期，鲁国故城墓葬出土的一些青铜器有地方特色，如M48出土的裸体人形三足盘，据方辉先生研究，这种以裸体人形作足的器物多出于海岱莒文化区，如小邾国墓地M3、滕州后荆沟M1、临朐泉头M甲、沂源姑子坪M1等墓葬，是海岱地区的特色器物，年代也多在西周晚期至春秋早期③。鲁国故城M48出土的裸体人形三足盘可能是受其影响下的产物。鲁国故城的两件卵形青铜壶（M30：32、M48：16）不见于中原及海岱境外的其他地区，但在鲁东南日照地区发现较多④，年代也略早，应来自海岱东南一带或者是受其影响。

曾国青铜器也受到其他青铜文化的影响。典型例子是M111出土的青铜镈（M111：5）。正如发掘者所言："器形、兽面纹、虎与鸟装饰与湖南邵东贺家村镈钟几乎相同。"⑤是南方地区的产品。M1出土的兽面纹小鼎（M1：14），与天马-曲村晋国墓地 M6081出土的2件南宫姬鼎有点相似。从M2出土的曾侯谏作媿甗、簋来看，M1出土的这件兽面纹小鼎的纹饰风格与曾侯方鼎有关联，它有可能借鉴了北方媿

① 陈小三：《平顶山应国墓地新见铜盉与吴越地区西周铜器断代》，《考古》2015年第5期。

② 陈芳妹：《晋侯墓地青铜器所见性别研究的新线索》，《晋侯墓地出土青铜器国际学术研讨会论文集》，上海书画出版社，2002年，163页。

③ 齐皖（方辉）：《山东省博物馆馆藏裸人铜方鼎》，《文物天地》1990年第5期。

④ 杨深富：《山东日照崮河崖出土一批铜器》，《考古》1984年第7期。

⑤ 湖北省博物馆、湖北省文物考古研究所、随州市博物馆：《随州叶家山西周早期曾国墓地》，文物出版社，2013年，252、253页。

氏青铜器的形制与纹饰①。

总而言之，在青铜器器类方面所受其他文化的影响，应、晋、曾三国为大，鲁国可能较小。

## 三、墓葬出土青铜器组合形式的差别

我们在《西周早期铜器墓的分类与族属——兼论“分器”现象》一文中，为判定西周早期墓葬的族属提出五点标准。其中第四点是：“凡是墓葬中酒器种类与数量超过食器，多使用青铜爵、觚、觯等饮酒器，这样的墓葬主人一般来说为商人，反之为周人。”②换言之，哪个姬姓诸侯国的青铜器组合中酒器种类与数量接近食器，这个姬姓诸侯国的青铜器受殷商文化的影响就深，反之则浅。需要说明的是，酒器中如有明器，则要酌情考虑。

先看应国。很遗憾，平顶山应国墓地被盗严重，西周早中期器物组合完整的墓葬不多。M242出土鼎、簋、觯各2件，尊、卣、爵各1件。酒器数量（5件）多于饪食器（4件）数量，颇不寻常。在饪食器中至少有1件柞伯簋是外来之器。在5件酒器中，表面锈色与风格比较一致，也没有族徽，不像是外来之器，应是当时当地铸造。鉴于一般殷商青铜器墓中酒器数量多于饪食器的特点，说明M242在青铜器组合方面所受殷商文化的影响较大。

另一座墓葬是M229，器物组合是否完整，发掘者没有明确指出。年代应晚于M242，在昭穆之际。出土有鼎、簋、爵、觯各1件，酒器数量（2件）等于饪食器（2件）数量。这4件青铜器上都有器主的名字“应事”。尤其是应事爵，据报告说“器壁甚厚，做工精细”，且有铭文，显然它不是仓促制作的明器。锈色与风格比较一致，应是当时当地铸造。已经到昭穆之际了，此时爵、觯这样成组的酒器组合已经很少，而应事还在铸造爵、觯，可见墓主人更在乎酒器，在青铜器组合方面所受殷商文化更深。

M210出土青铜器6件：鼎、簋、尊、卣、爵、觯各1件，酒器数量（4件）大于饪食器（2件）数量。但尊、卣、爵、觯都是明器，其制作是为了体现墓主人的身份地位，文化方面的意义要弱一些。

M84（应侯爯墓）出土青铜器10件：鼎2件，甗、盨、盘、盉、尊、卣、爵、觯各

① 张懋镕：《谈随州叶家山西周曾国墓地》，《古文字与青铜器论集》第四辑，科学出版社，2014年，18页。

② 张懋镕：《西周早期铜器墓的分类与族属——兼论“分器”现象》，《古文字与青铜器论集》第五辑，科学出版社，2016年，348页。

1件。酒器数量（4件）等于饪食器（4件）数量①。

从以上4座墓分析，出土酒器与食器数量非常接近，尤其是应侯爯墓年代已进入西周中期，仍然有较多的酒器，表明受殷商文化影响之深。

研究晋国青铜器组合的好材料是北赵晋侯墓地出土的青铜器。年代较早的墓葬只有M113和M114，鉴于M114晋侯墓被盗严重，只能用M113晋侯夫人墓的资料。M113出土饪食器15件：鼎8、簋6、甗1，酒器12件：爵2、觯3、觚1、尊1、卣2、壶1、罐1、瓮1，饪食器数量大于酒器数量。较晚的资料有M91，出土饪食器17件：鼎7、簋5、鬲2、甗1、豆1、盂1，酒器6件：爵2、尊1、卣1、壶2，也是饪食器数量大于酒器数量。年代最晚的M93出土饪食器14件：鼎6、簋7、甗1，酒器7件：爵1、觯1、尊1、卣1、壶2、方彝1，饪食器数量大于酒器数量，而且酒器中除了壶都是明器②。

鲁国比较特殊，其青铜器的组合形式可以分为两个系统。一是以甲组墓为代表的、当地土著即东夷青铜器的组合形式：始终以卮为核心，每座青铜器墓至少有1件青铜卮随葬，大部分青铜器墓没有鼎，中原地区常见的鼎、簋制度在这里基本不存在。没有明器，多以实用器陪葬。二是以乙组墓为代表的、姬周贵族的青铜器组合形式：以鼎、簋组合为核心，卮少，有明器③。这说明鲁国对境内的殷遗民或东夷土著并没有彻底推行“变其俗，革其礼，丧三年，然后除之”的政策，姬姓鲁人与共居于鲁国都城的殷遗民或东夷土著保留了各自的风俗习惯④。

随州叶家山曾国墓地的资料比较丰富。其中M1出土饪食器13件：鼎8、簋2、甗1、鬲1、匕1，酒器10件：爵3、斝1、觚2、觯1、尊1、卣1、罍1，饪食器数量大于酒器数量。M2出土饪食器9件：鼎5、簋2、甗1、鬲1，无酒器。M3出土饪食器5件：鼎2、簋2、甗1，无酒器。M27出土饪食器12件：鼎5、簋4、甗1、鬲2，酒器13件：爵2、觚1、觯4、尊1、卣1、罍2、壶1、觥1，酒器数量大于饪食器数量。M28出土饪食器13件：鼎7、鬲1、甗1、簋4，酒器10件：尊2、卣2、爵2、觚1、觯1、罍1、壶1，

① 河南省文物考古研究所、平顶山市文物管理局：《平顶山应国墓地Ⅰ》，大象出版社，2012年，149、189、191、405~408、572~583页。

② 北京大学考古文博学院、山西省考古研究所：《天马-曲村遗址北赵晋侯墓地第六次发掘》，《文物》2001年第8期，12页；M8、M13见于北京大学考古系、山西省考古研究所：《天马-曲村遗址北赵晋侯墓地第二次发掘》，《文物》1994年第1期，4~6页。M31见于北京大学考古系、山西省考古研究所：《天马-曲村遗址北赵晋侯墓地第三次发掘》，《文物》1994年第8期，22、33页。M62~M64见于北京大学考古系、山西省考古研究所：《天马-曲村遗址北赵晋侯墓地第四次发掘》，《文物》1994年第8期，1~21页。M33、M91~M93、M102见于北京大学考古系、山西省考古研究所：《天马-曲村遗址北赵晋侯墓地第五次发掘》，《文物》1995年第7期，4~38页。

③ 山东省文物考古研究所、山东省博物馆等：《曲阜鲁国故城》，齐鲁书社，1982年，107~109、145~152页。

④ 毕经纬：《鲁国铜礼器的初步整理与研究》，《考古与文物》2018年第1期，91页。

饪食器数量大于酒器数量。M65出土饪食器13件：鼎7、簋4、甗1、鬲1，酒器6件：尊1、卣1、壶1、爵2、觯1，饪食器数量大于酒器数量。M107出土饪食器5件：鼎2、簋1、甗1、鬲1；酒器6件：尊1、卣1、爵2、觚1、觯1，饪食器数量小于酒器数量。总体来说，西周早期曾国墓葬出土青铜器组合中食器数量大于酒器数量①。

综上所述，除了鲁国情况不清楚之外，晋国和曾国基本奉行西周王畿地区实行的重食政策，应国稍差一些，究竟是重食还是重酒不明显，显然后者受殷商文化影响要大一些。

## 四、日名和族徽问题

20多年来我们相继发表了《周人不用日名说》《周人不用族徽说》《再论“周人不用日名说”》《三论“周人不用日名说”——兼答周言先生》《周人不用族徽、日名说的考古学意义》《周人不用族徽、日名说的考古学证明》一系列文章，旨在说明商周时期周人基本不用日名，至于极少数姬周贵族偶尔使用日名，是缘于相互间的文化影响。“作为殷商时期非常重要的日名制度在周人身上竟没有打下任何印记，那反而是一种不正常的现象，失去了历史的真实。”②当然周人使用日名是有限定的时空范围的：①周人使用日名的时间很短，主要在成康时期，个别进入西周中期，如应事爵、觯，还有濂姬簋，但不会晚于穆王。②周人使用日名的层面很窄，主要是大贵族，如武王以及召公、曾侯。③周人使用日名的地域偏东，譬如应事爵、觯作为应国青铜器出在远离西周王畿、殷商文化氛围浓郁的河南地区，有利于证明这一点。

在应、晋、鲁、曾四国中，曾国使用日名的现象比较突出。M111出土的曾侯作父乙方鼎铭曰：“曾侯作父乙宝尊彝。”M1也出土了“师作父癸宝尊彝”铭文的方鼎，但不能确定其主人的身份。考虑到另外两位曾侯（M28、M65）的青铜器上并未出现日名，所以日名铜器所占的比例仍然比较低。

曾侯青铜器上不但有日名，还有族徽。譬如，M27出土的伯生盉（M27：15），铭文曰：“白（伯）生作彝。曾。”作为国名的曾字缀在铭文末尾，与商代青铜器上族徽的位置一致，考虑西周早期族徽文字已经开始衰落，所以曾国青铜器上的所谓族徽已经丧失了意义，只是一种模仿而已，当然这种模仿还是折射出殷商文化的影响。

其次是应国。M229的应事爵、觯铭文相同：“应事作父乙宝。”作为贵族，应事使用日名，有两种可能：一种是应事并非姬姓，与应公、应侯不属于同一家族。另一

① 张懋镕：《叶家山墓地出土非主流青铜礼容器研究》，《中国古代青铜器整理与研究 · 曾国青铜器卷》（代序），科学出版社，待出版。

② 张懋镕：《再论“周人不用日名说”》，《古文字与青铜器论集》第三辑，科学出版社，2010年，25页。

种可能是应事与应公、应侯属于同一家族，那就意味应国贵族也使用日名。《河南平顶山应国墓地八号墓发掘简报》一文，介绍墓中出土的1件应公鼎，其铭曰："应公作尊彝簟鼎，武帝日丁子子孙孙永宝。"[①]铭文中的"武帝"就是周武王，日丁是武王的庙号。《左传·僖公二十四年》："邘、晋、应、韩，武之穆也。"应公一支以武王为其始祖，似乎应国也用日名。但在其他应公、应侯青铜器上并没有日名，M8出土应公鼎上有日名只是对周初应国祖先偶用日名的一种追述。如此来说，应国使用日名的比例也很低。

迄今在晋国和鲁国青铜器未见缀有日名，说明在日名制度方面，晋国和鲁国所受殷商文化影响小于曾国和应国。

## 五、结　　语

以上我们从青铜器出土环境的差异、青铜器类别的差异、墓葬出土青铜器组合形式的差别、日名和族徽问题四个方面对应、晋、鲁、曾四个诸侯国的青铜器进行了考察。在墓葬的形制和葬式方面，曾国所受外来文化影响最深，其次是晋国，再次是应国，最后是鲁国。在酒器方面所受殷商文化的影响，应、晋、曾三国为大，鲁国较小。青铜器类所受其他文化的影响，应、晋、曾三国为大，鲁国较小。青铜器组合形式方面，除了鲁国情况不清楚之外，晋国和曾国实行重食政策，应国稍差一些，似乎酒、食并重。在使用日名方面，晋国和鲁国所受殷商文化影响小于曾国和应国。综合分析，四个诸侯国所受殷商文化和土著文化的影响程度，以曾国为最，应国和晋国次之，鲁国可能最小。从中可见，鲁国最为纯正，所谓"周礼尽在鲁矣"并非夸大之词。

造成以上态势的原因是多方面的，首先是地理方面的原因。原本周承殷制，西周姬姓诸侯国受到殷商文化因素的影响，是很自然的现象。如果从地域角度来看，同为姬姓诸侯国，由于居处的方位不同，所受到的殷商文化的影响程度也不同。曾国所在的江汉流域，虽然离殷都安阳遥远，但往昔毕竟是商人长期经略的南土，弥漫着浓郁的殷商文化气息。[②]应国虽然与曾国相比离周王畿要近一点，但处在河南的中部偏南，这里的殷商文化氛围不弱，应国受到的影响自然大一点。

还有社会制度方面的原因。鲁国距离周王畿虽然遥远，但曲阜一带殷商文化的影响并不大，反而是东夷文化有实力。毕竟周礼对鲁国的影响太大，东夷文化对鲁国似

---

① 河南省文物考古研究所、平顶山市文物管理局：《河南平顶山应国墓地八号墓发掘简报》，《华夏考古》2007年第1期。

② 李学勤：《盘龙城与商朝的南土》，《新出青铜器研究》（增订版），人民美术出版社，2016年，13～17页。

乎也无可奈何。值得注意的是，曾国墓葬连葬制（出土青铜器的环境）都变了，可见真正做到了“入乡随俗”。然而，最纯正的鲁国始终没有成为大国，善于融合其他文化的晋国和曾国则一直延续到战国，这是值得深思的地方。

需要说明的是，以上对四个诸侯国的比较，往往是不对等的，或者不都在同一个年代范围，或者不全是同一级别的墓葬，或者墓葬出土的器物不都在同一阶层，因此以上比较的结果还存在很多问题。限于客观条件，只有请读者谅解了。

附注：本文系国家社科基金项目“夏商周青铜礼器的兴衰及其原因”（立项号：15BKG007）的阶段性研究成果。

# 凡　例

## 一、图与表的编制

除正文之外，本书另有图、表与附表。图、表与正文内容直接相关并对后者起着说明作用，安插于正文之中。图或表编号由章和顺序号构成，如“图2-1，1”，表示第二章第一幅插图的第一张图片；“表4-1”，表示第四章第一张表。附表置于正文之后的附录中，根据其在正文中出现的顺序编号为附表一、附表二、附表三……

## 二、注释方式

本书采用脚注，每页重新编号。凡经过考古报告、简报或其他青铜器图录刊出的墓葬、窖藏、采集或零散出土的应国青铜器，我们在第二章第一节集中出注，后面章节若仅引用原材料时原则上不再出注。本书采用考古报告、简报等刊布的青铜器影像或线图、铭文拓本或摹本资料时，若正文脚注中已经标明资料来源，则图片下方不再另行标注其出处，仅标注其所出之埋藏单位及器物编号。采用青铜器著录书刊载的器物影像或线图、铭文拓本或摹本资料时，图片下方标注其所在著录书的简称、器物号或页码，同时为使体例简约，简称书名之前皆不特加“采自”二字，还请相关资料发表者见谅。

## 三、时间术语

本书在表达西周某一时间段时主要使用两套时间术语，根据情况不同选择其中一套。第一套时间术语采用西周列王王世，如武、成、康、昭等，对于在位年代较长的周王，本书根据情况再细分为某王前期、后期或早叶、中叶、晚叶。第二套时间术语采用西周早期、中期、晚期，每一期再分前段和后段，每一期或段与王世的对应关系同于《西周青铜器分期断代研究》一书中的结论[①]。西周早期相当于武王至昭王时期，

---

① 王世民、陈公柔、张长寿：《西周青铜器分期断代研究》，文物出版社，1999年，251～256页。

前段相当于武王至康王前期，后段相当于康王后期和昭王时期。西周中期相当于穆王至夷王时期，前段相当于穆王和共王前期，后段相当于共王后期至夷王时期。西周晚期相当于厉王至幽王时期，前期相当于厉王和共和时期，后期相当于宣幽时期。另外，本书也采用跨越两个王世或期别的小时间范围的术语，如昭穆之际表示昭王末年和穆王初年的一个时间小段，又如西周中、晚期之际表示夷王末年和厉王初年的一个时间小段。春秋早期按100年时间计，前段为前50年，后段为后50年。

## 四、书　目

对于一些反复引用的青铜器及其铭文著录书，为行文方便，本书采用简称方式，简称书目如下。

《啸堂》——《啸堂集古录》，民国涵芬楼影印本，1922年。

《缀遗》——《缀遗斋彝器考释》，商务印书馆石印本，1935年。

《法帖》——《历代钟鼎彝器款识法帖》，海城于省吾影印明崇祯六年朱谋垔刻本，1930年。

《从古》——《从古堂款识学》，蒙学报馆影石校本，清光绪三十二年。

《攈古》——《攈古录金文》，西泠印社翻刻光绪二十一年吴氏家刻本，1913年。

《敬吾》——《敬吾心室彝器款识》，朱之榛石印本，清光绪三十四年。

《西清》——《西清古鉴》，内府刻本，乾隆二十八年。

《宁寿》——《宁寿鉴古》，涵芬楼据宁寿宫写本石印本，1913年。

《通考》——《商周彝器通考》，上海人民出版社，2008年。

《劫掠》——《美帝国主义劫掠的我国殷周铜器集录》，科学出版社，1962年。

《集成》——《殷周金文集成》，中华书局，2007年。

《新收》——《新收殷周青铜器铭文暨器影汇编》，艺文印书馆，2006年。

《铭图》——《商周青铜器铭文暨图像集成》，上海古籍出版社，2012年。

《青全》——《中国青铜器全集》，文物出版社，1993～1998年。

《夏商周》——《夏商周青铜器研究》，上海古籍出版社，2004年。

《流散》——《流散欧美殷周有铭青铜器集录》，上海辞书出版社，2007年。

《综览一》——《殷周時代青銅器の研究》（《殷周青铜器综览一》），吉川弘文馆，1984年。

"资料库"——http://bronze.asdc.sinica.edu.tw/qry_bronze.php殷周金文暨青铜器资料库。

以上书目简称后面所附数字包含卷数（册数）、器物顺序号或页码，如果书内有统一的器物顺序号，仅采用器物顺序号，反之则采用页码，如"《青全》5：90"，表示《中国青铜器全集》第5册第90号器，“《博古图》17.10”，表示《博古图》第十七卷第10页刊载之器。

# 目　　录

# 第一章　绪　　论

据甲骨卜辞和文献记载，殷商时期已经有一个应国存在①，《左传·僖公二十四年》富辰语云："昔周公吊二叔之不咸，故封建亲戚以蕃屏周。管、蔡、郕、霍、鲁、卫、毛、聃、郜、雍、曹、滕、毕、原、酆、郇，文之昭也；邘、晋、应、韩，武之穆也；凡、蒋、邢、茅、胙、祭，周公之胤也。"周代应国乃周人灭商后周王室分封武王之子所建，然其究竟灭于何时，文献无载。20世纪80年代至21世纪初，河南平顶山滍阳岭应国墓地的考古发掘材料表明，应国直到战国时期尚且存在。发掘者根据应国墓地的考古现象推断，春秋中期应国曾一度被楚国所灭，中间经过大约150年的空档期，到春秋晚期楚平王在位时应国又得以复国。从考古发掘资料来看，复国后的应国可能存续到战国晚期。他们把应国第一次灭国之前的历史阶段称为"前应国时期"，把应国复国后至第二次灭亡的历史阶段称为"后应国时期"②。两周时期应国青铜器的存续和发展主要分为前后两个阶段：第一阶段从西周早期到春秋早期，相当于"前应国时期"；第二阶段从春秋晚期到战国时期，相当于"后应国时期"。第一、二阶段之间也存在着比较长的空档期。

目前，应国墓地发掘出土材料的刊布现状是，第一阶段应国墓地材料刊布相对充分，第二阶段应国墓地材料仅刊布了其中4座墓葬③，传世或采集应国器物中以第一阶段青铜器为主。受限于发掘材料的刊布现状，本书把研究对象——应国青铜礼器在时间上限定于第一阶段"前应国时期"。"前应国时期"与"后应国时期"在政治文化上固然有一定的历史联系，但它们处在两个前后不同的政治文化体系——周文化和楚文化之下，物质文化面貌上的差异比较明显，因此仅研究第一阶段应国青铜礼器不会对两周时期应国青铜器的发展历程造成严重割裂，也不会对第一阶段应国青铜礼器整体面貌的认识造成不利影响。为了行文简便，本书将第一阶段的应国青铜器一律简称为应国青铜器，若涉及第二阶段的应国青铜器时，则有特别注明。

---

① 齐文心：《关于商代称王的封国君长的探讨》，《历史研究》1985年第2期。

② 王龙正：《古应国访问记》，中国国际广播出版社，2010年，58、59页。

③ 河南省文物考古研究所、平顶山市文物局：《平顶山应国墓地十号墓发掘简报》，《中原文物》2007年第4期；河南省文物考古研究所、平顶山市文物管理局、河南大学历史文化学院：《河南平顶山春秋晚期M301发掘简报》，《文物》2012年第4期；河南省文物考古研究所、平顶山市文物局：《平顶山应国墓地两座战国墓发掘简报》，《中原文物》2007年第4期。

# 第一节　应国青铜器研究简史

如果从宋人开始对应国青铜器的著录和研究算起，迄今人们对其的认识已历经近千年。这个过程是一个渐进的认识和研究过程，大体分为两个阶段。

## 一、第一阶段

本阶段属于北宋至民国时期，性质上是基于传世材料的金石学传统研究。这一时期的应国青铜器材料均未经科学发掘出土、记录，都是零星发现和著录的。

从目前所知的文献材料来看，人们收集和记录应国青铜器最早可追溯到宋代。宋代著录应国青铜器的图录类著作有两部，即《考古图》[①]《博古图》[②]，款识类著作亦有两部，分别为《历代钟鼎彝器款识法帖》[③]《啸堂集古录》[④]。前述四部著作皆收录同一件簋——应侯作姬原母簋[⑤]。北宋元祐年间，吕大临所著《考古图》虽然最先收录应侯作姬原母簋（原名《雁侯敦》），但他并未识别出其为应国器物，故对铭中姬原母的身份解释也颇为离奇[⑥]。北宋宣和年间，王黼等编著《博古图》最先将应侯作姬原母簋（原名《周雁侯敦》）的国别属性辨识出来，作者在铭文拓本下方的释文里将首字国名释为“应”，内容考证中又曰“周室武王第四子曰雁侯，其后乃有雁姓”（图1-1）。当然，《博古图》作者并未将该器中的应侯与《左传·僖公二十四年》“邗、晋、应、韩，武之穆也”、《国语·郑语》“当成周者，南有荆蛮、申、吕、应、邓、陈、蔡、随、唐”所载之应国直接联系起来，故严格地说他们只是间接地辨识出了应国青铜器，这是很大的遗憾。另外，《博古图》作者对簋铭中应侯、姬原母的身份解释亦存在明显错误[⑦]，这是由他们对应侯作姬原母簋年代判断不当造成的，与《考

① 吕大临：《考古图》，四库全书文渊阁书录钱曾影钞宋刻本，清乾隆四十六年。

② 王黼等：《博古图》，亦政堂刻本，清乾隆十八年。

③ 薛尚功：《历代钟鼎彝器款识法帖》，海城于省吾影印明崇祯六年朱谋垔刻本，1930年。

④ 王俅：《啸堂集古录》，民国涵芬楼影印本，1922年。

⑤ 分别见《考古图》3.15、《博古图》17.10、《法帖》13.122、《啸堂》60；又《博古图》16.36、《法帖》14.141、《啸堂》55著录十月敔簋一件，学者或认为器主即应国墓地M95出土公作敔鼎、公作敔簋之敔，也即M95墓主、一代应侯。我们认为十月敔簋与M95公作敔器仅年代上接近，并无其他证据显示二者之敔乃同一人，姑且存疑。

⑥ 《考古图》卷三·一五“雁侯敦”条下曰“按：雁，古鹰字；谓雁侯，或其名”。“此云姬原母者，疑雁侯之妾。”可证。

⑦ 见《博古图》卷十七·一〇《周雁侯敦》。据作者考证，此器之应侯为周武王之子，姬原母为武王之配而姓原者。按：应侯家族虽为周武王之后，但前述应侯非周武王之子，故《博古图》的解释显然错误。《博古图》的错误解释又为薛尚功著《历代钟鼎彝器款识法帖》所沿袭。

古图》的错误解释相似，都属于时代局限性。无论如何，王黼等编著《博古图》首先辨识出应国青铜器，对应国青铜器研究具有开创之功。

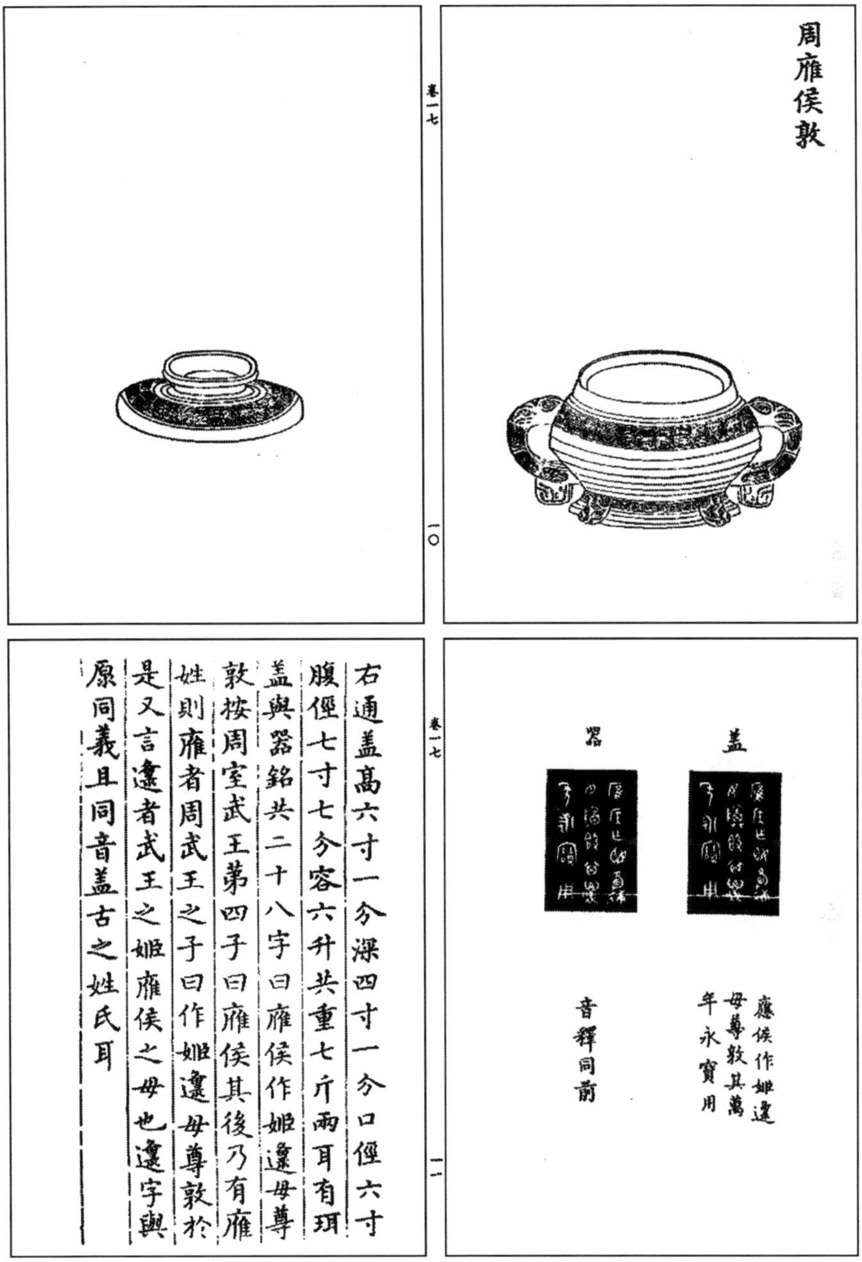


图1-1　应侯作姬原母簋及其铭文

（《博古图》17.10）

元、明两代，金石学式微，其间未见著录和研究应国青铜器者。清代中、晚期，金石学复兴并达到极盛，著录应国青铜器的著作也骤然增多。其中，图录类著作有《西清古鉴》[1]，著录应公簋2件、应公卣1件。款识类著作分别为：《愙斋集古录》[2]，收录应公簋1件、应公尊1件；《攈古录金文》[3]，收录十六字应公鼎1件、五字应公鼎2件、应公尊1件、应公觯1件、应叔鼎1件；《缀遗斋彝器款识考释》[4]，收录应公方鼎1件、十六字应公鼎2件、五字应公鼎2件、应公尊2件、应公觯1件、应叔鼎1件；《筠清馆金文》[5]，收录十六字应公鼎1件、五字应公鼎1件；《敬吾心室彝器款识》[6]，收录十六字应公鼎1件、应公觯1件、应叔鼎1件；《奇觚室吉金文述》[7]，收录应公尊1件、应[redacted]鼎1件；《从古堂款识学》[8]，收录十六字应公鼎1件、应公尊1件、应叔鼎1件；《簠斋吉金录》[9]，收录应公尊1件；《古文审》[10]，收录十六字应公鼎1件。其中，方濬益《缀遗斋彝器考释》将所录应国青铜器铭文中的国名“雁”首次明确地与《左传》《水经注》文献所载之应国联系起来[11]，从真正意义上辨识出了应国青铜器[12]（图1-2），往后学者莫不从之。清代金石学著作所收录的应国青铜器多有重复，然而已经涵盖了我们现在所知的大部分传世应国青铜器。从以上著作的相关内容来看，清人对传世应国青铜器铭文的考证精于宋人，并且最终确认了具有“应×”标识的传世青铜器作为应国青铜器的国族属性。当然，从著录方式来看，他们仍然延续了

---

① 清高宗敕编：《西清古鉴》，内府刻本，乾隆二十八年。

② 吴大澂：《愙斋集古录》，民国涵芬楼影印本，1930年。

③ 吴式芬：《攈古录金文》，西泠印社翻刻光绪二十一年吴氏家刻本，1913年。

④ 方濬益：《缀遗斋彝器款识考释》，商务印书馆石印本，1935年。

⑤ 吴荣光：《筠清馆金文》，清宜都杨守敬重刻本。

⑥ 朱善旂：《敬吾心室彝器款识》，朱之榛石印本，清光绪三十四年。

⑦ 刘心源：《奇觚室吉金文述》，自写刻本，清光绪二十八年。

⑧ 徐同柏：《从古堂款识学》，蒙学报馆影石校本，清光绪三十二年。

⑨ 陈介祺藏器、邓实辑：《簠斋吉金录》，风雨楼影印本，1918年。

⑩ 刘心源：《古文审》，自写刻本，清光绪十七年。

⑪ 方濬益：《缀遗斋彝器考释》卷四·二一，商务印书馆石印本，1935年。

⑫ 关于应侯作姬原母簋之作器者氏名考释，《历代钟鼎彝器款法帖》明崇祯六年朱谋垔刻本系统与缪荃孙藏康熙五十八年虞山陆友桐亮据汲古阁本抄校本系统有别，前者引《博古图》云“周室武王第四子曰雁侯，其后乃有雁姓……”后者则云“周室武王第四子曰雍侯，其后乃有雍姓……”方濬益《缀遗斋彝器考释》卷四·二一所引《博古图》内容又与后者相同。可见当时的《博古图》传本中，应侯作姬原母簋的作器者氏名早已存在“雁”“雍”二字之别（清乾隆十八年亦政堂刻本、文渊阁四库全书本皆作“雁”）。“雁”“雍”二字形近，其中必有一误。郑樵《通志·氏族略二》曰：“应氏，侯爵，武王第四子。今汝州叶县故应城是也。”与《历代钟鼎彝器款法帖》明崇祯六年朱谋垔刻本所引《博古图》内容相合。又《通志·氏族略二》曰：“雍氏……范晔云，山阳有雍城，文王第十三子雍伯受封之国，其后裔为雍氏。”说明宋人对“雁”“雍”二字字形及其代表的国名区别是清楚的，故我们认为，《博古图》作者原本就是将应侯作姬原母簋的作器者氏名释作“雁”，诸传本中凡出现“雍”者，实为“雁”字之误刻或误抄，方濬益据误刻本或误抄本驳难《博古图》，实属误解。

宋人的金石学著作编撰模式，主要还是单纯地记录青铜器图像和铭文，考证文字，从而达到证经补史的目的。

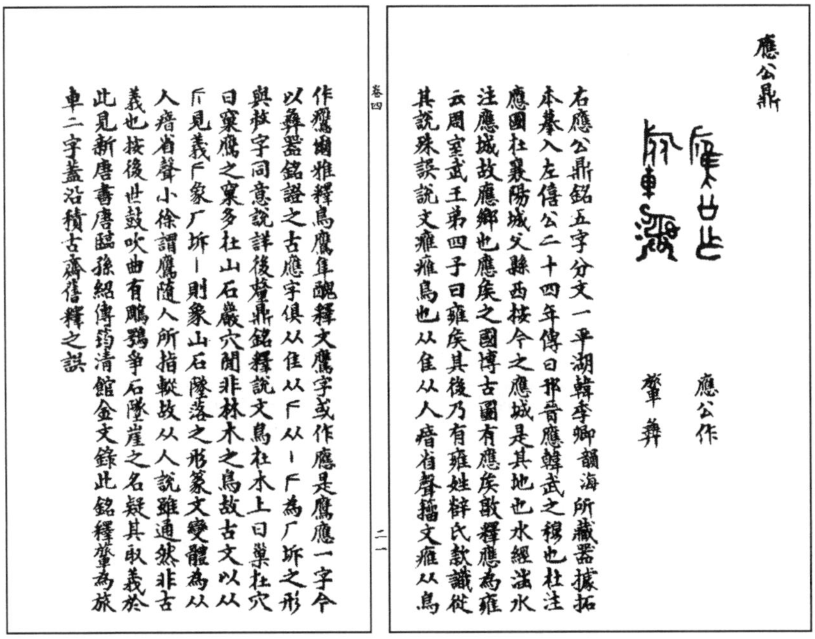
應公鼎

應公作

肇彝

右應公鼎銘五字分文一平湖韓季卿韻海所藏器據拓本摹入左傳僖公二十四年傳曰邘晉應韓武之穆也杜注應國在襄陽城父縣西按今之應城是其地也水經滍水注應城故應鄉也應侯之國博古圖有應侯敦釋應為雍云周室武王弟四子曰雍侯其後乃有雍姓薛氏款識從其說殊誤說文雁雁鳥也从隹从人瘖省聲籀文雁从鳥

卷四 二一

作鷹爾雅釋鳥鷹隼醜釋文鷹字或作鷹是鷹應一字今以彝器銘證之古應字俱从隹从厂从丨厂為厂圻之形與㦰字同意說詳後肇鼎銘釋說文鳥在木上曰巢在穴曰窠鷹之窠多在山石巖穴間非林木之鳥故古文以从厂見義厂象厂圻丨則象山石墜落之形篆文變體為从人瘖省聲小徐謂鷹隨人所指蹤故从人說雖通然非古義也按後世鼓吹曲有鵰鶚爭石墜崖之名疑其取義於此見新唐書唐臨孫紹傳筠清館金文錄此銘釋肇為旅車二字蓋沿積古齋舊釋之誤

图1-2 应公鼎

民国时期，晚清时期的金石学盛况在一定程度上仍然得到延续，其间也出现不少记录应国青铜器的著作。其中，图录类著作为《贞松堂吉金图》①，收录应公剑上半段。款识类著作较多，主要有《周金文存》②，收录应公方鼎1件、十六字应公鼎2件、应公尊1件、应公觶1件、应□鼎1件；《贞松堂集古遗文》③，收录应公方鼎1件、应公壶1件、应公剑1件；《小校经阁金文拓本》④，收录应公方鼎1件、十六字应公鼎3件、五字应公鼎1件、应公簋1件、应公尊1件、应侯簋1件、应□鼎1件、应叔鼎1件；《三代吉金文存》⑤，收录应公方鼎1件、十六字应公鼎2件、五字应公鼎2件、应公簋1件、应公尊（即兽面纹应公觶）1件、应公壶1件、应公剑1件、应□鼎1件、应叔鼎1件、应戈1件。工具书：《宋代金文著录表》⑥，记录宋代金石著作著录的应侯作姬原母簋1件；

① 罗振玉：《贞松堂吉金图》，上虞罗氏墨缘堂影印本，1935年。

② 邹安：《周金文存》，广仓学窘石印本，1916年。

③ 罗振玉：《贞松堂集古遗文》，石印本（初选版），1930年。

④ 刘体智：《小校经阁金文拓本》，石印本，1935年。按：十六字应公鼎铭文中，其中1篇是伪铭。

⑤ 罗振玉：《三代吉金文存》，中华书局，1983年。

⑥ 王国维：《宋代金文著录表》，雪堂丛刻，1915年；容庚：《宋代金文著录表》，1929年北海图书馆月刊第一卷第五号单行本影印本。

《国朝金文著录表》[①]，记录应公方鼎1件、十六字应公鼎2件、五字应公鼎1件、应叔鼎1件、应公簋1件，应公尊（即兽面纹应公觯）1件、应公觯1件、应公卣1件。此外，日本人中村不折刊布一件应侯见工钟[②]。民国时期，关于应国青铜器的研究工作仍主要在于对传世器资料的收集和记录，较之清代，他们增补了应侯作生杙姜簋、应公壶、应公剑4件器物材料。铭文考释方面，由于清末学者对“应某”标识的青铜器国族属性已经考释清楚，他们在这个问题上几乎没有再进一步发挥的余地，在对应国青铜器研究上，可以说这一时期几乎是停滞的。

## 二、第二阶段

中华人民共和国成立至今，基于出土器物的认识和研究。本阶段，人们对应国青铜器所做的工作可以分为资料著录和研究两个方面。

### （一）资料著录

图录类著作分别有《新收殷周青铜器铭文暨器影汇编》[③]，著录应事鼎1件、邓公簋（有盖）2件、伯鼎1件、姜卣1件、PY临M1（即M13）部分有铭青铜器（鼎、簋、鬲、盘、匜）5件、M50匍盉1件、M84有铭青铜器（鼎、甗、盨、尊、卣、盘、盉）7件、M95部分有铭青铜器（鼎、簋、鬲、盨、壶、盘 ）6件、M242柞伯簋1件、南阳博物馆藏应侯之孙丁兒鼎盖1件、保利艺术博物馆藏器（爯簋1、应侯见工簋2、应侯壶2、应侯盘1、应侯见工钟2）8件、上海博物馆藏器（应公鼎、应侯见工鼎、应侯盨）3件；《近出殷周金文集录》[④]，著录邓公簋（有盖）2件、M48部分有铭铜器（鼎、壶）2件、应事鼎1件、M84有铭青铜器（甗、鼎、盨、尊、卣、盘、盉）7件、M50匍盉1件、M242柞伯簋1件、南阳博物馆藏应侯之孙丁兒鼎盖1件、保利艺术博物馆藏爯簋1件；《夏商周青铜器研究》[⑤]，著录上海博物馆藏应公鼎、应侯盨、应侯见工鼎各1件；《保利藏金》[⑥]，著录保利艺术博物馆藏爯簋、应侯盘各1件；《保利藏金续》[⑦]，著录保利艺术博物馆藏应侯见工钟、应侯见工簋、应侯壶各2件；《首阳吉金——胡

① 王国维、鲍鼎：《国朝金文著录表》《国朝金文著录表补遗》《国朝金文著录表校勘记》，文海出版社影印，1974年。

② 〔日〕中村不折：《三代秦汉の遗品に识せゐ文字》，1934年。

③ 钟柏生、陈昭容、黄铭崇等：《新收殷周青铜器铭文暨器影汇编》，艺文印书馆，2006年。

④ 刘雨、卢岩：《近出殷周金文集录》，中华书局，2002年。

⑤ 陈佩芬：《夏商周青铜器研究》，上海古籍出版社，2004年。

⑥ 《保利藏金》编辑委员会：《保利藏金》，岭南美术出版社，1999年。

⑦ 《保利藏金续》编辑委员会：《保利藏金续》，岭南美术出版社，2001年。

盈莹、范季融藏中国古代青铜器》[①]，著录应侯见工簋盖、应侯作姬原母簋器各1件；《商周青铜器铭文暨图像集成》《商周青铜器铭文暨图像集成续编》，收录了宋代以来传世、采集与已刊布的发掘出土之全部有铭文应国青铜器，除了之前各种著录、报纸杂志已公布的材料外，还收录了近年流传出来的应叔豕方鼎、应侯尊、应侯盉、兽簋、应监甗各1件[②]。

款识类著作主要有《殷周金文集成》[③]，收录传世应国青铜器15件[④]，另外还有蓝田出土应侯见工钟1件，余干出土应监甗1件，平顶山出土应事鼎、应事爵、应事觯各1件，邓公簋2件，封虎鼎1件。

工具书类主要有《金文著录简目》，统计有应公方鼎1、应公鼎2、十六字应公鼎2、应叔鼎1、应[illegible]鼎1、应公簋2、应侯簋1、应公觯（即带鋬应公觯）1、应公尊（即兽面纹应公觯）1、应公卣1、应侯见工钟1件[⑤]；《商周金文总著录表》[⑥]，在《金文著录简目》基础上增加应公方鼎1、应公壶（原书称“应公卣”）1、应侯见工钟1件。

考古简报、报告主要包括20世纪50年代以来介绍出土应国青铜器信息的报纸杂志、应国墓地发掘简报及新出版的发掘报告《平顶山应国墓地Ⅰ》[⑦]。此外，《应国墓地的发现与研究》[⑧]一书收录2004年以前发表的绝大部分有关应国墓地发掘的考古简报、报纸杂志及应国青铜器研究论文、应国历史研究论文。

### （二）研究

本阶段学术界对应国青铜器的研究可以分为以下几个部分。

#### 1. 年代学研究

针对传世应国青铜器做年代学研究工作，时间较早的有郭沫若、陈梦家、白川

---

① 首阳斋、上海博物馆、香港中文大学文物馆：《首阳吉金——胡盈莹、范季融藏中国古代青铜器》，上海古籍出版社，2008年。

② 吴镇烽：《商周青铜器铭文暨图像集成》，上海古籍出版社，2012年；吴镇烽：《商周青铜器铭文暨图像集成续编》，上海古籍出版社，2016年。

③ 中国社会科学院考古研究所：《殷周金文集成》（1～18册），中华书局，1984～1994年。

④ 包括应公方鼎2、十六字应公鼎2、应公簋2、应公觯2、应公卣1、应公壶（《集成》名“应公卣”）1、应侯作姬原母簋1、应侯作生杙姜簋1、书道博物馆藏应侯见工钟1、应[illegible]鼎1、应叔鼎1件。

⑤ 孙稚雏：《金文著录简目》，中华书局，1981年。

⑥ 刘雨、沈丁、卢岩、王文亮：《商周金文总著录表》，中华书局，2008年。

⑦ 河南省文物考古研究所、平顶山市文物管理局：《平顶山应国墓地Ⅰ》，大象出版社，2012年。该报告主要公布了平顶山应国墓地西周早中期的墓葬发掘资料及采集资料等。

⑧ 平顶山市文物管理局：《应国墓地的发现与研究》，汝州晚报社，2006年。

静、唐兰等前辈学者。20世纪50年代末江西余干县出土一件应监甗，郭沫若先生将其年代断定为西周初期[①]。20世纪50年代中期，陈梦家先生首次全面梳理传世应公诸器的流传和著录情况，将它们的年代定为西周初年。此外，他还特别注意到应公觯特殊的铭文字形书体和器身形制[②]。20世纪60年代，白川静先生也对传世应公诸器、应叔鼎以及他新补充的应父戣资料进行梳理，在考证青铜器铭文内容的同时也论及器物的形制、纹饰和铭文书体，将应公诸器时代断定为成康时期，将应父戣断为西周后期[③]。20世纪70年代，唐兰先生也收集了部分传世应公诸器，指出它们是同人之器并将十六字应公鼎断定为成王中后期[④]。以上四位前辈学者对传世应国青铜器的研究仍然侧重于铭文考证，将铭文内容与文献记载相联系，也兼顾器物形制、纹饰、铭文字体，取得比较精确的断代成果，远远胜过宋、清金石学家。实际上，传世应公诸器年代可从成王跨至昭穆之际，至少属于两代应侯，当时学术界并未认识到这一点。

20世纪70年代中期，陕西蓝田县出土一件应侯见工钟，其铭文可与东京书道博物馆所藏应侯见工钟铭文上下连接，引起学术界的重视[⑤]。20世纪70年代末以来，平顶山应国墓地发现并得到确认，考古发掘出土了不少青铜器，同时一些公私文物收藏单位购买入藏了一批传出应国墓地的有铭青铜器，在新材料、新方法的推动下，应国青铜器年代研究工作出现盛况。这一时期，学者对应国青铜器年代的研究，同时采用了标准器断代法与考古类型学方法，成绩斐然。传世应国青铜器的年代，彭裕商先生做了相关研究，他将传世应公诸器年代定为康王前后[⑥]。近年来，保利艺术博物馆、上海博物馆、首阳斋等征集购买了一批传出应国墓地的青铜器，结合以前面世的应侯见工钟等，李学勤、彭裕商、王世民、朱凤瀚、何景成等诸位先生对这一批铜器做了相关的年代研究工作。对于应侯见工诸器的年代，学界比较关注。李学勤先生将应侯见工鼎、簋、钟等年代皆定为厉王早年[⑦]；彭裕商先生也将应侯见工钟定为厉王时期[⑧]；王世民先生等先前将应侯见工钟年代定为共王前后[⑨]，后来王世民先生又将其定为孝夷时

① 郭沫若：《释应监甗》，《考古学报》1960年第1期。

② 陈梦家：《西周铜器断代》（三），《考古学报》1956年第1期，67、68页。

③ 〔日〕白川静：《金文通释》（卷一下），白鹤美术馆，1962~1984年，496~504页。

④ 唐兰：《西周青铜器铭文分代史征》，中华书局，1986年，89~91页。按：作者将十六字应公鼎年代定为成王中后期。

⑤ 韧松、樊维岳：《记蓝田县新出土的应侯钟》，《文物》1975年第10期；吴镇烽：《金文研究札记·“遣王于周”解》，《人文杂志》1981年第2期。

⑥ 彭裕商：《西周青铜器年代综合研究》，巴蜀书社，2003年，291~293页。

⑦ 李学勤：《论应侯视工诸器的时代》，《文物中的古文明》，商务印书馆，2008年，252~257页。

⑧ 彭裕商：《西周青铜器年代综合研究》，巴蜀书社，2003年，415页。

⑨ 王世民、陈公柔、张长寿：《西周青铜器分期断代研究》，文物出版社，1999年，166~173页。

期[①]；朱凤瀚先生将应侯见工簋、钟年代定为共懿时期[②]；李朝远先生将应侯见工鼎、簋年代定为厉宣时期[③]；何景成先生将应侯见工钟年代定为中期偏晚或西周晚期[④]。保利艺术博物馆藏爯簋年代，李家浩先生定为穆王时期[⑤]，彭裕商先生定为懿孝时期[⑥]；同馆所藏应侯壶的年代，朱凤瀚先生定为西周晚期[⑦]、《平顶山应国墓地Ⅰ》定为孝夷时期[⑧]；同馆所藏应侯盘的年代，李家浩先生定为西周晚期[⑨]、《平顶山应国墓地Ⅰ》定为西周中期晚段[⑩]。其中，年代争议较大的器（组）为应侯见工诸器与爯簋，造成分歧较大的主要原因是学者之间对所选择参照的标准器与次标准器的年代认识不同、对铭文里的人物年代认识不同。如果将这些传世青铜器纳入整个应国青铜器谱系中，那么对它们的年代认识或许会取得不一样的效果。

对于墓葬出土应国青铜器的年代，相关考古简报和报告已经做了初步研究，此处不再赘述。M229出土应事鼎、应事簋、应事爵、应事觯等，刘启益先生将这4件礼容器年代定为昭王时期[⑪]，学界基本上没有异议。还有一些墓葬出土的个别青铜器如M242：11旡鼎、M242：12柞伯簋、M8：33应公鼎等，一些学者在进行铭文考释的同时也做了年代分析，我们在后文将会提及，此处不再一一详述。

以上只是学者对零星的应国青铜器（组）进行的年代学研究。那么，对应国青铜器进行相对系统的分期断代研究，即把传世品、采集品、墓葬出土品整合在一起进行分期断代研究，已经有学者在这方面进行了尝试。朱凤瀚先生在这方面做了初步研究工作，他根据当时所知的应公、应侯器材料将其分为五期：第一期，西周早期偏早；第二期，西周早期偏晚；第三期，西周中期偏早；第四期，西周中期偏晚—晚期之

① 王世民：《应侯见工钟的组合与年代》，《保利藏金续》，岭南美术出版社，2001年，257页。

② 朱凤瀚：《应侯见工钟》，《保利藏金续》，岭南美术出版社，2001年，126、159页。

③ 李朝远：《应侯见工鼎》，《青铜器学步集》，文物出版社，2007年，228～293页。

④ 何景成：《应侯见工青铜器研究》，《新出金文与西周历史》，上海古籍出版社，2011年，224～266页。

⑤ 李家浩：《应国爯簋铭文考释》，《文物》1999年第9期。

⑥ 彭裕商：《西周铜簋年代研究》，《考古学报》2001年第1期；彭裕商：《西周青铜器年代综合研究》，巴蜀书社，2003年，172页。

⑦ 朱凤瀚：《应侯壶》，《保利藏金续》，岭南美术出版社，2001年，148～155页。

⑧ 河南省文物考古研究所、平顶山市文物管理局：《平顶山应国墓地Ⅰ》，大象出版社，2012年，751页。

⑨ 李家浩：《应侯盘》，《保利藏金》，岭南美术出版社，1999年，113～115页。

⑩ 河南省文物考古研究所、平顶山市文物管理局：《平顶山应国墓地Ⅰ》，大象出版社，2012年，722页。按：保利艺术博物馆藏应侯壶、应侯盘之器主，《平顶山应国墓地Ⅰ》考古报告皆认为乃应侯见工。

⑪ 刘启益：《西周纪年》，广东教育出版社，2002年，188页。

初；第五期，西周晚期中、晚叶①。朱凤瀚先生将传世应公诸器（器影可知者）分别划入第一期和第二期，比以前的学者有了更深的认识，只是他没有论及这批器物可能归属于前后两代应公的问题。对于应国墓地M84出土的墓主应侯爯所作之器——鼎、盨、尊、卣，朱先生都定为西周中期偏早，实际上其中的应侯鼎、应侯爯盨年代应当晚于同墓的尊和卣，约为共王时期②。黄益飞先生在其硕士学位论文中初步将应公器、应侯器等有铭文应国青铜器的年代判断与应侯世系的复原研究结合起来，他将传世应公诸器划分为成王、昭王、穆王三个时期，这突破了之前学界的普遍认识，是值得肯定的一面。但该文对部分器物的断代明显值得商榷，如将应公方鼎、带鋬应公觯定为穆王时期，将平顶山市西高皇鱼塘采集的应侯盨定为宣王时期③，我们认为都过于偏晚。

### 2. 铭文考释和整理

应国青铜器铭文以短篇为主，学术界主要针对其中的长篇铭文如旡鼎、匍盉、M8：33应公鼎、爯簋、应侯见工诸器铭文进行考释并对铭文所反映的相关宗法礼制、历史地理、人物身份问题等进行了深入探讨。在这一方面，李学勤④、李家浩⑤、刘桓⑥、裘锡圭⑦、李朝远⑧、王龙正⑨、陈絜⑩、李凯⑪、黄锦前⑫、黄益飞⑬、王辉⑭等诸位

① 朱凤瀚：《中国青铜器综论》（中），上海古籍出版社，2009年，1351～1364页。

② 王蕴智、陈淑娟：《应国有铭青铜器的初步考察》，《中原文物》2008年第4期。

③ 黄益飞：《应国具铭青铜器研究》，中央民族大学硕士学位论文，2010年，83～86页。

④ 李学勤：《论应国墓地出土的匍盉》，《平顶山师专学报》1999年第1期；李学勤：《柞伯簋铭考释》，《文物》1998年第11期；李学勤：《新出应公鼎释读》，《通向文明之路》，商务印书馆，2010年，146～149页；李学勤：《〈首阳吉金〉应侯簋考释》，《通向文明之路》，商务印书馆，2010年，188～191页。

⑤ 李家浩：《应国爯簋铭文考释》，《文物》1999年第9期。

⑥ 刘桓：《关于匍盉“朿”字考释》，《考古》2001年第6期。

⑦ 裘锡圭：《应侯视工簋铭文补释》，《文物》2002年第7期。

⑧ 李朝远：《应侯见工鼎》，《青铜器学步集》，文物出版社，2007年，228～293页。

⑨ 王龙正：《平顶山应国墓地九十五号墓年代、墓主及相关问题》，《华夏考古》1995年第4期；王龙正、姜涛、娄金山：《匍鸭铜盉与頫聘礼》，《文物》1998年第4期；王龙正：《匍盉铭文补释并再论頫聘礼》，《考古学报》2007年第4期；王龙正、刘晓红、曹国朋：《新见应侯见工簋铭文考释》，《中原文物》2009年第5期。

⑩ 陈絜：《应公鼎铭与周代宗法》，《南开大学学报（哲学社会科学版）》2008年第6期。

⑪ 李凯：《应公鼎“珷帝日丁”试解》，《殷都学刊》2008年第3期。

⑫ 黄锦前：《旻鼎铭试释》，复旦大学出土文献与古文字研究中心网站论文；黄锦前：《旻鼎铭试释》，《中国国家博物馆馆刊》2015年第3期。

⑬ 黄益飞：《匍盉铭文研究》，《考古》2013年第2期；黄益飞：《平顶山应国墓地出土“旡”鼎铭文研究》，《考古》2015年第4期。

⑭ 王辉：《创辟创新 求真求实——读〈平顶山应国墓地Ⅰ〉》，《华夏考古》2014年第2期。

先生做了比较好的工作。

铭文整理，主要是对传世和新发现的应国有铭青铜器资料进行搜集、梳理（包括断代、考释、辨伪及前人研究工作总结等）。关于这方面工作，做得比较早的有周永珍[①]、马世之[②]先生等。近年来王蕴智和陈淑娟、黄益飞先生也对应国有铭文青铜器进行了更全面的整理。王蕴智、陈淑娟先生统计了当时所知应国有铭青铜器78件，并对各组或各件铜器铭文及年代做了简要分析[③]，其中一些结论值得商讨。黄益飞先生统计了当时所知应国有铭青铜器84件，在他的整理工作中，着重铭文辨伪是一大特色，他将首阳斋藏应侯见工簋（盖）与应作姬原母簋（器）、上海博物馆藏应侯见工鼎、传世应公剑皆判定伪器[④]，其考证过程颇为详细，辨伪结论值得我们重视。

**3. 应国青铜文化研究**

王龙正、王宏伟两位先生率先探讨了这个问题，他们的着眼点不仅仅是青铜器，还有陶器、玉器、墓葬葬制[⑤]。后来王龙正、袁俊杰、姜涛三位先生做了更细致的研究，他们以应国青铜器为主线，再参考其他地区相关青铜器，从礼器形制和纹饰、组合、铭文以及铜车马器、玉器、蚌贝、料珠等角度探讨了西周早期的青铜文化变革。其次他们又从M232墓葬形制和葬俗、M231出土石管珠、M85出土盘龙纽盖盉、M84和M85出土束颈垂腹鼎、M242出土束颈细高足鼎、M232出土短剑、毁兵葬习俗以及应国墓地出土陶三足瓮、陶大口尊、原始瓷等探讨了南北地区文化的交流与融合问题，指出应国是当时南北方文化交流与融合的一个平台[⑥]。王龙正先生等的研究无疑是很有见地的，而且为将来的深入研究提供了一个很好的思路。

陈小三先生重点研究了应国墓地M85：15蟠龙盖盉，指出其属于吴越文化风格器物，探讨了它在这类盉中的断代意义和价值[⑦]。另外，陈小三先生分析了包括应国青铜器在内的广大中原地区青铜器中具有长江中下游文化风格的器物形制、纹饰、分范技术特征，探讨了西周前期长江中下游青铜文化对中原地区的影响[⑧]，无论在方法还是结论上，都有力地推进了学界对西周青铜文化的研究进程。

---

① 周永珍：《西周时期的应国、邓国铜器及地理位置》，《考古》1982年第1期。

② 马世之：《应国铜器及相关问题》，《中原文物》1986年第1期。

③ 王蕴智、陈淑娟：《应国有铭青铜器的初步考察》，《中原文物》2008年第4期。

④ 黄益飞：《应国具铭青铜器研究》，中央民族大学硕士学位论文，2010年；黄益飞：《应侯簋流传及相关问题》，《华夏考古》2012年第4期。

⑤ 王龙正、王宏伟：《南北交汇的青铜文化》，《文史知识》2010年第11期。

⑥ 河南省文物考古研究所、平顶山市文物管理局：《平顶山应国墓地Ⅰ》，大象出版社，2012年，876～893页。

⑦ 陈小三：《平顶山应国墓地新见铜盉与吴越地区西周铜器断代》，《考古》2015年第5期。

⑧ 陈小三：《长江中下游周代前期青铜器对中原地区的影响》，《考古学报》2017年第2期。

### 4. 应国政治与礼制文化

应国的政治与礼制文化研究主要是应国青铜器铭文所反映出来的职官、礼制、称谓三个方面的内容。应国职官研究集中于两处：其一是应监甗铭文中所谓“应监”的性质问题，有单纯的人名说①、中央委派监官说②、先为中央委派监官后变应侯说③、应侯兼职监官说④、应国派往监视江西某诸侯之官员说⑤等，近年来又有1件西周晚期的应监甗面世，应监的性质或可得到定论。其二是应事诸器中所谓“应事（史）”的性质问题，有人为认为应事乃应国史官⑥，基本上为学界所承认。礼制方面，其一是匍盉铭文所反映的，有学者认为是周代頫聘礼⑦，或认为是士相见礼⑧，或考证为纳征礼⑨，似都有其合理之处，目前尚无定论。称谓方面，学术界关注的焦点在于M8：33应公鼎铭文中的“珷帝”身份问题，有学者认为是周文王⑩，但学界普遍认为是周武王⑪。

---

① 周永珍：《西周时期的应国、邓国铜器及地理位置》，《考古》1982年第1期。按：郭沫若先生又疑“监”可能为人名，但他更倾向于中央王朝向应国委派监官之说（郭沫若：《释应监甗》，《考古学报》1960年第1期）。

② 郭沫若：《释应监甗》，《考古学报》1960年第1期；耿铁华：《关于西周监国制度的几件铜器》，《考古与文物》1985年第4期；耿铁华：《应监甗考释》，《东北大学学报》1987年第1期；李学勤：《应监甗新说》，《江西历史文物》1987年第1期；田率：《新见鄂监簋与西周监国制度》，《江汉考古》2015年第1期。按：除了李学勤先生外，其余作者认为应监乃中央王朝派往监视应国的官员，与应侯同时并列。李学勤先生认为应监是中央王朝派往江西北部应地之“监”。

③ 徐中舒：《西周史论述》（上），《四川大学学报（哲学社会科学版）》1979年第3期；伍仕谦：《论西周初年的监国制度》，《人文杂志丛刊》第2辑，1984年。按：伍仕谦先生认为应公器与余干应监甗乃同人之器，应监于周初开始在应国监国（监视应国旧有统治者），西周中期以后才取代原有统治者成为诸侯。

④ 何光岳：《应国略考》，《江汉考古》1988年第2期。按：作者认为第一代应侯担任应监，与周初所设“三监”一样，负责监督武庚。王龙正、孙清远：《也谈应监甗》，《中原文物》2012年第1期。按：作者认为周初应监由应国始封君应叔兼任，负责监视殷遗民，这与何光岳先生的观点稍有不同。

⑤ 刘正：《江西所出应国铜器铭文研究》，《南方文物》2006年第2期。

⑥ 任伟：《“应史”诸器与周代异姓史官》，《华夏考古》2002年第3期。

⑦ 王龙正、姜涛、娄金山：《匍鸭铜盉与頫聘礼》，《文物》1998年第4期；王龙正：《匍盉铭文补释并再论頫聘礼》，《考古学报》2007年第4期。

⑧ 陈昌远、王琳：《“匍鸭铜盉”应为“匍雁铜盉”新释》，《河南大学学报（社会科学版）》1999年第4期。

⑨ 黄益飞：《匍盉铭文研究》，《考古》2013年第2期。

⑩ 河南省文物考古研究所、平顶山市文物管理局：《河南平顶山应国墓地八号墓发掘简报》，《华夏考古》2007年第1期。

⑪ 李学勤：《新出应公鼎释读》，《通向文明之路》，商务印书馆，2010年，149页；陈絜：《应公鼎铭与周代宗法》，《南开学报（哲学社会科学版）》2008年第6期。

### 5. 应国史地研究

应国史地研究，大体说来主要围绕两个主题，即应国的始封地和应国灭亡[①]。关于应国的始封地，学术界有两种观点：其一，以郭沫若、李学勤先生等为代表，认为应国始封于今河南平顶山一带[②]；其二，以何光岳、王龙正先生为代表，认为应国始封于今山西长子县，后来南迁于今河南平顶山市一带[③]。目前来看，这两种说法各自有其道理，何光岳、王龙正先生等立论比较大胆，但是还需要更多的证据来支持。应国的灭亡时间和被何国所灭，史无记载。伍仕谦、何浩、娄金山和王龙正先生等认为是被南方楚国所灭[④]，从当时的政治局势和应国墓地考古发掘情况来看，此说比较可信。潘民中、李乔先生认为是东周初年被郑国所灭[⑤]，证据显得不足。刘绍明认为应国在春秋早期沦为楚国附庸，至战国早期灭国[⑥]，但无法解释春秋中期应侯墓的缺失问题。无论怎样，由于应国墓地的发现和确认，应国的地望问题已经得到解决。

以上各方面的研究，如应国青铜器断代、铭文考释、政治文化探讨往往不是孤立进行，而是互有联系。总体而言，目前学术界对应国青铜器的研究仍着眼于有铭青铜器的整理、断代及铭文考释等，对于大量不带铭文的应国青铜器的研究工作尚显得薄弱。应国青铜器的年代序列、时代演变特征、文化因素内涵、铸造工艺等研究都是相对薄弱环节，需要继续加强和深化。

---

① 何浩：《应国兴亡史略》，《楚灭国研究》，武汉出版社，1989年；何光岳：《应国略考》，《江汉考古》1988年第2期。

② 李学勤：《探寻久被遗忘的周代应国》，《三代文明研究》，商务印书馆，2011年，37～45页。

③ 何光岳：《应国略考》，《江汉考古》1988年第2期；王龙正等：《应国历史简述》，《平顶山应国墓地Ⅰ》，大象出版社，2012年，863～875页。

④ 伍仕谦：《论西周初年的监国制度》，《人文杂志丛刊》第2辑，1984年；何浩：《应国兴亡史略》，《楚灭国研究》，武汉出版社，1989年；娄金山、王龙正：《应国史考》，《平顶山师专学院》1993年第4期。

⑤ 潘民中：《姬姓应国灭亡考》，《平顶山师专学报（社会科学版）》1997年第4期；李乔：《应国历史与地理问题考述》，《中原文物》2010年第6期。

⑥ 刘绍明：《丁儿盖鼎与应国存亡问题》，《楚文化研究》第4集，河南人民出版社，1996年，325～326页。

# 第二节　研究范围、任务和方法

## 一、范围与对象

两周时期的应国大体上是以出土青铜器来确定其文化面貌的。第一阶段应国青铜器从西周早期一直延续到春秋早期，约有三百年，这个时间段跨越了绝大部分西周时期。因此，将应国青铜器作为两周时期诸侯国青铜器的研究个案，对两周青铜器研究具有相当普遍的意义。如果将应国青铜器作为周文化体系下区域文化的研究个案，对两周时期地域青铜文化研究也具有同样的普遍意义。

前文已经说明本书的研究对象是第一阶段（西周与春秋早期）的应国青铜器。从时间范畴来看，本书要研究的应国青铜器属于应国始封之后至春秋早期这段时间。从空间范畴来看，绝大部分出土的带有应国标识的青铜器集中于平顶山滍阳岭应国墓地，其他远离平顶山的地方也零星出土带有应国标识的青铜器，还有一些出土地并不明确地带有应国标识的传世青铜器，对于这批青铜器还需要做进一步的界定和认识。

带有应国标识的青铜器绝大部分出土或传出于今河南平顶山应国墓地，它们作为应国青铜器的性质是明确的，是本书研究的重要对象。有少量应国墓地出土的带有他国标识的青铜器，反映了应国对外交往、文化交流的重要事实，我们也将其纳入应国青铜器研究的范围。应国墓地出土的大量无铭青铜器，由于该墓地的国族属性是明确的，即使不能绝对排除少量无铭青铜器来自其他诸侯国的可能，但在没有条件甄别的情况下，本书都将其视为应国青铜器，也是本书的重要研究对象。传世的、采集的、应国墓地之外出土的少量无应国标识的有铭青铜器，如果铭文中的人物、事件可与属性明确的应国青铜器铭文中的人物、事件相对应，本书也将其视为应国青铜器研究的参考对象。应国墓地之外出土的大量无铭青铜器，虽然不能排除其中一部分属于应国青铜器，但我们还没有条件甄别出来，所以这部分青铜器无法纳入应国青铜器研究的范围。

从研究的材料角度看，考古学研究自然以科学发掘品为主要研究对象。但是应国墓地长期遭受盗掘，尤其是西周早中期的墓葬被盗掘严重，大量青铜器散失，其中包含许多重要的有铭青铜器。这部分“非科学发掘品”在目前所见的全部应国青铜器中占有较大的比例，在本书研究过程中，它们都被给予与科学发掘品一样的重视。

## 二、目的与任务

迄今反映商周时期青铜文化时空变化的框架基本上已经搭建起来[①]，在此框架之下大体可以把握不同时期、不同地域的青铜文化的一般特征，中原文化与周边地区文化、周边地区文化之间的交互关系以及不同区域考古学文化发展的不平衡性也都基本清楚。但西周时期诸侯国青铜文化的发展过程、特性以及跟王畿青铜文化的关系，并不那么明晰。也就是说，以诸侯国为时空单位的方国青铜文化研究在搭建周代文化时空框架中是有待丰富的一个方面。

两周时期的分封体制使当时的物质文化如青铜器形成以王畿地区和畿外诸侯国为单位的地域构成。西周时期，王室力量强大，在政治文化方面对诸侯国都有很强的向心吸引力，反映在物质文化上就是呈现出较强的共性。东周时期，周王室衰微，一些地方诸侯力量崛起，它们在政治文化上对王室的离心趋势、独立性愈加明显，反映在物质文化上就是呈现较强的个性或者区域性。正是由于把握了这一时代变化特征，郭沫若在20世纪30年代即尝试以“王世为次”来整合西周青铜器资料，“以国别为次”来整合东周青铜器资料[②]，后来学者基本上也沿着这个思路继续研究两周时期的青铜文化。西周时期，中原地区（包括王畿和广大诸侯国）青铜文化表现出很强的共性特征，学者把它们视为东亚地区的一块独立的青铜文化体系，从宏观角度来说，这种把握无疑具有其合理性。但是在这个中原青铜文化体系中，湮没了许多诸侯国青铜文化。虽然诸侯国青铜文化在西周时期表现出较多的共性，但它们的个性特征是客观存在的。每个诸侯国青铜文化都是周代青铜文化构成部分之一，它们是一个有机体并且在其内部存在着互动交流。他们在周代青铜文化中地位如何？对周文化的形成是否发挥作用？在周代青铜文化内部是如何互动交流的？这些问题值得研究。应国出土青铜器材料的年代序列比较完整，如果我们将其作为探究处于周王朝控制之下的诸侯国青铜文化的个案，应当是一个很好的典型。

应国青铜器研究一方面是以青铜器为研究对象的考古学文化研究，另一方面也是应国物质文化及其所反映的历史研究。本书的研究任务应当包括两个方面：一是以考古学文化研究的手段和途径，考察应国青铜器的特性及其形成背景。二是以应国青铜器反映出的信息研究应国文化制度、复原应侯世系。这两个方面的研究任务需要从三个角度展开：①分期与年代问题。虽然前人已对应国青铜器做了许多年代研究工作，但研究重点是有铭青铜器，目前学术界还没有对应国青铜器进行系统的分期与年代研究，这项工作将是本书研究的重中之重。②应国礼器器用制度，这需要研究应国墓葬

---

① 李伯谦：《中国青铜文化的发展阶段和分区系统》，《华夏考古》1990年第2期；孙华：《中国青铜文化体系的几个问题》，《考古学研究》（五），科学出版社，2002年。

② 郭沫若：《两周金文辞大系图录考释》，科学出版社，1957年。

出土青铜礼器的组合特征及其与墓主身份等级的内在联系。③应国青铜文化的地位。这需要分析应国青铜器自身的结构和特征，同时还要跟商周王畿地区及其他诸侯国青铜器做大量的比较。④应国青铜器及其铭文内容所反映的应侯世系。

## 三、基本方法与思路

本书的研究方法，乃是以考古学文化研究为基础，再结合古文字学、文献学等传统方法，从多角度、多方面进行研究。

考古学文化研究以考古类型学为基本手段，同时兼用文化因素分析、定量分析等方法。运用这种方法研究应国青铜器，主要是在应国青铜礼器年代框架建立的基础上，从纵的方面总结器形与纹饰的发展演变规律，总结由各个铜器群构成的青铜文化的发展脉络；从横的方面进行文化特征的总结、器物群的组合研究、比较不同区域青铜文化因素的相互影响和交流。

构建应国青铜礼器年代框架，考古类型学是基本方法。目前，可供应国青铜器分期借鉴的中原地区西周和春秋青铜器年代序列大体已经建立，但是这个年代序列对于众多诸侯国青铜器来说究竟有多大的适用性还是个未知数。理论而言，构建王畿地区和数个诸侯国青铜器年代框架，然后进行排比、归纳，整合出一个中原地区青铜器年代序列，这样的序列或许更具有广泛性与合理性。因此，建立相对独立的应国青铜器年代框架是必要的。对于应国青铜礼器的分期研究，参考以往学者的研究经验，只需要在发展系列较为完整和清晰、分期排队条件较成熟的青铜礼器中进行，而不采用明器。在分期断代工作中，本书选择一些年代清晰的青铜器个体或青铜器群作为参照标准，如关中周原、晋侯墓地、虢国墓地等出土的西周或春秋早期的青铜器资料。当然，在年代判断上最根本的还是要运用标准器断代法。

建立了分期和年代这个基础，我们就可以从器类与器形、纹饰、铭文和器群等几个不同角度分别考察应国青铜器在相应方面的表征。一方面，这几个角度所反映出的文化及社会层面不同，本书要比较它们在青铜文化的演进过程中各自发展的频率是否一致。当然，我们不会刻意去做铭文考释、分析纹饰的内涵寓意。观察应国青铜器在周代青铜文化体系下的地位，需要同时整合青铜器形制、纹饰、铭文等不同方面的信息，围绕文化地位这一主题加以综合考察和分析。

从区域文化视角研究应国青铜器，考察应国与相邻地区的文化关联和交流情况。应国青铜器属于周文化体系的一部分，在这一文化背景之下，应国与周边诸侯国或区域是否可能形成某些区域性特征或者国别特征？在统一的政治文化体系下，他们是如何互动的呢？按照青铜器铭文的指示，应国与汉东地区诸侯国政治关系密切、与南淮夷也有战争交往，他们的文化面貌是否也体现出某种关联呢，这既是一个饶有趣味的问题，也是本书所要研讨的。

# 第二章　类型学分析

## 第一节　材料背景分析

本书研究的应国青铜器，按器物来源性质分为四类：第一类，平顶山应国墓地发掘出土材料；第二类，应国墓地附近的采集材料；第三类，古应国及其附近地区以外的零星出土材料；第四类，传世材料。下面，我们分别对这四类青铜器材料的研究价值特点做具体分析。

### 一、平顶山应国墓地发掘出土材料

我们目前能够确知的应国墓地仅有一处，分布于现今河南省平顶山市滍阳岭上，我们搜集到的应国青铜器材料绝大部分都来自这一片墓地（图2-1）。根据《平顶山应国墓地Ⅰ》提供的信息，墓葬出土应国青铜器均来自滍阳岭南区的两周墓葬（图2-2）。南区的两周墓葬又被早年形成或挖成的东西向沟壑分割为南、中、北三段，墓葬由南向北排列，位置越往北，年代相对越晚，这是应国墓地在墓葬布局时间序列上的一个基本规律。

南区南段的西周墓葬有M232、M231、M242、M230、M229①，《平顶山应国墓地Ⅰ》将这5座墓葬年代定为西周早期。M232是一座带长墓道的积石大墓，时代最早，毫无疑问是一座应侯墓。M230墓室面积也很大，从墓葬所处位置特点来看，也是一座应侯墓，可以说南区南段包含了两座应侯墓。以上5座墓，M232、M231、M230青铜器被盗劫一空，传世数件应公青铜器等所显示的年代信息表明它们很可能来自M232、M230两座应侯（应公）墓。M242虽然被两座汉代墓葬打破，但随葬器物保存完好，青铜器组合研究价值很高。M229随葬的青铜器是当地农民取土时发现的，当初的简报和后来的《平顶山应国墓地Ⅰ》都未交代随葬青铜器是否存在遗失，其组合很可能不完整。

南区中段的西周墓葬有M48、M50、M53、M201、M202、M213、M86、M210、M205、M207、M83～M85、M87、M88，正如前文注释所言，这些墓葬并非南区中段

---

① 南区南段原初的墓葬数量应不止5座，后来很多都被人为损毁不存。

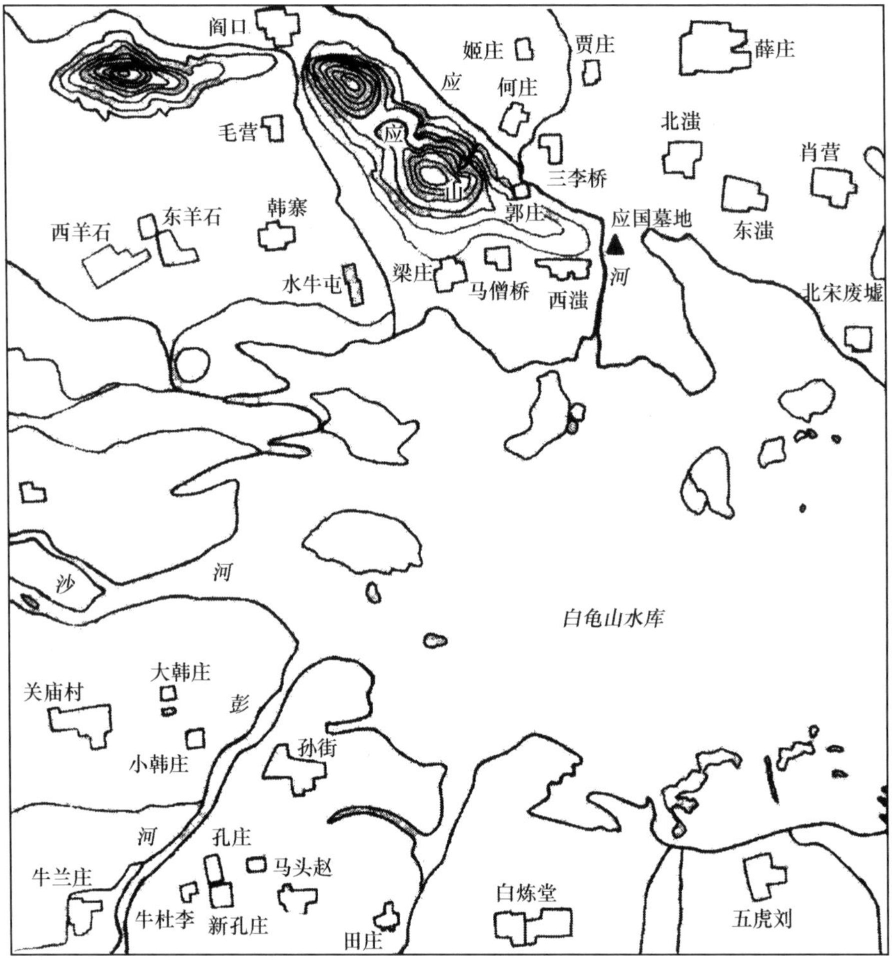


图2-1　应国墓地周边地理环境

（《平顶山应国墓地Ⅰ》3页图二）

原初的墓葬数量。《平顶山应国墓地Ⅰ》从墓葬布局排列出发，将M48、M50、M53划分为南组，M201、M202、M213、M86、M210、M205、M207、M83～M85划分为中组，M87、M88划分为北组。时间上，这些墓葬大约都属于西周中期，其中以M48最早，M87和M88最晚。中组的M86、M84从随葬器物规格和埋葬位置来看，可以断定它们也是应侯墓。南区中段出土青铜器的墓葬有M48、M50、M213、M210、M84、M85，其余墓葬不随葬青铜器或被盗掘一空。M48随葬的青铜器是当地人使用推土机推土时发现的，遗失的器物肯定不少，其组合价值受到一定程度的破坏。M50、M210发掘时保存完好，M213虽然被一座汉墓打破，但随葬器物保存完好，这三座墓葬的青铜器组合价值较高。M84被一座汉墓打破，随葬器物有些可能遗失，但基本保存完整，作为一座应侯墓，出土青铜器的组合研究价值比较高。M85上部填土被推土机铲去一部分，但随葬器物未被扰乱，作为一座应侯夫人墓，出土青铜器的组合研究价值相当高。M87和M88未发掘，然而也可以判断它们是一组应侯夫妇墓，此两墓遭到严重盗掘，近年来见于一些公私藏家的应侯见工诸器可能来自这两座墓葬[①]。

南区北段的两周墓葬有M104、M105、M107～M109、M94～M96、M176～M178、M254、M257、M256、M38、M71、M13、M12、M8、M9、M6、M7、M1、M2以及M24、M25、M10、M11等。从《平顶山应国墓地Ⅰ》提供的信息来看，前面24座墓葬属于西周晚期和春秋早期，M24、M25、M10、M11四座墓葬从M95以北穿插于西周晚期和春秋早期墓葬之间，有的甚至打破后者，其年代属于春秋中期。前面24座墓葬中，仅M257[②]、M104[③]、M105[④]、M95[⑤]、M13[⑥]、M8[⑦]、M1[⑧]部分出土材料通过考古简报予以刊布。此外，秦文生、张锴生主编的《中原文华大典·文物典·青铜器》一书又公布了M95、M13出土青铜器中原简报未曾刊布的部分材料，M6出土部分青铜器材料散见于《中原文华大典·文物典·青铜器》[⑨]和《古应国访问记》[⑩]二书，M7出土部分青铜器资料则仅散见于《古应国访问记》。M24、M25、M10、M11四座墓葬中仅M10通过考古简报介绍，其余情况不明。M104和M105是并穴合葬墓，从墓葬位置来看可能也是某一代应侯夫妇墓，这两座墓葬是当地人取土时发现的，随葬器物必定遗失较多，青铜器组合信息损毁严重。M257是一座小型墓，发掘时保存完好，随葬青铜器的组合信息完整，组合价值很高。M95、M8、M1发掘时也保存完好，三座墓葬很可能都是应侯墓，各墓随葬青铜器的组合信息完整，组合价值很高。M13也是一座应侯墓，该墓曾遭盗掘，虽然盗走的青铜器大部分已被公安局追缴

---

① 河南省文物考古研究所、平顶山市文物管理局：《平顶山应国墓地Ⅰ》，大象出版社，2012年。

② 河南省文物考古研究院、平顶山市文物管理局、河南大学历史文化学院：《河南平顶山应国墓地M257发掘简报》，《华夏考古》2015年第3期。

③ 张肇武：《平顶山市出土周代青铜器》，《考古》1985年第3期。

④ 平顶山市文管会：《河南平顶山市发现西周铜簋》，《考古》1981年第4期；张肇武：《河南平顶山市又出土一件邓公簋》，《考古与文物》1983年第1期。

⑤ 河南省文物研究所、平顶山市文物管理委员会：《平顶山应国墓地九十五号墓的发掘》，《华夏考古》1992年第3期。

⑥ 平顶山市文物管理局：《平顶山市新出青铜器》，《考古》2003年第3期；秦文生、张锴生：《中原文华大典·文物典·青铜器》，中州古籍出版社，2008年。按：应国墓地M13，原简报编号为PY临M1，《中原文华大典·文物典·青铜器》一书公布了一批青铜器，与原简报公布的材料相合，但后者编号为M13，可知PY临M1也即《平顶山应国墓地Ⅰ》中的M13。

⑦ 河南省文物考古研究所、平顶山市文物管理局：《河南平顶山应国墓地八号墓发掘简报》，《华夏考古》2007年第1期。

⑧ 王龙正、孙新民、王胜利：《平顶山市北滍村两周墓地一号墓发掘简报》，《华夏考古》1988年第1期。

⑨ 秦文生、张锴生：《中原文华大典·文物典·青铜器》，中州古籍出版社，2008年。

⑩ 王龙正：《古应国访问记》，中国国际广播出版社，2010年，58～64、81页。

回来，但其组合信息必定受到较大干扰①，组合价值不高。M6出土青铜礼器材料中如器类、器形、数量及部分铭文信息已经公布得比较全面，而且我们没有发现任何有关介绍该墓被盗的信息，以此推测这座墓葬原本也保存比较完整，目前所见的青铜礼器的组合价值较高。M7出土青铜器材料中只有青铜礼器影像见于《古应国访问记》，其数量虽然不少，但我们无法确定该墓随葬青铜礼器影像是否已经完全展现，就当前而论，其组合价值比M7的要低。

## 二、应国墓地附近的采集材料

所谓采集材料，指器物材料的发现地点虽然明确或大致明确，但由于受到各种形式的人为扰动，其已经与原埋藏单位分离，而且原埋藏单位信息基本不明。应国墓地附近地区采集的青铜器材料可以分为两类：一类是集中采集材料，目前所知仅有一批次，即2000年9月从平顶山市新华区西高皇一个鱼塘内打捞出的青铜器，共有12件，分别是鼎5、盨4、盘1、匜1、车辖1，简报推测这批器物可能出自应侯见工墓（即《平顶山应国墓地Ⅰ》M87）。西高皇这一批采集材料虽然数量可观，但其组合价值显然已经丧失。第二类是零星的采集材料，具体指滍阳岭附近村民平时在应国墓地一带偶然发现取回来后上交的青铜器，目前所知有鼎2、簋2及数件兵器和车马器，这一类采集材料以及传世材料更无组合价值可言。

## 三、古应国及其附近地区以外的零星出土材料

古应国的疆域范围，就目前积累的材料来看是无法确定的，我们所说的“古应国以外”是指应国墓地及其附近一带以外的地区。古应国以外的零星出土材料只能依靠铭文判别其属于应国器物，目前所见仅有两个批次：其一是1958年9月江西余干县黄金埠中学校内出土的应监甗②，埋藏单位无其他遗物，简报作者朱心持认为该器并非系原埋藏单位出土，而是经过后人收藏并再次埋入地下的，郭沫若先生也赞同此说；其二是1974年3月陕西省蓝田县红星公社出土的应侯见工钟③，埋藏单位是否还有其他遗物等信息不明。

---

① 吴镇烽著《商周青铜器铭文暨图像集成续编》（后文简称《铭图续》）编号0523著录一件应姚作叔诰父鬲，与出自M13的被追缴回来的应姚作叔诰父鬲基本相同，前者极可能也出自M13。准此，M13至少随葬3件青铜鬲，然奇数鬲并不符合应国墓地西周晚期和春秋早期青铜鬲的组合规律，可见该墓仍有一部分青铜礼器散落民间。

② 朱心持：《江西余干黄金埠出土铜甗》，《考古》1960年第2期；郭沫若：《释应监甗》，《考古学报》1960年第1期。

③ 韧松、樊维岳：《记陕西蓝田县新出土的应侯钟》，《文物》1975年第10期。

## 四、传世材料

本书所谓传世应国青铜器材料是指历史上和当代一切具体出土地点信息不明的应国青铜器，既包含宋代至民国时期金石图录上著录的应国青铜器，也包含近年来若干公私藏家通过各种渠道购入的应国青铜器，后者有的器物虽然据传出自平顶山应国墓地，但在逻辑上不能确指，故归入传世器类。传世应国青铜器主要凭借铭文中的“应×”称谓来识别，其次是在前面的基础上通过人物系联进行识别。早年的传世材料有应公诸器、应侯作姬原母簋等，部分器物迄今尚有实物存世。中华人民共和国成立后出现的传世应国青铜器为上海博物馆、保利艺术博物馆、首阳斋、日本书道院博古馆等收藏，藏品有著名的应侯见工鼎、簋、钟及未见私名的应侯盨等[①]。2008年纽约苏富比春拍上出现的应[illegible]方尊和方彝是应国青铜器中不可多得的精品[②]。《平顶山应国墓地Ⅰ》出版后，陆续还有一些传世应国青铜器不断面世，皆收录于吴镇烽著《商周青铜器铭文暨图像集成》《商周青铜器铭文暨图像集成续编》二书，兹不详述（附表三）。

从考古学角度而言，第一类应国青铜器材料大多可以用于组合研究，第二、三、四类应国青铜器材料不具备组合研究的价值。不过，后三类材料在其他研究方面仍然具有重要意义：其一是器物本身可以应用于应国青铜器年代学框架的建构；其二，铭文内容对应国社会历史的复原起着不可或缺的作用。

# 第二节　礼器的类型学分析

通常情况下，我们构建某一地区的青铜器年代学框架主要选取发掘出土的、组合信息相对完整的墓葬青铜器群材料，然而应国青铜器材料比较特殊，通过上一节介绍的有关应国青铜器材料背景可知，许多应国贵族墓被盗或被扰，组合信息或多或少已经缺失，而以西周早期墓葬出土青铜器材料更显匮乏。所以，我们构建应国青铜器年代学框架时不得不大量利用第二、三、四类材料。此外，应国墓地出土不少明器，它们既跟实用器的礼制属性有所区别，又在器形演变上多无规律，原则上不利用这类器物做型式分析。

应国青铜礼器主要有鼎、簋、甗、鬲、盨、簠、匕、方彝、尊、卣、爵、觯、

① 河南省文物考古研究所、平顶山市文物管理局：《平顶山应国墓地Ⅰ》，大象出版社，2012年。

② 《上海证券报》2008年3月28日第D02版；崎川隆：《关于西周时期饰有“上卷角兽面纹”的青铜器》，《青铜器与金文》第一辑，上海古籍出版社，2017年。

壶、盘、盉、匜、甬钟、铃等，此外还有用途不甚明确的豆形器、挹食器——匕，我们对其型式分析如下。

## 一、食　器

### 1. 鼎

45件。另有明器6件。鼎的形制差异最显著之处在于腹部，我们据此将其分为四型。

A型　19件。盆腹鼎。器腹似盆，皆为立耳，圜底近平。根据鼎腹、腿形态差异分为三亚型。

Aa型　12件。颈部微束或颈腹不分界，腹壁向下外扩成垂鼓腹或垂腹。根据器身整体形态变化分为六式。

Ⅰ式：2件。以桃形口为主，腹壁内弧，下部垂弛；鼎腿较短，上粗下细，大致成圆截锥状。标本：M242：11旡鼎（图2-3，1），通高14.1、口径13.1厘米。绹索耳，桃形口，卷沿，浅圜底。上腹饰两周弦纹。

Ⅱ式：3件。皆为圆口，腹壁外弧，下部略垂鼓；鼎腿粗短，上下如一或下部略细，内侧为截平面。标本一：M210：3叟鼎（图2-3，2），通高19.8、口径19.5～17.1厘米。椭方耳，平沿方唇，腹微鼓下垂，近平底。上腹饰一周分尾鸟纹。标本二：M213：8父庚鼎（图2-3，3），下腹较外鼓。

Ⅲ式：2件。圆口，腹壁微外弧下垂，最大径接近底部；鼎腿较Ⅱ式细长，上下如一，其内侧为截平面或有凹槽。标本一：M84：76应侯鼎（图2-3，4），高21.6、口径18、腹径19.8厘米。椭方耳，平沿方唇，近平底，腿内侧为截平面。腹上部饰两周弦纹。标本二：M85：1鼎（图2-3，5），腿内侧有竖向凹槽，年代上可能稍晚于M84：76应侯鼎。

Ⅳ式：1件。圆口，腹较浅，微垂鼓。鼎腿上端外鼓，中段偏下处稍细，略成截足兽蹄腿。标本：M104出土封虎鼎（图2-3，6）[①]，通高17.2、口径18、腹深8.6厘米。椭方耳，斜平沿、薄唇，近平底。上腹饰一周窃曲纹。

Ⅴ式：3件。圆口，腹较浅，垂鼓，兽蹄腿，蹄掌较凸出。标本：M95：102公作敌鼎（图2-3，7），通高26、口径26厘米。椭方耳，平沿方唇，浅圜底，足内侧为截平面。上腹饰一周窃曲纹和弦纹，三腿根部各饰一兽面纹。

Ⅵ式：1件。圆口，浅腹垂鼓，兽蹄腿内侧有竖向凹槽，蹄掌更凸出。标本：

① 封虎鼎本非应国器物，由于M104、M105遭受破坏，没有发现其他青铜鼎，故权且采用此器排队。

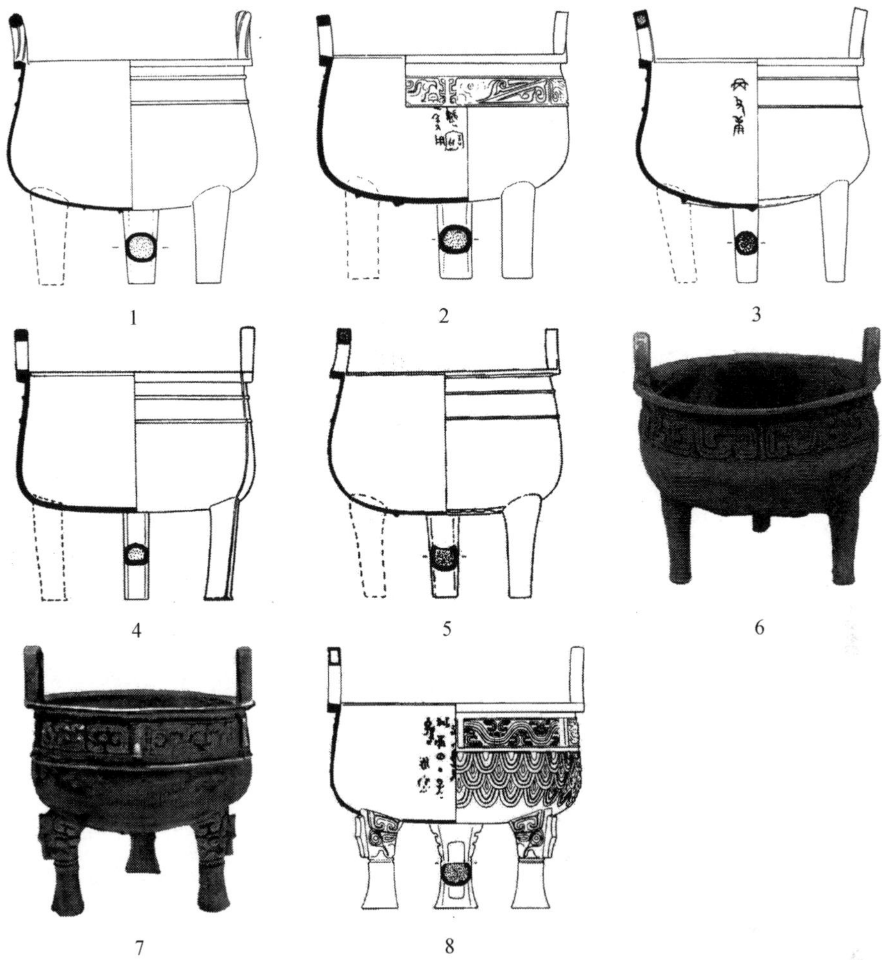


图2-3　Aa型鼎

1. Ⅰ式（M242：11）　2、3. Ⅱ式（M210：3、M213：8）　4、5. Ⅲ式（M84：76、M85：1）

6. Ⅳ式（M104）　7. Ⅴ式（M95：102）　8. Ⅵ式（M8：33）

M8：33应公鼎（图2-3，8），通高26.6、口径26.3厘米。椭方耳，平沿方唇，近平底，上腹饰一周环带纹，下腹饰垂鳞纹，腿根部各饰一兽面纹。

演变特征：由绹索耳变为椭方耳；口部由桃形变为圆形，卷沿逐渐被平沿完全取代；腹由内弧垂鼓变为外弧垂鼓；腿部由截锥形先变为半圆柱形，再变为兽蹄形，腿内侧凹槽从无到有。

Ab型　5件。特浅腹，鼎腿前期细长。根据器身整体形态变化分为三式。

Ⅰ式：2件。腹最浅，束颈，鼓腹，底近平，腿细长，内侧为截平面。标本：M242：13素面鼎（图2-4，1），通高14.1、口径13.1厘米。椭方耳，侈口，斜尖唇，近平底，整器光素。

Ⅱ式：2件。腹略比Ⅰ式深，腿稍短，颈部内束幅度小或颈腹分界不明。标本一：

M48：2夔龙纹鼎（图2-4，2），残高15、口径15.2厘米。斜尖唇，腹壁较直、外扩下垂，圜底，腿略上粗下细。标本二：PY采：00505鼎，斜平沿较宽，束颈，腹垂鼓，平底，腿内侧凹槽较大，原有纹饰被锉磨。

Ⅲ式：1件。腿较短，内侧有凹槽。标本：M85：12简省龙纹鼎（图2-4，3），通高18.8、口径23.5、腹深9.3厘米，斜平沿，腹壁较直、外扩下垂，圜底，腿略向外张。上腹饰简省龙纹。

演变特征：腹由浅变得略深，腿由细长变短，其内侧由截平面变成凹槽。

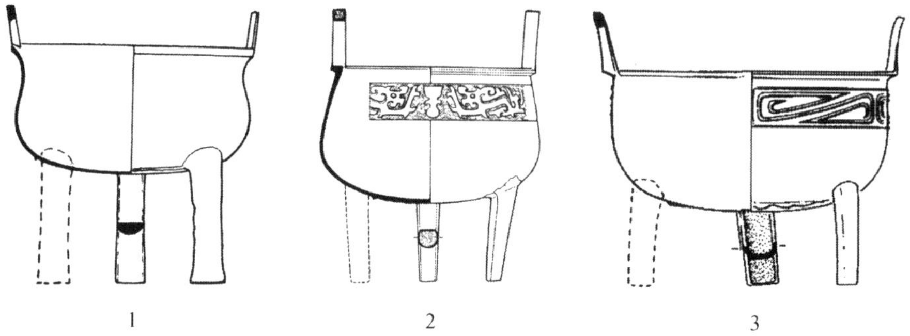

图2-4　Ab型鼎

1. Ⅰ式（M242：13）　2. Ⅱ式（M48：2）　3. Ⅲ式（M85：12）

Ac型　2件。束颈，颈部下端外折与腹相连，腹部瘪鼓，鼎腿较粗短，内侧为截平面。标本一：M84：74箍棱鼎（图2-5，1），通高26.2、口径21.4、腹径23.6厘米。绹索耳，口微侈，平沿方唇，长颈，腹很浅，圜底近平，长颈底端有一周箍棱。箍棱饰斜角目云纹，其上下两侧各饰一周弦纹。标本二：M85：14窃曲纹鼎（图2-5，2），通高19.9、口径16.3、腹深10.5厘米。椭方耳，微敛口，平沿方唇，腹较浅，圜底近平。颈部饰勾连窃曲纹，足根部饰兽面纹。

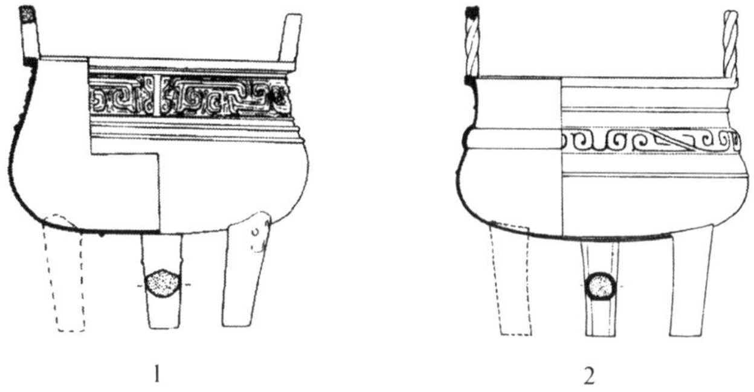

图2-5　Ac型鼎

1. M84：74　2. M85：14

B型　20件。半球腹鼎。器腹似半个圆球，绝大部分为立耳，皆兽蹄腿。根据腹、腿形态变化可分为五式①。

Ⅰ式：7件。腹较深过半球，腿较细，蹄掌微凸出。标本：西高皇XGH采：1应侯鼎（图2-6，1），复原通高34、口径33～35厘米。椭方立耳，敞口，平沿，方唇，腿内侧有竖向凹槽。口下饰两周弦纹。

Ⅱ式：1件。较深腹呈半球形，腿较细，蹄掌稍凸出。标本：M13：00795应侯鼎（图2-6，2），通高23.5、口径24厘米。椭方立耳，平沿，方唇，较深腹呈半球形，腿内侧有竖向凹槽。口下饰一周重环纹。

Ⅲ式：3件。腹稍浅不及半个圆球，腿较粗，蹄掌较凸出。标本：M8：7窃曲纹鼎（图2-6，3），通高18、口径21.2厘米。椭立方耳，敞口，平沿，方唇，腿内侧有竖向凹槽。口下饰一周窃曲纹。

Ⅳ式：8件。腹较浅，腿很粗，蹄掌肥大。标本一：M6：79应申姜鼎（图2-6，4），通高31、连耳宽45、口径38厘米。附耳，侈口，方唇。口下饰一周窃曲纹。标本二：M7出土素面鼎（图2-6，5），尺寸暂不详。椭方立耳，口微敛，平沿，方唇，口下饰一周窃曲纹。

Ⅴ式：1件。口微敛，浅腹，底不如前几式圜凸，腿较小，蹄掌不如Ⅳ式肥大。标本：M1：31鼎（图2-6，6），通高34.2、腹深16.8、口径37.2厘米。椭方立耳，宽沿方唇，腿内侧有竖向凹槽。口沿下饰一周窃曲纹，腹部饰垂鳞纹。

演变特征：腹由深变浅，底尖凸程度由大变小，蹄掌外凸幅度由小变大，附耳从无变有。

C型　3件。分裆鼎。器底分裆，立耳。根据腹、腿形态变化分为二式。

Ⅰ式：1件。腹较深，三腿向下略外张。标本：上海博物馆藏应公鼎（图2-7，1），通高18、口径15.5厘米。平沿，厚方唇，腹较外鼓。口下饰二周弦纹。

Ⅱ式：2件。腹较浅，三腿近乎垂直。标本：M48：1伯鼎（图2-7，2），通高21、口径17.5厘米。平沿，薄唇，鼓腹，腹饰分解式有体兽面纹。

演变特征：腹由深变浅，腿由略向外张变为垂直。

D型　3件。方鼎。器腹横截面为长方形。形制基本相同，四隅上中段锐折，下段成圆角状，立耳。标本一：故宫博物院藏应公方鼎（图2-8，1），尺寸不详。口下饰一周变形鸟纹。标本二：应叔豖方鼎（图2-8，2），口下饰顾首卷尾龙纹。

**2. 簋**

46件，其中1件形制不详。另有明器10件，其中1件用于型式划分。根据器身形态差异分为三型。

---

① M8：15鼎，简报未刊布其器影和线图，据简报正文描述，该鼎形制当属于B型鼎，但简报交代的该鼎形制信息过于简略，故不能参与分式，故B型鼎实际参与分式的共有20件。

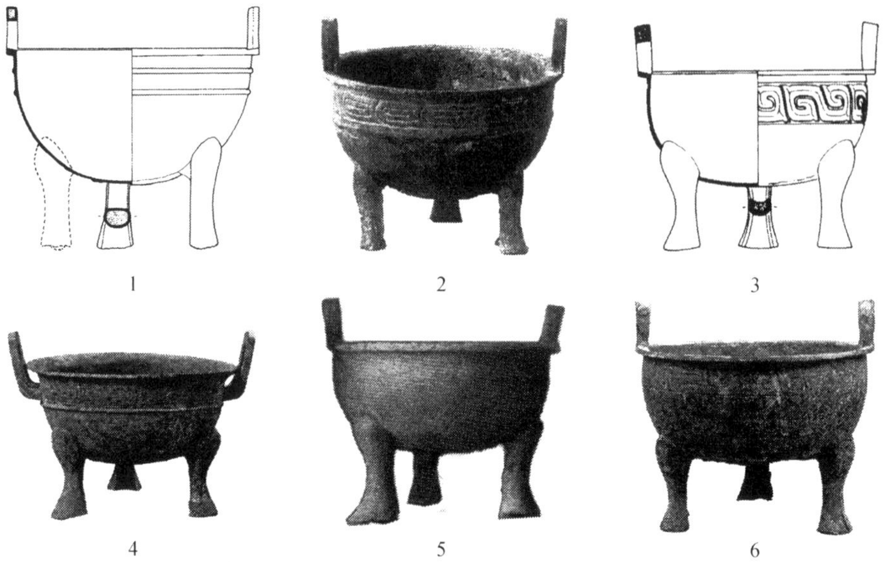


图2-6　B型鼎

1. Ⅰ式（西高皇XGH采：1）　2. Ⅱ式（M13：00795）　3. Ⅲ式（M8：7）　4. Ⅳ式（M6：79）　5. Ⅳ式（M7）　6. Ⅴ式（M1：31）

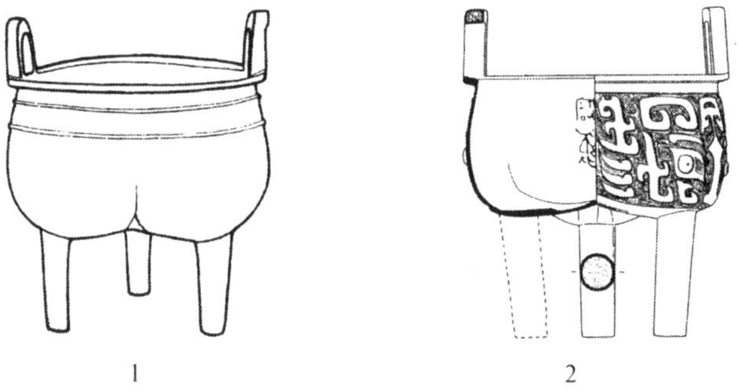


图2-7　C型鼎

1. Ⅰ式（上海博物馆藏）　2. Ⅱ式（M48：1）

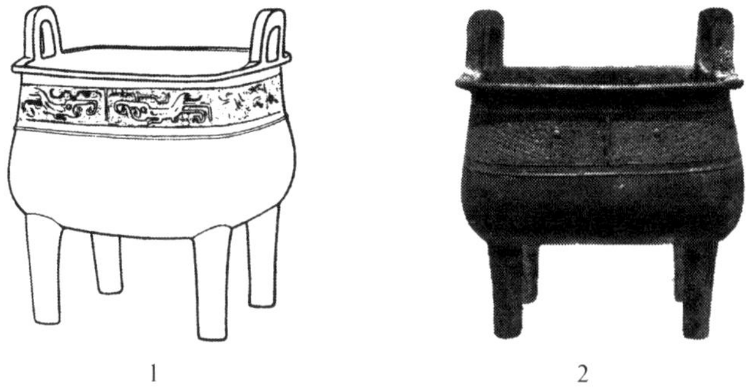


图2-8　D型鼎

1. 故宫博物院藏应公方鼎　2. 应叔豖方鼎（《铭图》1600）

A型　12件。侈口，鼓腹或垂腹，半环耳。根据器腹形态变化分为四式。

Ⅰ式：4件。束颈，鼓腹，圈足较垂直，足缘外折形成窄平阶。标本一：M242：14簋（图2-9，1），通高9.2、口径15.3、足径5.5厘米。兽首耳下无垂珥，尖沿外有切边，足缘外折形成平阶。素面。标本二：PY采：00507簋（图2-9，2），通高7.5、口径9.5～9.9厘米。口较外侈，深腹略下垂，圈足较高。素面。

Ⅱ式：3件。颈极短，腹壁较直，外鼓下垂，圈足略外撇，足缘外折形成宽平阶。标本：故宫博物院藏应公簋（图2-9，3），兽首耳下带象鼻钩形珥，尖沿外有切边，圈足较高。口下饰两周弦纹。M242：12柞伯簋界于Ⅱ式和Ⅲ式之间，但来自他诸侯国，姑且附于Ⅱ式下。

Ⅲ式：1件。颈稍长，鼓腹略垂，圈足较矮和外撇。标本：M48：3伯徫簋（图2-9，4），通高12.8、口径19.5、足径16.4厘米。兽首耳下带方形垂珥，尖沿外有切边，足缘下折。口沿、上腹、圈足饰弦纹。

Ⅳ式：4件。腹壁较直，垂鼓腹，圈足较矮和外撇。标本：M85：8簋（图2-9，5），兽首耳不带垂珥，尖沿外有切边。口沿饰弦纹。

演变特征：腹部由鼓腹变为垂腹，腹壁由较外弧变为略直；圈足由高变矮，外撇幅度由大变小。

图2-9　A型簋

1、2. Ⅰ式（M242：14、PY采：00507）　3. Ⅱ式（故宫博物院藏）　4. Ⅲ式（M48：3）　5. Ⅳ式（M85：8）

B型　32件。敛口，鼓腹或垂鼓腹。根据耳、腹形态分为三亚型。

Ba型　9件。套环兽首小耳，腹部垂鼓。根据腹部、支足形态变化分为三式。

Ⅰ式：1件。垂鼓腹，圈足较外撇，其下无支足。标本：M229：2应事簋（图2-10，1），通盖高17.1、口径14、腹径20厘米。平顶盖，有圆转折边，圈足形捉手；子口内敛，圈足底外折形成窄平阶。盖缘和口沿各饰一周夔纹，圈足饰两周细云雷纹。

Ⅱ式：2件。鼓腹，腹最大径位置上移至腹中，圈足下有兽首支足。标本：保利艺术博物馆藏应侯见工簋甲（图2-10，2），通盖高25.5、口径21.5厘米 。盖面隆起较高，有盖舌，圈形捉手；母口内敛，腹上有窄肩，螺角兽首耳。盖和器腹均饰直棱纹，下腹近底处饰外弧瓦棱纹。

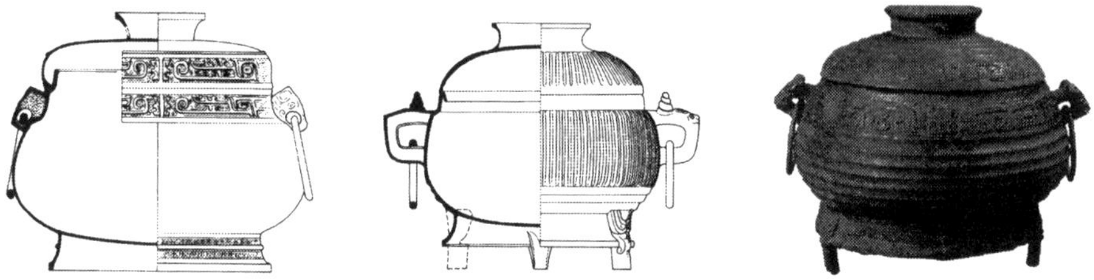

1　　2　　3

图2-10　Ba型簋

1. Ⅰ式（M229：2）　2. Ⅱ式（保利艺术博物馆藏）　3. Ⅲ式（M104）

Ⅲ式：6件。鼓腹略下垂，最大腹径位置较Ⅱ式更偏下，圈足下有兽首支足。标本：M104出土邓公作应嫚毗簋C（图2-10，3），通盖高20、口径20、腹深10.5、腹径24.5厘米。盖面稍隆起，圈形捉首，器身为弇口，圈足较外撇。盖面和器腹皆饰窃曲纹和瓦棱纹，圈足饰斜角兽纹。

演变特征：腹先由垂鼓向鼓腹变化，然后再变为垂鼓腹，上腹内敛幅度由大变小，支足从无到有。

Bb型　18件，含明器1件。半环状兽首大耳，无套环。圈足下皆有支足。根据盖、器腹形态变化分为四式。

Ⅰ式：5件。盖缘有折边；垂鼓腹，最大腹径位置在腹中较偏下。标本：M13：00778应姚作叔诰父簋（图2-11，1），通盖高22.8、口径19.2厘米。盖面稍隆起，圈形捉手；器身子口内敛，圈足较外撇，支足下端有兽爪形足跖，耳下有长方形垂珥。盖缘和口下各饰一周窃曲纹，盖面和腹饰瓦棱纹，圈足饰一周斜角兽纹。

Ⅱ式：4件。盖缘无折边；鼓腹，最大腹径位置在腹中较偏上。标本：M8：3窃曲纹簋（图2-11，2），通盖高20、口径18.5厘米。 盖面略隆起，圈形捉手；器身子口内敛，圈足缘外折形成平阶，支足有兽爪形足跖，耳下带矩尺形垂珥。盖缘和口下各饰一周窃曲纹，盖面和腹部饰瓦棱纹，圈足饰一周垂鳞纹。

Ⅲ式：8件。盖缘无折边；鼓腹，最大腹径位置在腹中稍偏下。标本：M6：84残铭簋（图2-11，3），通盖高24.4、口径20.5厘米。盖面隆起较Ⅱ式稍高，圈形捉手；器身子口内敛，圈足缘外折形成平阶，支足有兽爪形足跖，耳下带方形垂珥。盖缘和口下各饰一周重环纹，盖面和器腹饰瓦棱纹。

Ⅳ式：1件。明器，盖缘无折边，深鼓腹。标本：M1：64簋（图2-11，4），通盖高23、口径16、腹径21厘米。高隆顶盖，圈形捉手；器身子口内敛，圈足较外撇，支足

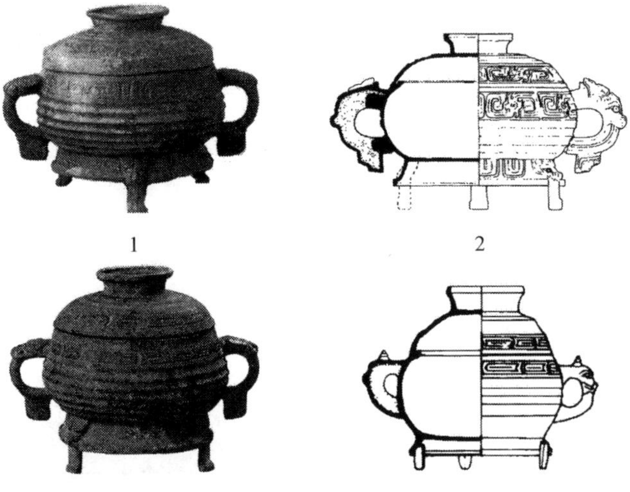

1　2　3　4

图2-11　Bb型簋

1. Ⅰ式（M13：00778）　2. Ⅱ式（M8：3）　3. Ⅲ式（M6：84）　4. Ⅳ式（M1：64）

较短，螺角兽首耳下无垂珥。盖缘和口下各饰一周重环纹，盖面与器腹饰瓦棱纹。

演变特征：盖缘折边从有变无；腹部下垂幅度由大变小，最大腹径位置先由低变高，再由高变低。

Bc型　5件。半环状大兽首耳，腹壁较直，圈足下皆有支足。根据器腹形态变化分为二式。

Ⅰ式：1件。腹壁斜直，向下外扩，圈足较竖直。标本：保利艺术博物馆藏爯簋（图2-12，1），通盖高22.5、口径18厘米。盖顶隆起，有宽折边，圈形捉首；兽首耳附带长方形垂珥，子口内敛，圈足下接四个兽首支足。盖和口下各饰一周分尾鸟纹，圈足饰一周斜角云纹。

Ⅱ式：4件。器口微外侈，腹壁略外弧下垂，圈足外撇。标本：M95：100公作敔簋（图2-12，2），通盖高26、口径22厘米。盖顶隆起较高，无折边，圈形捉手；器身侈口，圈足下附三个兽首支足，兽爪形足跖。盖面和器腹均饰大环带纹。

演变特征：器身由内敛子口变为微侈口，腹壁斜直变为外弧，圈足由竖直变为外撇。Ⅰ、Ⅱ式之间有阙环。

C型　2件。敞口，收腹，成盂形。根据腹、圈足变化分为二式。

Ⅰ式：1件。浅腹，圈足较低，更外撇。标本：M85：2素面簋（图2-13，1），通高10.9、口径17.6、腹深7.2、圈足高3.5厘米。口沿外侈，圈足缘下折，无耳。

Ⅱ式：1件。深腹，圈足较高，外撇。标本：兽簋（图2-13，2），通高16.7、口径24.3厘米。口沿较外侈，圈足下段较外撇，足缘有折边，兽首半环耳。口下饰一周弓身龙纹。

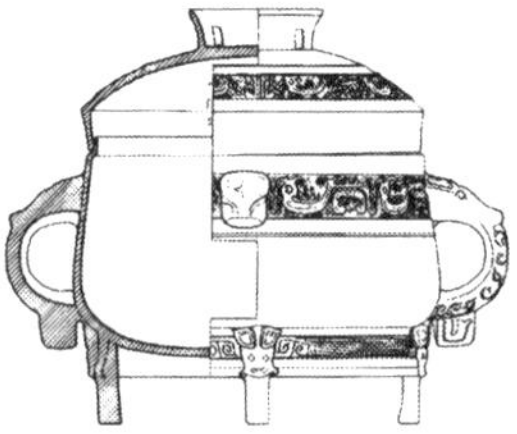

1

2

图2-12　Bc型簋

1. Ⅰ式（保利艺术博物馆藏）　2. Ⅱ式（M95：100）

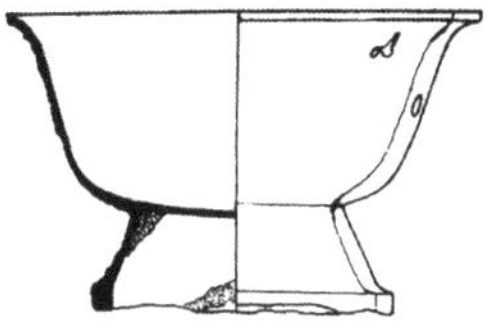

1

2

图2-13　C型簋

1. Ⅰ式（M85：2）　2. Ⅱ式（《铭图续》0437）

**3. 甗**

7件，其中1件形制不详。另有明器1件，用于型式分析。皆甑、鬲联铸，其最大差异在于甑部的横截面形状，本书据此分为二型。

A型　4件，含明器1件。圆体甗，甑部横截面为圆形。皆立耳，侈口，三足。根据整体形态变化分为四式。

Ⅰ式：1件。深腹，内收幅度较大，柱足较细长。标本：江西余干出土应监甗（图2-14，1），通高34.5、口径22.5厘米。甑部为绹索耳，甑腹不下垂，鬲腹外鼓。甑部口下饰一周圆涡纹与四瓣目纹相间的纹饰带，鬲部饰牛角兽面纹。

Ⅱ式：1件。腹较浅，内收幅度小，腹壁下段近垂直，柱足稍粗短。标本：M84：89应侯甗（图2-14，2），通高44、口径31.2、甑腹深16厘米。甑部为椭方耳，口沿较外侈，甑腹下垂，鬲部直颈较长，鼓腹。甑腹饰两周弦纹，鬲腹饰牛角兽面纹。

Ⅲ式：1件。腹较浅，鬲腹极肥鼓，柱足粗短。标本：应监甗（图2-14，3），通高38、口径27.2、腹深24.2厘米。甑部为绹索耳，腹稍显下垂，鬲部束颈，大鼓腹，分沟明显。口下饰两周弦纹。

Ⅳ式：1件。明器。浅腹，向下斜直内收，鬲足略呈亚腰形。标本：M95：82甗（图2-14，4），通高21.5、口径16.2、甑腹深8.3厘米。甑部为椭方耳，腹壁斜直向下

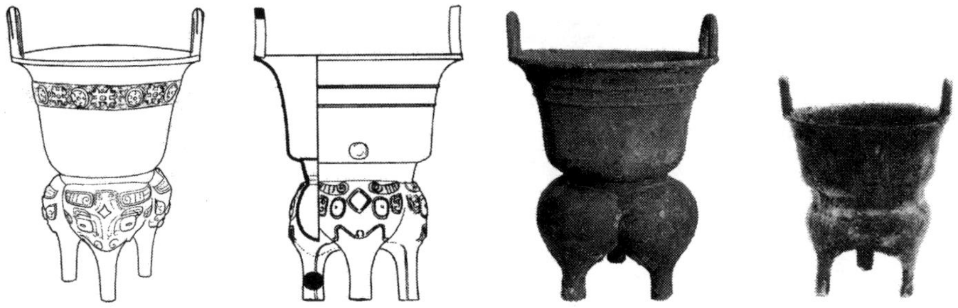

1　　2　　3　　4

图2-14　A型甗

1. Ⅰ式（余干出土）　2. Ⅱ式（M84：89）　3. Ⅲ式（《铭图》3329）　4. Ⅳ（M95：82）

圆转内收，鬲部为束颈，微鼓腹，联裆近平。通体素面。

演变特征：甑腹先由深变浅，然后再变深，腹内收幅度由大变小，由不下垂变为稍下垂；鬲腹外鼓幅度先由小变大，然后再变小，鬲足由细长变粗短。

B型　3件。方体甗，甑部截面为长方形。附耳，皆侈口，兽蹄腿。根据整体形态变化分为三式。

Ⅰ式：1件。整体相对瘦高，甑腹较浅；鬲腹甚外鼓，分裆较高，蹄掌粗大。标本：M8：36甗（图2-15，1），通高27.8、甑口18.9厘米×15.1厘米。甑部附耳与口沿有铜梗相连，口大底小呈倒斗状；鬲部为直颈，腹四等分，分沟明显。甑口沿下饰一周窃曲纹，腹饰省减环带纹，鬲部为素面。

Ⅱ式：1件。整体相对瘦高，甑腹较深；鬲腹较外鼓，分裆较矮，蹄掌略大。标本：M6：101甗（图2-15，2），通高40.7、甑口28.5厘米×22厘米。甑部口沿较外侈，口大底小呈倒斗状，鬲部为直颈，腹四等分，分沟不如Ⅰ式深。甑口沿下饰一周窃曲纹，腹饰环带纹，鬲部饰凸目纹。

Ⅲ式：1件。整体相对粗矮，甑腹较深，甑、鬲浑铸，鬲腹外鼓，弧裆。标本：M1：56甗（图2-15，3），通高28、口23厘米×14.8厘米。附耳附着于甑口沿，腹壁斜直，鬲部无底。通体素面，为明器。

演变特征：甑腹由浅变深；鬲身由高变矮，鬲腹外鼓幅度由大变小，裆由高变低，蹄掌由大变小。

### 4. 鬲

15件。皆宽平沿，直口，束颈，鼓腹三分。根据鬲颈、裆、腿的形制变化分作二式。

Ⅰ式：4件。鼓腹，分裆、裆心较高；截锥形腿，相对细高。标本：M95：21侯氏鬲，通高10.8、口径14.4厘米。较宽平肩。腹饰环带纹，三分腹部各有一条月牙形扉棱将纹饰三等分（图2-16，1）。

1　　2　　3

图2-15　B型甗

1. Ⅰ式（M8：36）　2. Ⅱ式（M6：101）　3. Ⅲ式（M1：56）

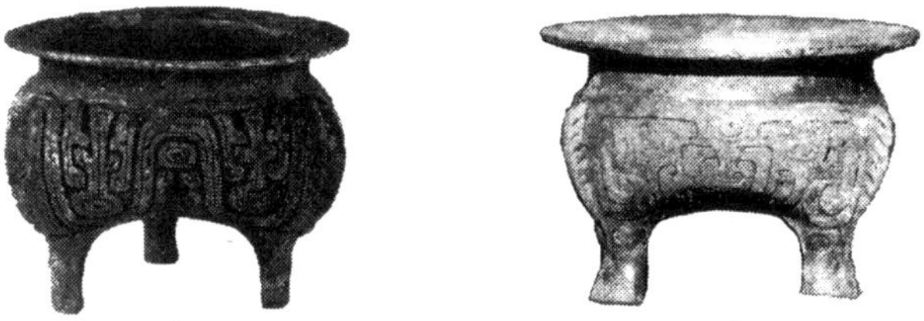

1　　2

图2-16　鬲

1. Ⅰ式（M95：21）　2. Ⅱ式（M13：00759）

Ⅱ式：11件。鼓腹，弧裆较平；腿粗短，成兽蹄状。标本：M13：00759应姚鬲（图2-16，2），通高11、口径16.1厘米。窄肩，鼓腹。腹饰环带纹，三分腹部各有一条月牙形扉棱将纹饰三等分。

### 5. 盨

9件。另有明器1件。根据圈足的有无分为二型。

A型　5件。有圈足，半环耳或附耳[①]。根据腹、圈足、支足形态变化分为三式。

Ⅰ式：1件。镂孔圈足，无支足，腹最大径靠近口沿，半环耳。标本：M84：68应侯爯盨（图2-17，1），通盖高22.4、连耳宽39.2、口28.8厘米×19.8厘米。隆顶盖，其上设曲尺形纽；半环耳，子口，上腹略直，下腹圆转内收成圜底，兽首耳下附带垂珥。盖缘和口沿饰分尾鸟纹，曲尺纽上饰垂冠小鸟纹，圈足镂空间饰环带纹。

Ⅱ式：2件。鼓腹，附耳；圈足较外撇，下无支足。标本：M95：81应伯盨（图2-17，2），通高14.5、口18厘米×12.5厘米。隆顶盖，其上设四个矩尺形纽；附

① 西周中晚期，半环耳圈足盨与附耳圈足盨之间在形制上实际存在独立的演变序列，由于应国青铜盨过少，本书不再划分亚型。

耳与口沿各有两根铜梗相连，子口，圈足带矮阶。盖和器腹均饰瓦棱纹。

Ⅲ式：2件。鼓腹，附耳；圈足较外撇，下连接四根支足。标本：上海博物馆藏应侯盨（图2-17，3），通高23.8、口15.8厘米×22.6厘米。椭长方形盖，盖顶较平，其上设四个矩尺形纽；附耳稍短，子口。盖和器腹饰瓦棱纹。

演变特征：半环耳变为附耳，腹最大径位置由上向下移动，圈足外撇幅度由大变小，逐渐发展出支足。

B型　4件。无圈足。器身似方鼎，四条柱形腿。标本：西高皇XGH采：6应侯盨（图2-17，4），通高17.6、口23.7厘米×16.5厘米。附耳较长，子口，圜底近平。腹和腿上部均饰瓦棱纹。

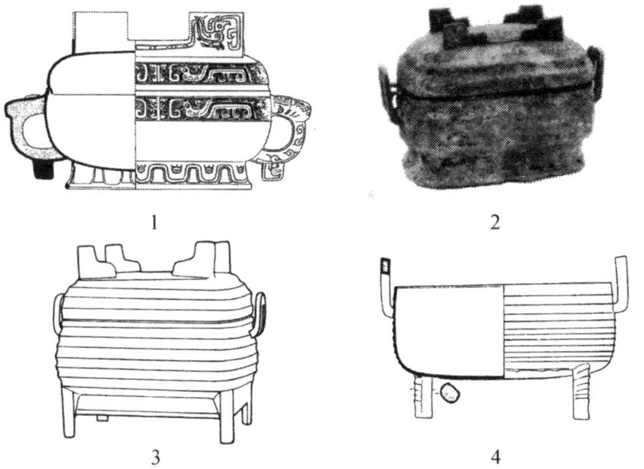
1　2　3　4

图2-17　盨

1. A型Ⅰ式（M84：68）　2. A型Ⅱ式（M95：81）　3. A型Ⅲ式（上海博物馆藏）　4. B型（西高皇XGH采：6）

### 6. 簋

2件。形制、纹饰、大小基本相同。标本：M13：00789龙纹簋（图2-18），通高17.9、口27.8厘米×22.5厘米。盖、器形制基本相同，平沿，腹斜直内收，圈足较外撇，足缘下折，圈足各边中央有一较宽的豁口。口下皆饰变形蝉纹，腹皆饰卷龙纹，盖圈足饰窃曲纹，器圈足饰重环纹。

图2-18　龙纹簋（M13：00789）

### 7. 匕

4件。形制基本相同，匕身成舌形，圜底，曲柄两端宽、中间稍窄。标本：M86：0132匕（图2-19），复原长27.1、柄宽4.3厘米。内底饰圆涡纹，柄饰长鸟纹。

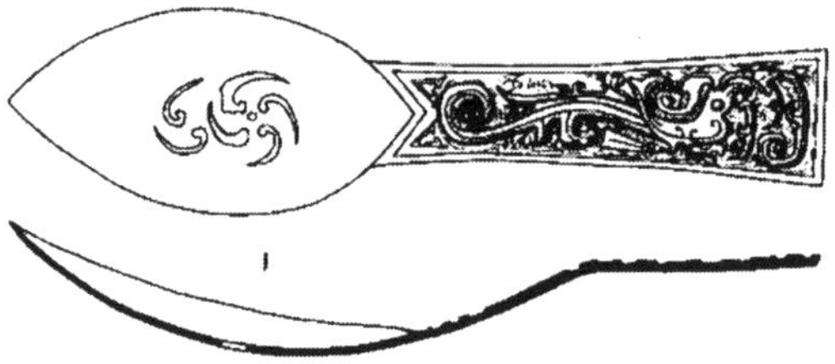

图2-19　匕（M86：0132）

## 二、酒　　器

### 1. 方彝

1件。另有明器约5件[①]。标本：2008年纽约苏富比春拍应□方彝（图2-20），尺寸不详。四阿屋顶形盖，垂鼓腹，圈足外撇且有折边。盖和器腹饰上扬内卷角兽面纹，圈足饰夔纹，均以雷纹衬地。

图2-20　应□方彝

① M13出土青铜器中有方彝、尊、爵、觯，数量暂不详，考虑墓葬年代较晚，我们推测其皆为明器，各类器物数量均暂以1件计，后文不再特别说明。

## 2. 尊

4件。另有明器约7件。皆敞口，鼓腹。根据器身横截面形状的不同分为二型。

A型　3件。器身横截面为圆形，整体似觚形或觯形①。根据整体形态变化分为三式。

Ⅰ式：1件。觚形尊，腹最大径在腹中偏上，器身稍瘦高，喇叭口较长。标本：M242：4尊（图2-21，1），通高15.1、口径13、足径9.2厘米。腹稍瘪鼓，足缘甚外撇。素面。

Ⅱ式：1件。觚形尊，腹最大径在腹中，器身较矮，呐叭口与圈足皆短且较外撇。标本：应侯尊（图2-21，2），尺寸不详。尖沿外有切边，鼓腹，足缘有下折。颈底端饰卷尾龙纹，腹饰棱纹，圈足饰斜角目纹。

Ⅲ式：1件。觯形尊，垂腹，器身呈两段。标本：M84：99爯尊（图2-21，3），通高16.7、口径18、足径13厘米。侈口，圈足内弧外撇。颈部饰一周长尾鸟纹。

演变特征：器身由瘦高变粗矮，由腹最大径逐渐下移；圈足由高变矮，外撇幅度逐渐变大。

B型　1件。上圆下方，颈部横截面为圆形，腹部、圈足横截面为方形。标本：2008年纽约苏富比春拍应[illegible]方尊（图2-21，4），尺寸不详。器身设四条扉棱，每条扉棱从颈、腹和腹、足交接处断开。颈部饰一周倒立的夔纹，腹部饰上扬内卷角大兽面纹一周计四幅，圈足饰一周夔纹，均以云雷纹衬地。

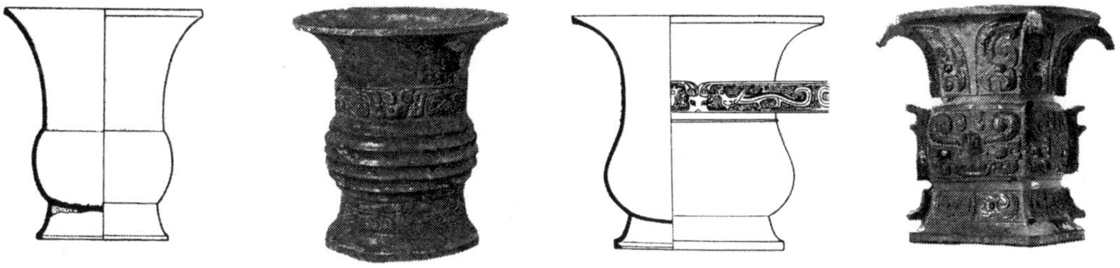

1　2　3　4

图2-21　尊

1. A型Ⅰ式（M242：4）　2. A型Ⅱ式（《铭图续》0772）　3. A型Ⅲ式（M84：99）　4. B型（应[illegible]方尊）

## 3. 卣

3件。另外还有1件明器。皆为扁罐形腹，有盖和提梁，根据整体形态变化分为三式。

---

① 从整个西周青铜器演变来看，觚形尊与觯形尊各有其演变序列，二者之间在西周早中期存在早晚替代关系。但在应国青铜礼器内部，尊的数量过少，西周早期的垂腹尊并未发现，将觯形尊视为觚形尊演变结果亦无不可，故本书不再对二者划分亚型。

Ⅰ式：1件。鼓腹，器身较瘦高，瓜蒂形盖纽。标本：M242：7卣（图2-22，1），通梁高16.5、通盖高15.5、通宽12.4、口径8厘米×7.3厘米。盖面隆起，有宽折边；器身为半环耳，深腹，圈足较高，其底圆转外折，有折边；提梁两端为圆环，中部圆弧 。全器素面。

Ⅱ式：1件。鼓腹略垂，圈形捉手盖纽。标本：传世应公卣（图2-22，2），尺寸不详。盖面隆起，有宽折边；器身为半环耳，深腹，圈足底圆转外折，有折边；提梁两端设兽首，中部微弧。盖缘、颈部各饰一周顾首龙纹，圈足饰两周弦纹。

Ⅲ式：1件。垂腹，器身肥矮，圈形捉手盖纽。标本：M84：103爯卣（图2-22，3），通梁高20.6、器高17.8、口径12.3厘米×8.7厘米。盖面隆起，有宽折边，盖缘两端有犄角；器身为半环耳，深腹，圈足外撇，其底圆转外折，有折边；提梁两端设兽首，中部微弧 。盖缘、颈部各饰一周长尾鸟纹，颈部鸟纹带正面中央各设一兽头。

演变特征：器身由瘦高变得肥矮；盖纽由瓜蒂形变为圈形，盖边逐渐出现犄角；鼓腹变为垂腹，圈足由高变矮，外撇幅度逐渐变大。

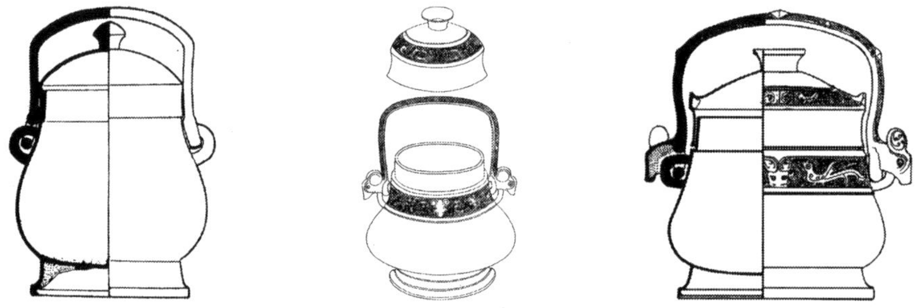

1　　2　　3

图2-22　卣

1. Ⅰ式（M242：7）　2. Ⅱ式（《西清》16. 1）　3. Ⅲ式（M84：103）

**4. 爵**

3件。另有明器约4件。根据腹部形态分为二型。

A型　2件。敞腹，自口以下内收至底。根据腹、流、尾的形制及柱的位置变化分为三式。

Ⅰ式：1件。流较宽，底较下凸，双柱距鋬所在垂直线较远。标本：M242：3爵（图2-23，1），通高17.8、流尾长13.9厘米。菌状柱，短尾，圜底。素面。

Ⅱ式：1件。窄流，底略下凸，双柱靠近鋬所在垂直线。标本：M84：44爵（图2-23，2），通高19.8、流至尾长16.7厘米。菌状柱，长尾，圜底。素面。

B型　1件。腹向下外扩，至底处圆转内收。标本：M229：3应事爵（图2-23，3），通高19.3、流尾长17.2、口宽8.2厘米。窄流，长尾，腹略垂鼓，浅圜底，双柱柱身成L形附着于口下。上腹饰一周箍棱纹。

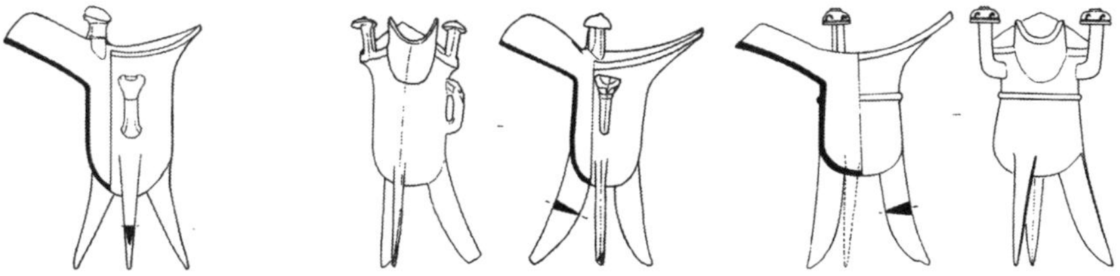

1　2　3

图2-23　爵

1. A型Ⅰ式（M242：3）　2. A型Ⅱ式（M84：44）　3. B型（M229：3）

**5. 觯**

7件。另有明器约5件。根据器身横截面形状的不同分为三型。

A型　3件。圆体觯，器身横截面为圆形。根据器身形态差异分为二亚型。

Aa型　2件。器身整体较为细长。侈口，束颈，垂腹。可分二式。

Ⅰ式：1件。器身较细长，器身最细处位于腹中偏上。标本：M229：4应事觯（图2-24，1），通高15.1、口径7.9、足径5.9厘米。尖沿外有切边，腹壁斜直，其最大径处接近器底，浅圜底，圈足外撇，足缘外折成宽阶。颈部饰两周凸弦纹。

Ⅱ式：1件。器身更细长，器身最细处位于腹中。标本：M84：88觯（图2-24，2），通高17.7、口径8.4、足径4.9厘米。口径大于腹径和圈足径，口沿较外侈，垂鼓腹，圜底近平，圈足甚外撇，足缘外折成宽阶。素面。

Ab型　1件。器身粗短。标本：M242：6觯（图2-24，3），通高7.6、口径4.8厘米。窄平沿，垂鼓腹，浅圜底，圈足内弧外撇，足缘有折边。素面。

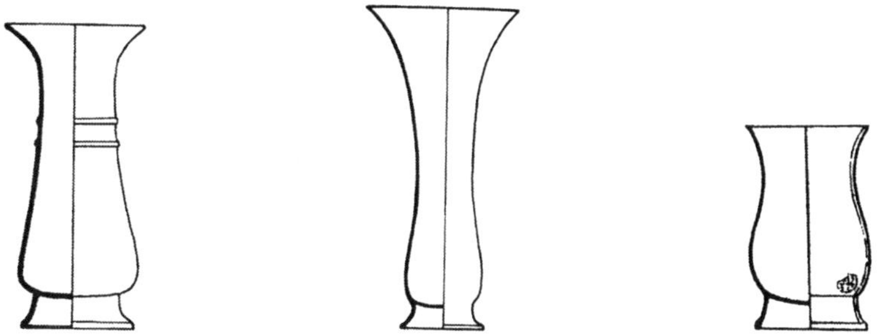

1　2　3

图2-24　A型觯

1. Aa型Ⅰ式（M229：4）　2. Aa型Ⅱ式（M84：88）　3. Ab型（M242：6）

B型　3件。扁体觯，器身横截面为椭圆形。皆侈口，束颈，圈足。根据腹、圈足形态变化分为三式。

Ⅰ式：1件。鼓腹，圈足较直、略外撇。标本：山东师范大学藏应公觯（图2-25，1），通高16.4、口径12厘米×10厘米。腹饰大兽面纹。

Ⅱ式：1件。鼓腹略垂，圈足下段甚外撇。标本：M242：5觯（图2-25，2），通盖高16.5、口径9.4×6.5、足径9.3厘米×7.8厘米。盖顶隆起，有半环形纽。盖缘和颈部各饰一周云纹，圈足饰斜角凸目云纹。

Ⅲ式：1件。器身稍细长，垂鼓腹，圈足较高、内弧外撇。标本：带鋬应公觯（图2-25，3），通高12.5厘米。横宽面设兽首半环形鋬。颈部饰一周菱形云雷纹，圈足饰弦纹。

演变特征：器身由粗矮变向稍细长，腹部由鼓腹变为垂鼓腹，圈足由矮变高，由斜直外撇变为内弧外撇，足缘逐渐发展出折边。

C型　1件。器身横截面大致成长方形。标本：M85：4觯（图2-25，4），通高9.4、口径10.8厘米×7.8、腹深7.1厘米。侈口，下腹微鼓，圈足竖直。素面。

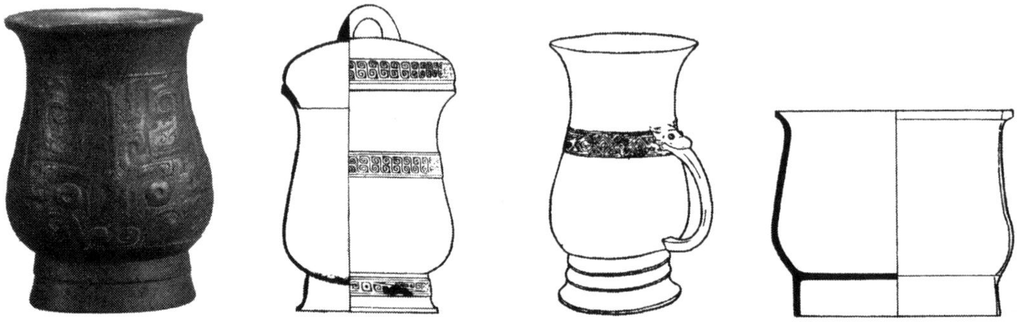

1　2　3　4

图2-25　B、C型觯

1. B型Ⅰ式（山东师范大学藏）　2. B型Ⅱ式（M242：5）　3. B型Ⅲ式（《集成》6174）　4. C型（M85：4）

### 6. 壶

12件。另有明器2件，其中1件用于型式划分。根据器身横截面形状的不同分为二型。

A型　6件。圆体壶，器身横截面为圆形。皆侈口，有盖。根据器身整体形态变化分为四式。

Ⅰ式：1件。鼓腹略垂，圈足稍外撇。标本：M48：4少姓壶（图2-26，1），通盖高22.4、口径7.2、腹径13.6厘米。盖顶微隆，盖舌纳入器口，圈形捉手；半环耳，兽首提梁，圈足底圆转外折形成窄平阶。盖、腹饰曲折云雷纹，颈部饰一周对称小鸟纹，圈足饰两周弦纹。

Ⅱ式：1件。腹较垂鼓，圈足稍矮、下段极外撇。标本：台北“故宫博物院”藏应公壶（图2-26，2）[①]，通盖高27.1、口径12.3厘米。盖顶微隆，盖舌纳入器口，圈形捉手；兽首耳，提梁已失，圈足底圆转外折形成窄平阶。盖缘、颈部各饰两周弦纹。

Ⅲ式：2件。束颈，大垂鼓腹，体量大。标本：保利艺术博物馆藏应侯壶（图2-26，3）[②]，通高54.3、口径18厘米。盖顶较平，盖舌纳入器口，大圈形捉手；兽首衔环耳，矮圈足外撇，带阶。盖缘、颈、圈足饰窃曲纹，腹部饰两周大环带纹。

Ⅳ式：2件。束颈较长，大垂鼓腹，体量大。标本：M6出土圆壶（图2-26，4），尺寸不详。盖顶微隆较深，盖舌纳入器口，大圈形捉手；兽首衔环耳，高圈足外撇，带高阶。盖缘、颈部各饰一周窃曲纹，口沿下饰一周环带纹，腹部和圈足饰垂鳞纹。

演变特征：体量由小变大，由矮变高；敛口变为侈口束颈，束颈由短变长；鼓腹变为大垂鼓腹；圈足由高变矮，外撇幅度由小变大。

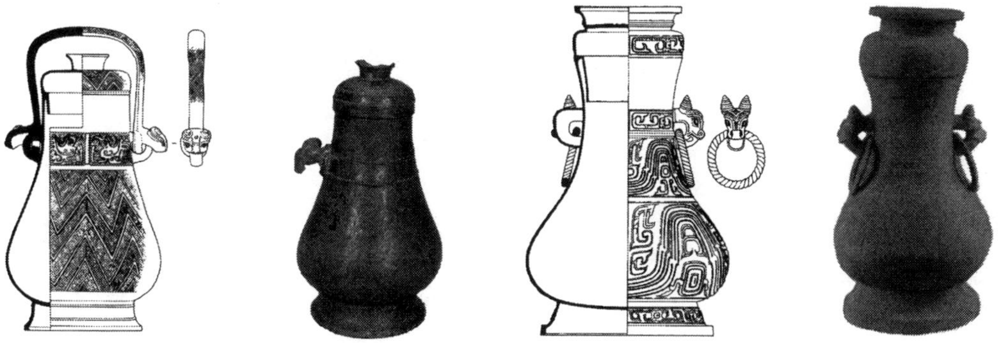

1　　2　　3　　4

图2-26 A型壶

1. Ⅰ式（M48：4） 2. Ⅱ式（台北"故宫博物院"藏） 3. Ⅲ式（保利艺术博物馆藏应侯壶） 4. Ⅳ式（M6）

B型 7件，含明器1件。方体壶，器身横截面基本呈长方形或方形。皆侈口，束颈。根据器身形态差异分为二亚型。

Ba型 5件。器身横截面为长方形。根据整体形态变化分为三式。

Ⅰ式：2件。器身较粗，短颈较粗，鼓腹略垂。标本：M95：77应伯壶（图2-27，1），通盖高47、口径16厘米×11.8厘米、圈足24厘米×18厘米。深盖，盖舌纳入器口，方圈形捉手；器身为贯耳，圈足外撇，带阶。盖、颈、圈足各饰一周环带纹，腹部饰绳络纹。

Ⅱ式：2件。器身瘦长，长颈较细，鼓腹略垂。标本：M13：00784应侯壶（图2-27，2），通盖高50、口径16.8厘米×12.8、圈足24厘米×17.6厘米。深盖，盖舌

① 河南省文物考古研究所、平顶山市文物管理局：《平顶山应国墓地Ⅰ》，大象出版社，2012年，318页。

② 《保利藏金续》编辑委员会：《保利藏金续》，岭南美术出版社，2001年，148～155页。

纳入器口，方圈形捉手；器身为贯耳，高圈足外撇，带阶。捉手、盖缘、颈、圈足各饰一周宽弦纹，腹部饰绳络纹。

Ⅲ式：2件。器身瘦长，垂腹，最鼓处靠近底部。标本：M1：82方壶（图2-27，3），通盖高44、口径16厘米×11.7、底径20厘米×15厘米。盖较深，盖舌纳入器口，方圈形捉手；器身为兽首衔环耳，双耳略耸，圈足底外折形成高阶。盖缘、颈各饰一周窃曲纹，腹部饰三周垂鳞纹。

演变特征：颈由短变长、由粗变细，腹下垂幅度由小变大。

Bb型 2件。器体较胖，微束颈，鼓腹。标本：M8：16方壶（图2-27，4），通盖高28.4、口径12厘米×10.4厘米。盖较深，盖顶微隆，盖舌纳入器口，方圈形捉手；器身为兽首半环耳，圈足底外折形成宽平阶。盖顶饰团身龙纹，其余均饰垂鳞纹。

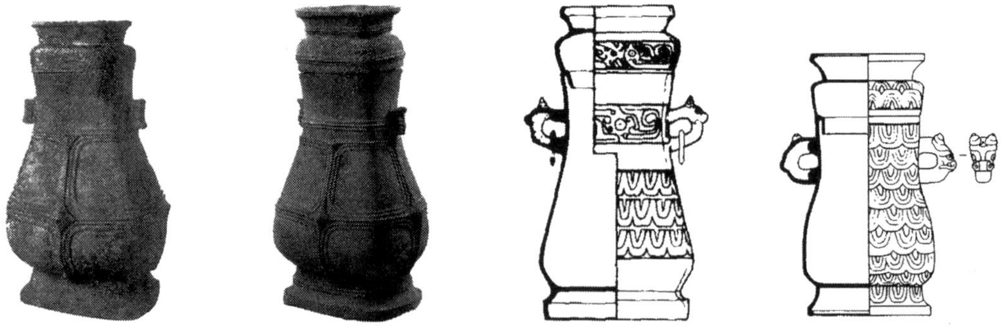

1 2 3 4

图2-27 B型壶

1. Ba型Ⅰ式（M95：77） 2. Ba型Ⅱ式（M13：00784） 3. Ba型Ⅲ式（M1：82） 4. Bb型（M8：16）

## 三、水 器

### 1. 盘

10件。另有明器3件。根据流的有无分为二型。

A型 9件。无流。皆圆形敞口。根据腹、耳、口径与圈足径比例的不同可分四式。

Ⅰ式：1件。附耳顶略高出口沿，腹较浅，圈足较矮。标本：M84：50兽宫盘（图2-28，1），通高10.8、口径40.5、足径18.8厘米。附耳断面做圆形，平沿方唇，圜底近平，圈足内弧外撇，足缘有折边。腹饰一周顾首卷尾龙纹。

Ⅱ式：4件。附耳顶更高出口沿，腹略深，圈足较高。标本：M85：16盘（图2-28，2），通高11.4、连耳宽35.5、口径31.4、腹深5.8、足高4.1厘米。附耳与口沿有铜梗相连，平沿方唇，圜底近平，圈足外撇，足缘有折边。腹饰两周弦纹。

Ⅲ式：3件。附耳方折，耳顶高出口沿很多，腹较浅，圈足较矮。标本：M8：2窃曲纹盘（图2-28，3），通高9.5、口径27.6厘米。附耳与口沿或有铜梗相连，断面为方形，平沿方唇，浅腹，圜底近平，足缘外折形成宽平阶。腹饰一周窃曲纹。

Ⅳ式：1件。附耳顶高出口沿很多，腹较浅，矮圈足较外撇，圈足径与口径之比明显小于前三式。标本：M1：50盘（图2-28，4），通高12、口径34～36厘米。附耳与口沿有铜梗相连，平沿方唇，圜底近平，足缘有折边。腹饰一周重环纹。

演变特征：耳由短变长，耳顶高出口沿长度由短变长；腹先由浅变深，再由深变浅；圈足先由矮变高，再由高变矮，外撇幅度逐渐变大。

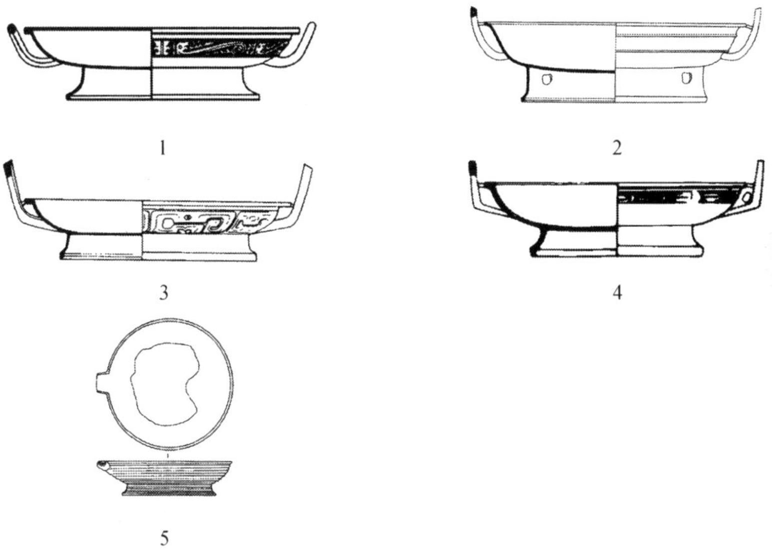

图2-28　盘

1. A型Ⅰ式（M84：50）　2. A型Ⅱ式（M85：16）　3. A型Ⅲ式（M8：2）　4. A型Ⅳ式（M1：50）　5. B型（西高皇XGH采：10）

B型　1件。有流。标本：西高皇XGH采：10盘（图2-28，5），残高9.2、口径31.5厘米。耳残佚，敞口，圈足外撇。全身饰瓦棱纹。

**2. 盉**

6件。另有明器3件，其中1件用于型式划分。根据腹部形制差异可分为三型。

A型　2件。圜底盉。四腿。标本：M50：1匍盉（图2-29，1）。通盖高26、流至鋬长31.8、体宽17.2、口径14.2厘米。器身整体仿自鸿雁形，长颈，圜底，四条圆柱腿。盖缘和领部各饰一周对称长尾鸟纹，盖顶捉手部分饰盘鸟纹。

B型　2件。分裆盉。鼓腹三等分，矮柱状实足根。根据领、裆的高矮分为二式。

Ⅰ式：1件。高领，裆较高。标本：M85：15盘龙纽盖盉（图2-29，2），通盖高

27.8、流至鋬长32.5、口径14厘米。盘龙纽状子口盖，盖顶隆起，盖缘和领部的半环纽之间有链环相连；侈口，三实足根较粗，虎首蛇身管状流，弓身龙形鋬。盖缘和领部饰云雷纹，肩部饰一周兽面纹。

Ⅱ式：1件。矮领，裆较低。标本：M84：28兽宫盉（图2-29，3），通盖高24.1、流至鋬宽30.1、口径14.3厘米。子口盖，盖顶隆起，盖缘与鋬的半环纽之间有链环相连；侈口，高领，三实足根较粗，管状流，兽首半环形鋬。盖缘和领部饰云雷纹。

演变特征：领由高变矮，裆由高变低。

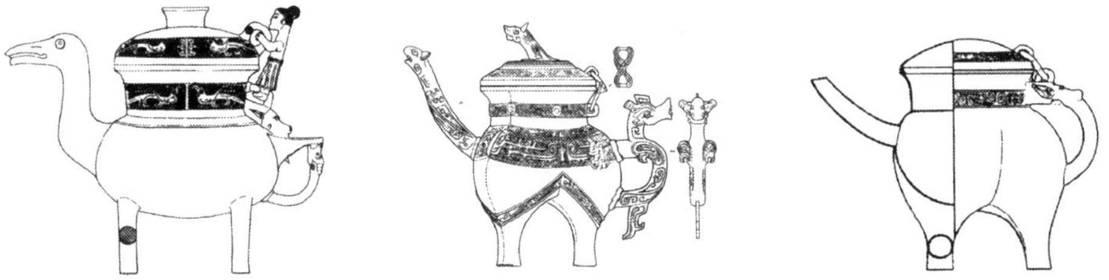

1 2 3

图2-29 A、B型盉

1. A型（M50：1） 2. B型Ⅰ式（M85：15） 3. B型Ⅱ式（M84：28）

C型 3件，含明器1件。扁腹盉。器腹做扁鼓形，下有四足。根据整体形态变化分为二式。

Ⅰ式：2件。铸造精致，盖、器分开，腹纵截面成圆形。标本：M6：80鸟盖盉（图2-30，1），通盖高31、流至鋬长34.4、口径8.6×7.1、腹径18.8～16.3、腹腔厚8.6厘米。椭方形口，管状流，兽首鋬，足部形制不清楚。盖上装饰圆雕卧鸟。

Ⅱ式：1件。明器。盖、器连铸，腹纵截面成椭圆形。标本：M1：49卷龙纹盉（图2-30，2），通高15.6、长26.4、宽6.6厘米。四阿屋顶形盖，兽首流和鋬，底下接四条短腿。盖、腹饰卷兽纹。

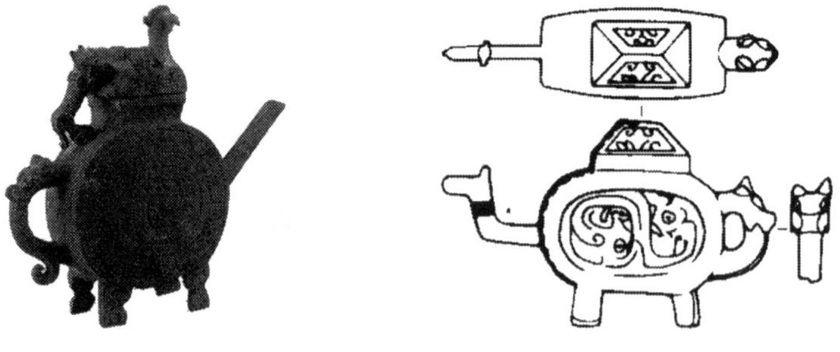

1 2

图2-30 C型盉

1. Ⅰ式（M6：80） 2. Ⅱ式（M1：49）

**3. 匜**

4件。另有明器1件。皆为水瓢形。根据流、腹形态变化分为三式。

Ⅰ式：1件。腹较深。标本：西高皇XGH采：11匜（图2-31，1），残高14.4厘米。腹外弧内收，圜底近平，四兽形扁足。口沿饰一周重环纹，腹部饰瓦棱纹，前足饰龙首兽爪纹，后足根部饰卷曲龙纹。

Ⅱ式：2件。腹稍浅，短流。标本：M95：32匜（图2-31，2），高17、长32、宽15.3厘米。槽形流略上翘，器身为弧腹，圜底近平，四柱足，兽首半环形鋬。口沿饰三角形蝉纹，腹部饰瓦棱纹。

Ⅲ式：1件。深腹，短流上翘。标本：M8：13匜（图2-31，3），通高12.2、流至鋬长19.3、口径15厘米×9.7厘米。槽形流上翘，器身为弧腹，圜底，四兽形扁足，兽首形鋬做衔噬器口状，鋬下有垂珥。口沿下饰一周重环纹，腹部饰瓦棱纹。

1　2　3

图2-31　匜

1. Ⅰ式（西高皇XGH采：11）　2. Ⅱ式（M95：32）　3. Ⅲ式（M8：13）

## 四、乐　器

**1. 甬钟**

11件。根据整体粗瘦、旋的位置变化分为二式。

Ⅰ式：4件。钟体较粗短，旋靠近舞部。标本：应侯见工钟乙（图2-32，1），通高36、铣间20.3厘米。篆间饰窃曲纹，正鼓饰云纹，侧鼓饰鸟纹，舞部饰简省龙纹。

Ⅱ式：7件。钟体较瘦长，旋距舞部远。标本：M95：9钟（图2-32，2），通高21.3、甬长11～11.2、铣间16.8、鼓间12.2厘米。篆间和正鼓饰云纹，舞部饰窃曲纹。

**2. 铃**

13件。与作为车器部件的銮铃或其他铃有所不同，几乎都以编列形式出现。标本

1　　2

图2-32　甬钟

1. Ⅰ式（《新收》0081）　2. Ⅱ式（M95：9）

1　　2

图2-33　铃

1. M86：22　2. M95：89

一：M86：22素面铃（图2-33，1），通高11.8、口径8.5厘米×6.5厘米。标本二：M95：89云纹铃（图2-33，2），通高10.2、纽高2、铣间8.8、铃舌长8.4厘米。

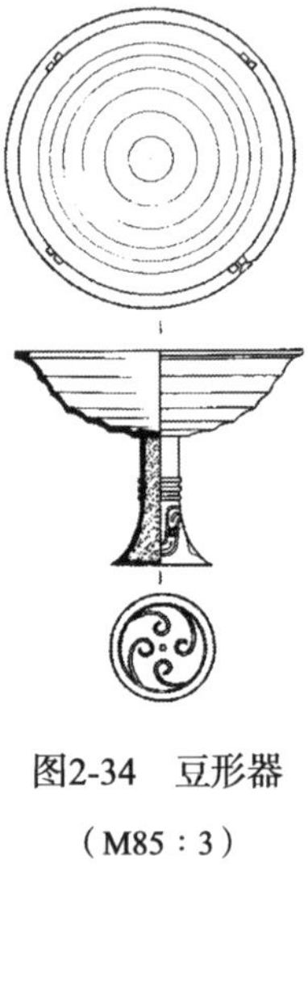

图2-34　豆形器

（M85：3）

## 五、杂　　器

### 豆形器

1件。标本：M85：3（图2-34，1），通高10、口径14.3、盘腹深4.1厘米。敞口圜底，圈足细高、外撇。腹饰瓦棱纹，圈足下段饰弦纹和环带纹。

# 第三节　典型铭文字体的类型学分析

青铜器铭文字体在器物断代中具有重要意义①，为了提高应国青铜礼器排队与年代推断的准确性，以及传世应公或应侯器等分组归类，我们将这些器物铭文中存续时间长、出现频率高、字形演变较明显的“宝”“尊”“彝”“公”“永”五个字进行类型学分析。

## 一、宝

“宝”字时代变化最为明显的构件是其“宀”“贝”二部。我们以“贝”的构形差异将“宝”字分为五型（表2-1）。

A型　“贝”底端不封口，两边侧线末端内侧无相向歧出的“齿”。根据“宀”和“贝”末梢形态变化分为五式。

Ⅰ式：“宀”两边斜行方折，顶无尖锋，坡度较陡；“贝”两边侧线末梢粗顿。标本：十六字应公鼎（《集成》2254）。

Ⅱ式：“宀”两边斜行方折，顶无尖锋，坡度稍缓；“贝”两边侧线末梢粗顿。标本：十六字应公鼎（《集成》2253）、应公壶盖（《集成》5220）。十六字应公鼎（《集成》2253）为C型Ⅱ式鼎，铭文内容与另一件十六字应公鼎（《集成》2254）相同，后者器影不详。

Ⅲ式：“宀”两边斜行方折，顶略出尖锋，坡度较缓，有的坡面内陷；“贝”两边侧线末梢粗顿。标本：M229：3应事爵、M229：4应事觯、爯簋（《新收》1601）、M50：1匍盉、M84：28作兽宫盉盖、M84：50作兽宫盘、应𥎦方彝、应侯尊（《铭图续》772）。

Ⅳ式：“宀”作锐顶耸肩；“贝”其中一边侧线末梢出锋。从本式开始，形体普遍方正，与之前各式的瘦长体不同。标本：M84：68应侯爯盨盖与器、应侯盉（《铭图续》967）、应侯盘（《新收》077）。

Ⅴ式：“宀”弧肩圆折；部分字“贝”两边侧线末梢均出锋。标本：应侯见工钟（《集成》0108）、应侯见工簋（《新收》078和079）、应监甗（《铭图》3329）。

B型　“贝”底端不封口，两边侧线末端向上略内卷，外底左右各向下引出一竖笔。根据“宀”和“贝”构形变化分为三式。

Ⅰ式：“宀”两边斜行方折，坡度较陡。标本：山东师范大学藏应公觯、传世应

① 刘华夏：《金文字体与铜器断代》，《考古学报》2010年第1期。

公方鼎（2件，《集成》2150、2151）。

Ⅱ式：“宀”两边斜行方折，坡度稍缓；“贝”两边侧线末段内卷度不大，外底两条垂尾接近末端。标本：爯簋盖（《新收》1601）、应公方鼎（《集成》2151）。

Ⅲ式：“宀”作锐顶耸肩；“贝”两边侧线末端内卷度不大，外底两条垂尾接近末端。本式形体方正，与之前两式的瘦长体不同。标本：M84：103爯卣盖与器。

C型　“贝”呈束颈垂鼓腹状。根据“宀”和“贝”构形变化分为二式。

Ⅰ式：“宀”两边斜行方折，坡度较陡。标本：应公卣器（《集成》5177.1）、应公簋（《铭图续》0328）。

Ⅱ式：“宀”两边斜行方折，坡度稍缓，两肩或出檐；“贝”下部不如Ⅰ式外鼓，两边侧线末端内卷度不大。标本：应公壶器（《集成》5220.2）、应叔豖鼎（《铭图》1600）。

D型　“贝”无颈，鼓腹。标本一：应监甗，“宀”两边稍斜行方折，左肩稍弯曲；“贝”底部开口两端各有一笔向上斜出并且连接，标本二：应公卣盖（《集成》5177.2），“宀”两边稍斜行方折，坡度较陡；“贝”内部两边各伸出两“牙”。此器铭文为摹本，仅作参考。

E型　“贝”封底，或带有两条垂尾。根据贝的构形差异分为三亚型。

Ea型　“贝”几乎皆为收腹圜底，带有两条垂尾。根据“宀”和“贝”构形变化分为三式。

Ⅰ式：“宀”两边斜行方折，坡度较缓。“贝”口为浅V形。标本：M257：1、M257：2[illegible]史簋。

Ⅱ式：“宀”两边成溜肩圆转下折；“贝”口为浅V形，内部有一横笔或纵横交叉笔画。标本：M95出土公作敔簋（4件）、传世应侯作姬原母簋、上海博物馆藏应侯见工鼎、首阳斋藏应侯见工簋、西高皇XGH采：6和西高皇XGH采：7应侯盨、M104邓公作应嫚毗簋C和D①。

Ⅲ式：“宀”两边成溜肩圆转下折；“贝”口略内弧，内部有一横笔或纵横交叉笔画。标本：M95：102公作敔鼎、M95：83应伯盘、上海博物馆藏应侯盨、M13：00782应姚鬲、应姚簋、应姚盘（《铭图续》0253）。

Eb型　“贝”为平口长鼓腹，带有两条垂尾；“宀”两边为平肩圆转下折，“贝”底为两画左右连接，用力不强。标本：兽簋（《铭图续》0437）、保利艺术博物馆藏应侯壶（《新收》0080）

Ec型　“贝”口略内弧，底无垂尾；“宀”两边斜行方折，坡度较缓。标本：M104出土封虎鼎。

---

① M105出土邓公作应嫚毗簋A、B“宝”字贝部为垂鼓腹，姑且附于本式。

## 二、尊

尊字除了“阝”旁外，剩余部分像双手奉酒坛之形，字形变化主要在“酉”“双手”的字形书体变化。根据尊字所从“两手”构形差异分为二型（表2-2）。

A型　尊字“两手”手指伸展相连，成“廾”形。根据“酉”的构形和整个字的书体变化分为五式。

Ⅰ式：“酉”颈部两竖笔不出头，腹部以下成倒三角形；“双手”结构之捺笔较肥厚。标本：应监甗（《集成》883）、应公觶（《集成》5841）。

Ⅱ式：构形与Ⅰ式基本相同，唯有“双手”结构之捺笔肥厚度明显减弱。标本：应公方鼎甲、乙（《集成》2150、2151）。

Ⅲ式：“酉”颈部两竖笔出头，肩与腹仍锐折连接，“双手”结构之捺笔自本式以下没有肥厚现象。标本：M84∶99爯尊、M84∶103爯卣、应监甗（《铭图》3329）、应𣪕方彝。

Ⅳ式：“酉”颈部两竖笔不出头或出头成倒“工”形，肩、腹圆转连接。标本：M84∶68应侯爯盨及盖。

Ⅴ式：“酉”顶两笔成“八”字形，与横笔脱离，腹部圆溜。标本：应侯作生杙姜簋（《集成》4045）。

B型　“尊”字两手手指略收拢，几乎都不连接。根据“酉”的构形和整个字的书体变化分为五式。

Ⅰ式：“酉”颈部两竖笔不出头，腹部以下成倒三角形；“双手”结构之捺笔较肥厚。标本：应叔鼎（《集成》2172）。

Ⅱ式：“酉”上部两笔为平行的竖笔，与“酉”分离；“双手”结构之捺笔较肥厚。标本：应公壶盖（《集成》5220.1）、十六字应公鼎（《集成》2553、2554）

Ⅲ式：“酉”顶部两笔出头，没有肥笔现象。标本：M50∶1匍盉。

Ⅳ式：“酉”上部两笔较短，向下外撇略成八字形。标本：爯簋盖（《新收》1601）。

Ⅴ式：“酉”上部两笔呈八字形，与“酉”分离，口部三角圆转。标本：应侯见工簋、应侯见工鼎，应侯作姬原母簋（《集成》3860.1），M95出土公作敔簋、公作敔鼎，M13出土应侯鼎、应姚鬲、应姚簋，M8∶33应公鼎。

## 三、彝

彝字象双手缚禽滴血之形。根据“两手”构形差异分为二型（表2-3）。

A型　彝字“两手”手指伸展相连，成“廾”形。根据整个字的形体变化分为三式。

Ⅰ式：整个字形比较瘦长，“双手”结构之捺笔较肥厚。标本：应公觯（《集成》5841）、M48：3伯衛簋。

Ⅱ式：整个字形比较瘦长，“双手”结构之捺笔肥厚度减弱。标本：应公方鼎甲、乙（《集成》2150、2151）。

Ⅲ式：整个字形稍短，“双手”结构之捺笔没有肥厚现象，禽首、胸不如前两式上扬。标本：M84：89应侯甗。

B型　彝字“两手”手指略收拢，几乎都不连接。根据整个字的形体变化分为五式。

Ⅰ式：整个字形较瘦长，“双手”结构之捺笔较肥厚。标本：余干出土应监甗、十六字应公鼎（《集成》2553）、十六字应公鼎（《集成》2554）、应公簋（《集成》3477、3478）、应公卣（《集成》5177）、应公簋（《铭图续》328）、应公鼎（《夏商周》198）。

Ⅱ式：整个字形较粗短，“双手”结构之捺笔仍然较肥厚。标本：应公壶（《集成》5220）、应𡨦方彝。

Ⅲ式：整个字形较粗短，“双手”结构之捺笔肥厚度明显减弱。标本：M50：1匍盉、M48：1伯鼎、M84：28作兽宫盉盖、M84：50作兽宫盘、M84：99爯尊、M84：103爯卣、爯簋（《新收》1601）。

Ⅳ式：整个字形较粗短，“双手”结构之捺笔没有肥厚现象，从本式开始，禽爪变短，“双手”完全在禽爪下方。标本：M84：68应侯爯盨、兽簋（《铭图续》0437）、应侯尊（《铭图续》772）。

Ⅴ式：彝字上半部简化，禽首下俯，“双手”较短。标本：M8：33应公鼎。

## 四、公

根据公字上半部两竖笔与“口”是否连接分为二型（表2-4）。

A型　两竖笔与“口”连接。根据两竖笔形态差异分为二亚型。

Aa型　两竖笔内弧，可分为二式。

Ⅰ式：“口”呈半圆形，上部横笔向下凹陷；两竖笔相向内弧，成亚腰形。标本：应公簋（《集成》3477、3478）。

Ⅱ式：“口”呈半圆形，上部横笔横直；两竖笔上段外撇。标本一：M242：11旡鼎，两竖笔上段外撇幅度小。标本二：应公卣器（《集成》5177.1），两竖笔外撇幅度很大。此为摹本，姑且附于本式。

Ab型　两竖笔较直。可分为二式。

Ⅰ式："口"呈半圆形或倒梯形；两竖笔几乎垂直或向外倾斜。标本一：上海博物馆藏应公鼎（《夏商周》198）、应公壶（《集成》5220），两竖笔几乎垂直。标本二：应公鼎（《集成》2553），两竖笔与"口"两侧边连接，成敞口状。

Ⅱ式："口"呈半圆形；两竖笔相向倾斜，稍长。标本：十六字应公鼎（《集成》2554）、应公觯（《集成》5841）、应公簋（《铭图续》328）。

B型　两竖笔与"口"不连接。根据两竖笔形态差异分为二亚型。

Ba型　两竖笔总体较长。分为五式。

Ⅰ式："口"呈半圆形；两竖笔稍短，束腰。标本：应公卣盖（《集成》5177.2）。

Ⅱ式："口"成长方形；两竖笔较长，下段较外撇。标本：应公方鼎甲、乙（《集成》2150、2151）、应公觯（《集成》6174）。

Ⅲ式："口"成圆角长方形；两竖笔下段更外撇。标本：M50：1匍盉。

Ⅳ式："口"较扁长；两竖笔下段很外撇。标本：M104邓公作应嫚毗簋C、D。

Ⅴ式："口"成略扁长的椭圆形；两竖笔下段稍外撇。标本：M95：100、M95：120公作敔簋。

Bb型　两竖笔总体较短。分为六式。

Ⅰ式："口"呈半圆形；两竖笔上段略外撇。标本：M242：12柞伯簋。

Ⅱ式："口"不足半圆；两竖笔竖直或向下外撇。标本：爯簋盖和器（《新收》1601）

Ⅲ式："口"略成圆形；两竖笔几乎斜直外撇。标本：M84：68应侯爯盨盖。

Ⅳ式："口"成椭圆形；两竖笔更外撇。标本：M105邓公作应嫚毗簋A、B。

Ⅴ式："口"略成圆形；上半部两笔外张，对"口"形成半包围之状。标本：M95：102公作敔鼎。

Ⅵ式："口"略成圆形，更陷入上半部两笔内。标本：M8：33应公鼎。

## 五、永

金文永字结构可以析为三个部分，左边为"彳"、中间为"人"、右边为"水"之省形，根据这三个部分的形体差异分为二型（表2-5）。

A型　"彳""人""水"省形竖笔都比较直。根据整体字形变化分为五式。

Ⅰ式："人"部头与手臂夹角较大，"水"省形竖笔较短。标本：M50：1匍盉、M84：28作兽宫盉盖、M84：50作兽宫盘、M84：68应侯爯盨盖与器、爯簋盖和器（《新收》1601）、首阳斋藏应侯见工簋盖。

Ⅱ式："人"部头与手臂夹角较小，"水"省形竖笔稍长。标本：M105应公簋B、应侯见工钟（《集成》0108）、西高皇XGH采：6和西高皇HGH采：7应侯盨、首阳斋藏应侯见工簋盖、应侯见工簋（《新收》0078、0079）、应侯见工鼎（《夏商周》198）、兽簋（《铭图续》0437）。

Ⅲ式：整个字形直笔不多，"人""水"省形多使用圆弧笔画，下半略向右撇，"人"头部下倾。标本：M95：83应伯盘、M104应公簋C盖铭、M104应公簋D盖铭、应侯作姬原母簋（《集成》3860）、应侯作生杙姜簋（《集成》4045）、首阳斋藏应侯作姬原母簋器。

Ⅳ式："人"部像勺形，头、手臂连接成半圆状。自本式开始，头无顿笔现象。标本：M95：102公作敔鼎。

Ⅴ式："人"头笔画变短，不如Ⅳ式下倾，整个字形下半部又变得竖直。标本：M13：00759应姚鬲、M13：00779应姚簋、M13：00782应姚盘、M13：00792应侯匜、应姚作叔诰父鬲（《铭图》0253）

B型　"彳""人""水"省形竖向笔画较长、成波浪状弯曲，下部普遍向右撇。分三式。

Ⅰ式：整体弯曲度不大。标本：M105应公簋A、应侯壶甲盖和器（《新收》0080）、应侯壶乙器（《新收》0081）、应公簋D器。

Ⅱ式：整体弯曲度较大，"人"头部笔画较长。标本：M95：100公作敔簋盖、M95：120公作敔簋、M257：1和M257：2[illegible]史簋。

Ⅲ式：整体弯曲度较大，竖向笔画长度较Ⅱ式缩短。标本：M8：33应公鼎。

根据上述"宝""尊""彝""公""永"字形体的类型学分析，我们将各自的演变轨迹编制成"应国青铜器铭文形体排队表"（表2-1～表2-5），以供应国青铜礼器在形制上的排队、断代之用。

**表2-1　应国青铜器铭文形体排队表：宝**

| A | B | C | D | E | | |
|---|---|---|---|---|---|---|
| | | | | Ea | Eb | Ec |
|  1 |  9 |  12 |  14 | | | |

续表

| A | B | C | D | E | | |
|---|---|---|---|---|---|---|
| | | | | Ea | Eb | Ec |
| <br>2 | | <br>13 | | | | |
| <br>3<br><br>4 | <br>10 | | | | | |
| <br>5<br><br>6 | <br>11 | | | | | |
| <br>7<br><br>8 | | | | | | |

续表

| A | B | C | D | E | | |
|---|---|---|---|---|---|---|
| | | | | Ea | Eb | Ec |
| | | | | <br>15 | <br>19 | |
| | | | | <br>16<br><br>17 | | <br>20 |
| | | | | <br>18 | | |

1. A型Ⅰ式（十六字应公鼎《集成》2254）　2. A型Ⅱ式（十六字应公鼎《集成》2253）　3、4. A型Ⅲ式（M84：50作兽宫盘、M50：1匍盉）　5、6. A型Ⅳ式（M84：68应侯再盨盖、应侯盘《新收》077）　7、8. A型Ⅴ式（应侯见工钟《集成》0108、应侯见工簋《新收》079）　9. B型Ⅰ式（应公方鼎《集成》2150）　10. B型Ⅱ式（再簋盖《新收》1601）　11. B型Ⅲ式（M84：103再卣盖）　12. C型Ⅰ式（应公簋《铭图续》0328）　13. C型Ⅱ式（应公壶器《集成》5220.2）　14. D型（应监甗《集成》0883）　15. Ea型Ⅰ式（M257：2忊史簋）　16、17. Ea型Ⅱ式（西高皇XGH采：7应侯盨、M95：100公作敔簋盖）　18. Ea型Ⅲ式（M13：00782应姚盘）　19. Eb型（应侯壶《新收》0080）　20. Ec型（M104封虎鼎）

**表2-2　应国青铜器铭文形体排队表：尊**

| A | B |
|---|---|
|  1 | 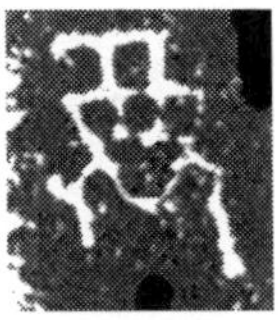 7 |
|  2 |  8 |
|  3 |  9 |
|  4　 5 |  10 |
|  6 |  11 |
| | |

1. A型Ⅰ式（应监甗《集成》883）　2. A型Ⅱ式（应公方鼎乙《集成》2151）　3. A型Ⅲ式（M84：103爯卣）　4、5. A型Ⅳ式（M84：68应侯爯盨及盖）　6. A型Ⅴ式（应侯作生杙姜簋《集成》4045）　7. B型Ⅰ式（应叔鼎《集成》2172）　8. B型Ⅱ式（应公壶盖《集成》5220. 1）　9. B型Ⅲ式（M50：1匍盉）　10. B型Ⅳ式（爯簋盖《新收》1601）　11. B型Ⅴ式（M95：100公作敔簋盖）

**表2-3　应国青铜器铭文形体排队表：彝**

| A | B |
|---|---|
|  1 |  4 |
|  2 |  5 |
|  3 |  6 |
| | 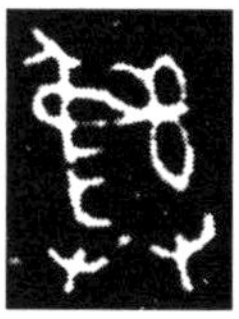 7 |
| |  8 |

1. A型Ⅰ式（应公觯《集成》5841）　2. A型Ⅱ式（应公方鼎甲《集成》2150）　3. A型Ⅲ式（M84：89应侯甗）　4. B型Ⅰ式（余干应监甗）　5. B型Ⅱ式（应公壶《集成》5220）　6. B型Ⅲ式（M84：28作兽宫盉盖）　7. B型Ⅳ式（M84：68应侯爯盨）　8. B型Ⅴ式（M8：33应公鼎）

**表2-4　应国青铜器铭文形体排队表：公**

| A | | B | |
|---|---|---|---|
| Aa | Ab | Ba | Bb |
|  1 |  3 |  5 | |
|  2 |  4 | 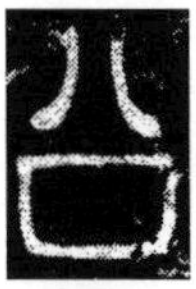 6 |  10 |
| | |  7 | 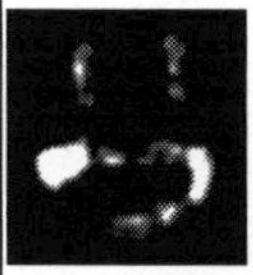 11  12 |
| | |  8 |  13 |
| | |  9 | 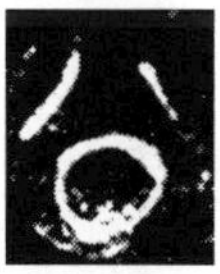 14 |
| | | |  15 |

1. Aa型Ⅰ式（应公簋《集成》3478）　2. Aa型Ⅱ式（M242：11旡鼎）　3. Ab型Ⅰ式（应公鼎《夏商周》198）　4. Ab型Ⅱ式（十六字应公鼎《集成》2554）　5. Ba型Ⅰ式（应公卣盖《集成》5177.2）　6. Ba型Ⅱ式（应公方鼎乙《集成》2151）　7. Ba型Ⅲ式（M50：1匍盉）　8. Ba型Ⅳ式（M104邓公作应嫚毗簋D）　9. Ba型Ⅴ式（M95：100公作敔簋盖）　10. Bb型Ⅰ式（M242：12柞伯簋）　11. Bb型Ⅱ式（爯簋盖《新收》1601）　12. Bb型Ⅲ式（M84：68应侯爯盨盖）　13. Bb型Ⅳ式（M105邓公簋B）　14. Bb型Ⅴ式（M95：102公作敔鼎）　15. Bb型Ⅵ式（M8：33应公鼎）

**表2-5　应国青铜器铭文形体排队表：永**

| A | B |
| --- | --- |
|  1　 2　 3 | |
|  4　 5　 6 | |
|  7　 8　 9 |  12　 13 |
|  10 |  14　 15 |
|  11 |  16 |

1 ~ 3. A型Ⅰ式（M50：1匍盉、M84：28作兽宫盉盖、M84：68应侯再盨器）　4 ~ 6. A型Ⅱ式（兽簋《铭图续》0437、西高皇XGH采：7应侯盨、应侯见工簋盖《新收》0079）　7 ~ 9. A型Ⅲ式（应侯作姬原母簋《集成》3860、应侯作生杙姜簋《集成》4045、M95：83应伯盘）　10. A型Ⅳ式（M95：102公作敔鼎）　11. A型Ⅴ式（M13：00782应姚盘）　12、13. B型Ⅰ式（M105应公簋A、应侯壶甲器《新收》0080）　14、15. B型Ⅱ式（M257：2朾史簋、M95：100公作敔簋盖）　16. B型Ⅲ式（M8：33应公鼎）

# 第三章　分期与年代

## 第一节　分组与分期

根据第二章的器物类型学研究，我们将应国墓地17座墓葬出土青铜礼器、部分采集的应国青铜器和传世应国青铜器分成八组，如表3-1所示①。各组包含的器群、器物型式之详细情况如下。

**1. 第一组**

器群：M242（部分）、传世应公组Ⅰ、江西余干出土应监甗。

器物型式：鼎Ab型Ⅰ式、C型Ⅰ式，簋A型Ⅰ式、Ⅱ式，甗A型Ⅰ式，尊A型Ⅰ式，卣Ⅰ式，觯Ab型、B型Ⅰ式、B型Ⅱ式。

**2. 第二组**

器群：M242（部分）、M229、M48（部分），传世应公组Ⅱ、应叔豖方鼎（《铭图》1600）。

器物型式：鼎 Aa型Ⅰ式、C型Ⅱ式、D型，簋Ba型Ⅰ式，卣Ⅱ式，爵A型Ⅰ式、B型觯Aa型Ⅰ式、B型Ⅲ式，壶A型Ⅰ式、Ⅱ式。另外还有柞伯簋。

**3. 第三组**

器群：M48（部分）、M50、M210、M213，传世应侯组Ⅰ、应□方彝和方尊。

器物型式：鼎 Aa型Ⅱ式、Ab型Ⅱ式，簋A型Ⅲ式，方彝，尊A型Ⅱ式，盉A型。明器里面还有簋A型、象鼻提鋬卣、尊A型Ⅲ式、仿殷平底爵、觯Aa型Ⅱ式。

**4. 第四组**

器群：M84、M85，保利艺术博物馆藏爯簋（《新收》1601）②。

---

① 部分传世应国青铜器无法在铭文内容上跟其他多件器物系联成一个小组，故传世应国青铜器的型式没有尽数列入表3-1内，而只列其有代表者。未列入表3-1中的有应叔豖方鼎（鼎D型）、应□方彝（未分型式）、应□方尊（尊B型）、保利艺术博物馆藏爯簋（Bc型Ⅰ式）。

② 保利艺术博物馆藏爯簋属于Bc型Ⅰ式簋，M84虽然并未出土这种型式的簋，但墓主与前述簋的器主为同一个人。为了制表简约，我们在表3-1中未单独列入这件簋，而直接在第四组M84所在行与簋Bc型所在列的交叉格中填入“Ⅰ”式，以表示这件簋的型式信息。

器物型式：鼎 Aa型Ⅲ式、Ac型，簋A型Ⅳ式、Bc型Ⅰ式、C型Ⅰ式，甗A型Ⅱ式，盨A型Ⅰ式，尊A型Ⅱ式、Ⅲ式，卣Ⅲ式，爵A型Ⅱ式，觯Aa型Ⅱ式、C型，盘A型Ⅰ式、Ⅱ式，盉B型Ⅰ式、Ⅱ式，以及豆形器。

**5. 第五组**

器群：M104、M105、M257，西高皇鱼塘采集器群，传世应侯见工组、传世应侯组Ⅱ和应侯组Ⅲ、应监甗（《铭图》3329）、兽簋（《铭图续》0437）。

器物型式：鼎 Aa型Ⅳ式、B型Ⅰ式，簋Ba型Ⅱ式、Ba型Ⅲ式、Bb型Ⅰ式、C型Ⅱ式，甗A型Ⅲ式，盨B型，壶A型Ⅲ式，盘A型Ⅱ式、B型，匜Ⅰ式，甬钟Ⅰ式。

**6. 第六组**

器群：M95、M13，传世应侯组Ⅳ。

器物型式：鼎 Aa型Ⅴ式、B型Ⅰ式、B型Ⅱ式，簋Bb型Ⅰ式、Bc型Ⅱ式，甗A型Ⅳ式，鬲Ⅰ式、Ⅱ式，盨A型Ⅱ式、Ⅲ式，醽，壶Ba型Ⅰ式、Ⅱ式，盘A型Ⅱ式，匜Ⅱ式，甬钟Ⅱ式。其他还有盉（形制暂不明）、编铃。明器中大量出现酒器，有方彝、尊、爵、觯等。

**7. 第七组**

器群：M8、M6、M7。

器物型式：鼎Aa型Ⅵ式、B型Ⅲ式、B型Ⅳ式，簋Bb型Ⅱ式、Ⅲ式，甗B型Ⅰ式、Ⅱ式，鬲Ⅱ式，壶A型Ⅳ式、Bb型，盘A型Ⅲ式，盉C型Ⅰ式。明器中仿古形态的酒器较多，有方彝、尊、爵、觯等。

**8. 第八组**

器群：M1。

器物型式：鼎B型Ⅴ式，簋Bb型Ⅳ式，甗B型Ⅲ式，壶Ba型Ⅲ式，盘A型Ⅳ式，盉C型Ⅱ式。M1青铜器群中绝大部分为明器，但制作相对规整，与形态无规律的其他明器有所不同。

以上对传世器的年代早晚分群，主要是结合第二章器物和铭文字体排队与第七章非墓葬发掘出土的应国青铜器分组来完成，各群内部不同器物之间的器主很可能为同一人，但不同群之间器主不为同一人，详细分群如下。

应公组Ⅰ，包含的器物有应公作旅彝分裆鼎（《夏商周》198）、应公作旅彝簋（《西清》12.18）、故宫博物院藏应公作旅彝簋（《平顶山应国墓地Ⅰ》彩版四九，3）、应公作宝彝簋（《铭图续》0328）、山东师范大学藏应公作宝尊彝觯（《平顶山应国墓地Ⅰ》彩版五〇，2）。

应公组Ⅱ，包含的器物有应公作宝尊彝方鼎（《周金》2.55.3）、应公作宝尊彝方鼎（《平顶山应国墓地Ⅰ》彩版四八，3）、哥伦比亚大学藏应公作宝尊彝分裆鼎（《平顶山应国墓地Ⅰ》彩版四八，1）、台北“故宫博物院”藏应公作宝尊彝壶（《平顶山应国墓地Ⅰ》彩版五〇，1）、带鋬应公觯［《西周铜器断代》（下）56，B］、应公作宝彝卣（《西清》16.1）。

应侯组Ⅰ，包含的器物有应侯尊（《铭图续》0772）。

应侯组Ⅱ，应侯盘（《新收》0077）、应侯盉（《铭图续》0967）。

应侯组Ⅲ，包含的器物有应侯作姬原母簋（《考古图》3.17）、首阳斋藏应侯作姬原母簋器（《资料库》NB1305）、保利艺术博物馆藏应侯壶甲和乙（《新收》0080、0081）

应侯组Ⅳ，上海博物馆藏应侯盨（《夏商周》398）、美籍华人藏应侯盨盖（《平顶山应国墓地Ⅰ》彩版一〇二，1）

应侯见工组，包含的器物有上海博物馆藏应侯见工鼎（《夏商周》363）、保利艺术博物馆藏应侯见工簋甲和乙（《新收》0078、0079）、首阳斋藏应侯见工簋盖（《资料库》NB1305）、蓝田出土应侯见工钟甲（《青全》6：95）、保利艺术博物馆藏应侯见工钟乙和丙（《新收》0082、0083）、日本书道博物馆藏应侯见工钟丁（《平顶山应国墓地Ⅰ》彩版一〇五，2）。

虽然应国青铜器材料多有残缺，但前述八组器物的演变序列大体上完整，根据各类器物形制和组合特征，可以将这八组器物做进一步的归并。其中，第一、二、三、四组器物可以归并为第一期，第五、六、七、八组可以归并为第二期。第一期内，第一、二组可以并为前段，第三、四组可以并为后段；第二期内，第五、六组又可以并为前段，第七、八组可以并为后段。

第一期三组中的器物面貌大体来说相对一致，本期的主要器形有鼎Aa型、簋A型、爵A型、觯、尊A型、卣、壶A型，各式器物之间联系较为紧密，如下所示：

鼎Aa型：Ⅰ—Ⅱ—Ⅲ

簋A型：Ⅰ—Ⅱ—Ⅲ—Ⅳ

爵A型：Ⅰ—Ⅱ

觯Aa型：Ⅰ—Ⅱ　　　　B型：Ⅰ—Ⅱ—Ⅲ

尊A型：Ⅰ—Ⅱ—Ⅲ

卣：Ⅰ—Ⅱ—Ⅲ

壶A型：Ⅰ—Ⅱ

以上四组器物，鼎A型与簋A型之间的组合，尊与卣、觯与爵的组合较为稳定，故本书将其归并为第一期。第四、五组器物之间，既有因袭发展的关系，也有不同的地方，但差异之处远远超过因袭之处。第四、五组器物的因袭关系表现在：

鼎Aa型：Ⅲ—Ⅳ

**表3-1　应**

| 时代组别 | 类型/单位 | 鼎 | | | | | | 簋 | | | | | 甗 | | 鬲 | |
|---|---|---|---|---|---|---|---|---|---|---|---|---|---|---|---|---|
| | | A | | | B | C | D | A | B | | | C | A | B | | A |
| | | Aa | Ab | Ac | | | | | Ba | Bb | Bc | | | | | |
| 一组 | 应公组Ⅰ | | | | | Ⅰ | | Ⅰ、Ⅱ | | | | | | | | |
| | M242（部分） | | Ⅰ | | | | | Ⅰ | | | | | | | | |
| | 应监甗 | | | | | | | | | | | | Ⅰ | | | |
| 二组 | M242（部分） | Ⅰ | | | | | | | | | | | | | | |
| | 应公组Ⅱ | | | | | Ⅱ | √ | | | | | | | | | |
| | M229 | Ⅰ | | | | | | | Ⅰ | | | | | | | |
| | M48（部分） | | | | | Ⅱ | | | | | | | | | | |
| 三组 | M48（部分） | | Ⅱ | | | | | Ⅲ | | | | | | | | |
| | 应侯组Ⅰ | | | | | | | | | | | | | | | |
| | M50 | Ⅱ | | | | | | | | | | | | | | |
| | M213 | Ⅱ | | | | | | | | | | | | | | |
| | M210 | Ⅱ | | | | | | | | | | | | | | |
| 四组 | M84 | Ⅲ | | √ | | | | | | | Ⅰ | | Ⅱ | | | Ⅰ |
| | M85 | Ⅲ | | √ | | | | Ⅳ | | | | Ⅰ | | | | |
| 五组 | 兽簋 | | | | | | | | | | | Ⅱ | | | | |
| | 应侯见工组 | | | | Ⅰ | | | | Ⅱ | Ⅰ | | | | | | |
| | 西高皇鱼塘 | | | | Ⅰ | | | | | | | | | | | |
| | 应侯组Ⅱ | | | | | | | | | Ⅰ | | | | | | |
| | 应侯组Ⅲ | | | | | | | | | Ⅰ | | | | | | |
| | M104 | Ⅳ | | | | | | | Ⅲ | | | | | | | |
| | M105 | | | | | | | | Ⅲ | | | | | | | |
| | M257 | | | | Ⅰ | | | | Ⅲ | | | | | | | |
| | 应监甗 | | | | | | | | | | | | Ⅲ | | | |
| 六组 | M95 | Ⅴ | | | | | | | | | Ⅱ | | Ⅳ | | Ⅰ | Ⅱ |
| | 应侯组Ⅳ | | | | | | | | | | | | | | | Ⅲ |
| | M13 | | | | Ⅱ | | | | | Ⅰ | | | ? | | Ⅱ | |
| 七组 | M8 | Ⅵ | | | Ⅲ | | | | | Ⅱ | | | | Ⅰ | | |
| | M6 | | | | Ⅳ | | | | | Ⅲ | | | | Ⅱ | Ⅱ | |
| | M7 | | | | Ⅳ | | | | | Ⅲ | | | | | Ⅱ | |
| 八组 | M1 | | | | Ⅴ | | | | | Ⅳ | | | | Ⅲ | | |

注：“√”表示器物某类型未分式；“？”表示器类存在，但具体形制暂且不明；“★”表示不能排队的明器

**式分组表**

| 尊 | 卣 | 爵 | | 觯 | | | | 壶 | | | 盘 | | 盉 | | | 匜 | 甬钟 | 其他 |
|---|---|---|---|---|---|---|---|---|---|---|---|---|---|---|---|---|---|---|
| A | | A | B | A | | B | C | A | B | | A | B | A | B | C | | | |
| | | | | Aa | Ab | | | | Ba | Bb | | | | | | | | |
| | | | | | | Ⅰ | | | | | | | | | | | | |
| Ⅰ | Ⅰ | | | | √ | Ⅱ | | | | | | | | | | | | |
| | | | | | | | | | | | | | | | | | | |
| | | Ⅰ | | | | | | | | | | | | | | | | 柞伯簋 |
| | Ⅱ | | | | | Ⅲ | | Ⅱ | | | | | | | | | | |
| | | | √ | Ⅰ | | | | | | | | | | | | | | |
| | | | | | | | | Ⅰ | | | | | | | | | | |
| | | | | | | | | | | | | | | | | | | |
| Ⅱ | | | | | | | | | | | | | | | | | | |
| | | | | | | | | | | | | | √ | | | | | |
| | | | | | | | | | | | | | | | | | | |
| Ⅲ | | | | Ⅱ | | | | | | | | | | | | | | 卣与爵★ |
| Ⅲ | Ⅲ | Ⅱ | | Ⅱ | | | | | | | Ⅰ | | | Ⅱ | | | | |
| Ⅱ | | | | | | | √ | | | | Ⅱ | | | Ⅰ | | | | 豆形器 |
| | | | | | | | | | | | | | | | | | | |
| | | | | | | | | | | | | | | | | | Ⅰ | |
| | | | | | | | | | | | | √ | | | | Ⅰ | | |
| | | | | | | | | | | | Ⅱ | | √ | | | | | |
| | | | | | | | | Ⅲ | | | | | | | | | | |
| | | | | | | | | | | | | | | | | | | |
| | | | | | | | | | | | | | | | | | | |
| | | | | | | | | | | | | | | | | | | |
| | | | | | | | | | | | | | | | | | | |
| | | | | | | | | | Ⅰ | | Ⅱ | | | | | Ⅱ | Ⅱ | 编铃 |
| | | | | | | | | | | | | | | | | | | |
| | | | | | | | | | Ⅱ | | Ⅱ | | | | | Ⅱ | √ | |
| | | | | | | | | | | √ | Ⅲ | | | | | Ⅲ | | |
| | | | | | | | | Ⅳ | | | Ⅲ | | | | Ⅰ | | | |
| | | | | | | | | | | | Ⅲ | | | | Ⅰ | | | |
| | | | | | | | | | Ⅲ | | Ⅳ | | | | Ⅱ | | | |

簋C型：Ⅰ—Ⅱ

盘A型：Ⅰ—Ⅱ

第四、五组器物的差异相当大，表现为：鼎C型、鼎D型、簋A型、盉A型与盉B型不见于第五组；爵、觯、尊、卣、方彝等商式酒器（明器除外）于第五组及之下各组几乎不再出现；第四组食器中产生新的器类——盨，类似剧变在第五组仍继续进行，鼎B型、簋Ba型和簋Bb型是派生出的新型式[①]，水器中产生新的器类——匜，乐器中出现编钟、编铃。

第五、六、七、八组器物面貌相对一致，可以归并为第二期。本期的主要器形有鼎Aa型和B型、簋Ba型和Bb型、甗A型和B型、鬲、盨A型、壶A型和Ba型、盘A型、盉C型、匜、甬钟，各型器物式别之间形制演变关系较为紧密，如下所示：

鼎Aa型：Ⅳ—Ⅴ—Ⅵ　　B型：Ⅰ—Ⅱ—Ⅲ—Ⅳ—Ⅴ

簋 Ba型：Ⅱ—Ⅲ　　Bb型：Ⅰ—Ⅱ—Ⅲ—Ⅳ

甗 B型：Ⅰ—Ⅱ—Ⅲ

鬲：Ⅰ—Ⅱ

盨 A型：Ⅱ—Ⅲ

壶 A型：Ⅲ—Ⅳ　　Ba型：Ⅰ—Ⅱ—Ⅲ

盘A型：Ⅱ—Ⅲ—Ⅳ

盉C型：Ⅰ—Ⅱ

匜：Ⅰ—Ⅱ—Ⅲ

甬钟：Ⅰ—Ⅱ

以上四组器物，鼎Aa型或B型、簋Ba型或Bb型、甗A型或B型、鬲之间的组合，双壶的组合，盘与盉或盘与匜的组合比较稳定，故本书将其归并为第二期。

第二、三组器物之间，主要是因袭发展的关系，但差异性也明显存在。鼎A型、C型、D型与觯B型的流行止于第二组，第三组新出现盉A型。因此，我们将第一期中的第一、二组归并为前段，第三、四组归并为后段。

第六、七组器物之间，主要是因袭发展的关系，但差异性也明显存在。鼎Aa型、簋Ba型、甗A型、盨、盬、编钟流行接近尾声；第七组部分器物在原来的基础上派生出一些新型式，它们是甗B型、盉C型。因此，本书将第二期中的第五、六组归并为前段，第七、八组为后段。

---

① Ba型簋Ⅰ式与Ⅱ式及其以下各式之间形制差异较大，故我们将Ba型Ⅱ式簋及其以下各式视为青铜簋中新派生的器形。

# 第二节　年代推测

## 一、第　1　组

鼎　上海博物馆藏应公鼎（C型Ⅰ式），裆心较高，三腿略外撇，有商末周初分裆鼎的特征，与1967长安张家坡M54：2[illegible]鼎[①]、宝鸡竹园沟BZM13：18父辛鼎[②]、鹿邑太清宫M1：78长子口鼎[③]、滕州前掌大M128：2兽面纹鼎[④]、龙口韩栾村出土庖监鼎[⑤]、房山琉璃河ⅡM253：21父丙鼎[⑥]等相似，年代约为成王时期，这是本组比较早的一件器物。应国墓地M242：11旡鼎形制与M229：1应事鼎基本相同，年代可能较晚（详见第二组M229：1应事鼎年代分析）。当然，M242器群整体上略早于M229，故本书将前者划入第1组，M242：11旡鼎应是本组年代较晚的器物之一，年代约为康王后期。

甗　应监甗（A型Ⅰ式）形制与灵台白草坡M1：11匀甗[⑦]、宝鸡竹园沟BZM13：26兽面纹甗[⑧]、宝鸡石鼓山M3：6万甗[⑨]、泾阳高家堡91SJGM2：1覃父丁甗[⑩]、滕州前掌大M11：78史甗[⑪]、房山琉璃河ⅡM251：25戈父甲甗[⑫]、喀左山湾子窖藏出土伯矩甗[⑬]等相似，年代约为西周早期前段。此器也是本组年代较早的器物之一。

簋　M242：14素面簋（A型Ⅰ式）形制与㝨公簋（《铭图》4954）、宝鸡竹园沟BZM8：1兽面纹簋[⑭]、竹园沟BZM14：2兽面纹簋[⑮]、泾阳高家堡91SJGM3：3兽面纹

---

① 中国社会科学院考古研究所沣西发掘队：《1967年长安张家坡西周墓葬的发掘》，《考古学报》1980年第4期，462、467页。

② 卢连成、胡智生：《宝鸡渔国墓地》，文物出版社，1988年，51、52页。

③ 河南省文物考古研究所等：《鹿邑太清宫长子口墓》，中州古籍出版社，2000年，61页。

④ 中国社会科学院考古研究所：《滕州前掌大墓地》，文物出版社，2005年，215、216页。

⑤ 李步青、林仙庭：《山东龙口市出土西周铜鼎》，《文物》1991年第5期。

⑥ 北京市文物研究所：《琉璃河西周燕国墓地（1973—1977）》，文物出版社，1995年，114、121页。

⑦ 甘肃省博物馆文物队：《甘肃灵台白草坡西周墓》，《考古学报》1977年第2期。

⑧ 卢连成、胡智生：《宝鸡渔国墓地》，文物出版社，1988年，52、55、56页。

⑨ 石鼓山考古队：《陕西宝鸡石鼓山西周墓葬发掘简报》，《文物》2013年第2期。

⑩ 陕西省考古研究所：《高家堡戈国墓》，三秦出版社，1995年，38、39页。

⑪ 中国社会科学院考古研究所：《滕州前掌大墓地》，文物出版社，2005年，228、229页。

⑫ 北京市文物研究所：《琉璃河西周燕国墓地（1973—1977）》，文物出版社，1995年，147、163页。

⑬ 喀左县文化馆等：《辽宁省喀左县山湾子出土殷周青铜器》，《文物》1977年第12期。

⑭ 卢连成、胡智生：《宝鸡渔国墓地》，文物出版社，1988年，175、176页。

⑮ 卢连成、胡智生：《宝鸡渔国墓地》，文物出版社，1988年，211、212页。

簋[①]等相似，年代约为西周早期前段。

卣　M242：7素面卣（Ⅰ式），盖纽作瓜蒂形，两侧无腹脊，形制与泾阳高家堡91SJGM4：17𠂆卣[②]、鹿邑太清宫M1：224长子口卣[③]、滕州庄里西M7：4史鷮卣[④]、滕州前掌大M120：18卣[⑤]等相似，年代为西周早期前段。应公卣（Ⅱ式），器影为摹本，盖上为圈形捉首，年代或许稍晚于M242：7素面卣，约为康王时期。

觯　山东师范大学藏应公觯（B型Ⅰ式）形制与宝鸡峪泉村西周墓出土云雷纹觯[⑥]、周至竹峪村出土此母觯[⑦]、鹿邑太清宫M1：200觯[⑧]、滕州前掌大M31：3素面觯[⑨]相似，年代约为西周早期前段。M242：6云雷纹觯（B型Ⅱ式），形制与首阳斋藏史鷮觯[⑩]相似，年代很可能不早于成康之际，约为康王时期。M242：6素面觯（Ab型），形制与泾阳高家堡91SJGM4：12保父丁觯[⑪]、长安张家坡79SCCM2：6父丁觯[⑫]相似，年代为西周早期前段。

本组的M242：3爵（A型Ⅰ式）和M242：4尊（A型Ⅰ式）形制都罕见，前者流尾皆短而腹部却较深，后者圈足很矮但内弧外撇度不大，具体年代不易推断。要之，第1组年代上限应当是第一代应侯受封之初，很可能是武王或成王初年，年代下限为康王末年。

## 二、第 2 组

本组M229器群的4件青铜礼器从铭文可知皆为墓主之器，年代相同或非常接

---

① 陕西省考古研究所：《高家堡戈国墓》，三秦出版社，1995年，57、58页。

② 陕西省考古研究所：《高家堡戈国墓》，三秦出版社，1995年，83～86、90页。

③ 河南省文物考古研究所等：《鹿邑太清宫长子口墓》，中州古籍出版社，2000年，110页。

④ 杜传敏等：《1989年山东滕州庄里西西周墓发掘报告》，《中国国家博物馆馆刊》2012年第1期。

⑤ 中国社会科学院考古研究所：《滕州前掌大墓地》，文物出版社，2005年，281、284、285页。

⑥ 陕西省考古研究所等：《陕西出土商周青铜器》（四），文物出版社，1984年，第一一一号。

⑦ 陕西省考古研究所等：《陕西出土商周青铜器》（四），文物出版社，1984年，第一六五号。

⑧ 河南省文物考古研究所等：《鹿邑太清宫长子口墓》，中州古籍出版社，2000年，113、115页。

⑨ 中国社会科学院考古研究所：《滕州前掌大墓地》，文物出版社，2005年，299、230页。

⑩ 杜传敏等：《1989年山东滕州庄里西西周墓发掘报告》，《中国国家博物馆馆刊》2012年第1期。

⑪ 陕西省考古研究所：《高家堡戈国墓》，三秦出版社，1995年，90页。

⑫ 中国社会科学院考古研究所沣西发掘队：《1979—1981年长安沣西、沣东发掘简报》，《考古》1986年第3期。

近。M229：1应事鼎（Aa型Ⅰ式）形制与“梁山七器”之一——宪鼎[①]、曲沃曲村M6080：13作宝鼎[②]、长安花园村M15：0.2和M15：13禽鼎[③]、昭穆之际的猷应姬鼎（《铭图续》0221）相似；M229：3应事爵（B型）形制与长安花园村M17：36和M17：41弦纹爵[④]、扶风云塘76FYM13：21弦纹爵[⑤]、宝鸡茹家庄BRM1乙：44和BRM1乙：45爵[⑥]、洛阳北窑M368：4伯丰爵[⑦]相似。M229：4应事觯（Aa型Ⅰ式）形制与扶风齐家02ZQⅡA3M4：25弦纹觯[⑧]、1975扶风召李M1出土素面觯[⑨]、曲沃曲村M6210：14弦纹觯[⑩]、长安花园村M17：0.39觯[⑪]相似；M229：2应事簋形制罕见，尚未发现与之比较相似而且年代较明确的其他簋。与M229器群可对比的器物所出遗迹单位，其年代大约皆属于昭王或穆王时期，没有明显更早的，但M229器群年代应早于穆王时期，如鼎腹壁内弧幅度不如猷应姬鼎的大，觯身比长安花园村M15：22素面觯[⑫]稍粗，颈部最短径比后者更靠近口沿。要之，M229器群年代约为昭王时期，下限在穆王初年。

应公组Ⅱ器群，如果本书判断无误，这些器物应当是同人之器，年代也应相同或非常接近。两件应公方鼎（D型）形制与北赵晋侯墓地M113：34叔作旅鼎[⑬]、传世毛公旅鼎[⑭]比较相似，又与扶风庄白伯㦰墓出土㦰方鼎甲[⑮]、宝鸡茹家庄BRM1乙：15伯䧹方鼎[⑯]大略相似。北赵晋侯墓地M113年代约为昭穆之际，庄白伯㦰墓和茹家庄BRM1属于穆王时期，应公方鼎四腿较长，年代应稍早于㦰方鼎甲和伯䧹方鼎。应公方鼎“公”字（Ba型Ⅱ式）与大盂鼎公字相似，前者上半部两笔已较长，八字下部转折角度远远

① 陈梦家：《西周铜器断代》（下册），中华书局，2004年，651页。

② 邹衡：《天马—曲村（1980—1989）》，科学出版社，2000年，396、397页。

③ 陕西省文物管理委员会：《西周镐京附近部分墓葬发掘简报》，《文物》1986年第1期。

④ 陕西省文物管理委员会：《西周镐京附近部分墓葬发掘简报》，《文物》1986年第1期。

⑤ 曹玮：《周原出土青铜器》（第7卷），巴蜀书社，2005年，1444、1445页。

⑥ 卢连成、胡智生：《宝鸡𢐗国墓地》，文物出版社，1988年，302、303页。

⑦ 洛阳市文物工作队：《洛阳北窑西周墓》，文物出版社，1999年，214、216页。

⑧ 陕西省考古研究院等：《周原——2002年度齐家制玦作坊和礼村遗址考古发掘报告》，科学出版社，2010年，469、471页。

⑨ 曹玮：《周原出土青铜器》（第7卷），巴蜀书社，2005年，1331页。

⑩ 邹衡：《天马—曲村1980—1989》，科学出版社，2000年，371、373页。

⑪ 陕西省文物管理委员会：《西周镐京附近部分墓葬发掘简报》，《文物》1986年第1期。

⑫ 陕西省文物管理委员会：《西周镐京附近部分墓葬发掘简报》，《文物》1986年第1期。

⑬ 北京大学考古文博学院、山西省考古研究所：《天马-曲村遗址北赵晋侯墓地第六次发掘》，《文物》2001年第8期。

⑭ 陈梦家：《西周铜器断代》（下册），中华书局，2004年，677页。

⑮ 曹玮：《周原出土青铜器》（第7卷），巴蜀书社，2005年，1350～1355页。

⑯ 卢连成、胡智生：《宝鸡𢐗国墓地》，文物出版社，1988年，282、283页、彩版一七·1。

超过后者，显示出时代略晚的特征；“宝”字（B型Ⅱ式）贝部底端伸出两尾，这种字形见于昭王末年的作册析觥、穆王时期的剌鼎；“尊”字（A型Ⅱ式）顶部两笔尚不出头，而作册析觥“尊”顶部两笔出头。以此来看，应公方鼎年代可能稍早于或至少不晚于析觥年代。要之，应公方鼎年代约为昭王时期。哥伦比亚大学藏应公分裆鼎（C型Ⅱ式）与成康之际的旅鼎大略相似，但前者“尊”字（B型Ⅱ式）顶端横笔上方出现略成八字形的两竖笔，是时代较晚的特征①，本组的应公壶（A型Ⅱ式）也有这种“尊”字形，二器年代不早于康昭之际。

本组其他典型青铜器分析如下：

鼎　M48：1伯鼎（C型Ⅱ式）形制、纹饰与燕侯旨鼎相似，前者纹饰风格显然早于后者，年代约为成康时期，单就时间而论应归入第1组。与之形制基本相同的应叔豖方鼎（D型）与应公方鼎形制基本相同，年代约为昭王时期。

簋　M48：3伯徫簋（A型Ⅲ式）形制和纹饰与济阳刘台子M6：16和M3：8夆簋②、洛阳北窑M410：2考母簋③、宝鸡茹家庄BRM1乙：4簋④等相似，年代约为昭穆之际。

壶　M48：4姜壶（A型Ⅰ式），形制与1975扶风召李M1出土父丁壶相似⑤，颈部所饰小鸟纹属于陈公柔、张长寿先生划分的鸟纹Ⅰ7式（图谱174）⑥，铭文“姜”字下半部几乎成站立状，都是时代较晚的特征，年代约为昭王时期。

综上所述，第2组年代应当是康王末至穆王初年。

## 三、第 3 组

应侯Ⅰ组包含1尊、1盉。其中，应侯尊（《铭图续》0772）属于A型Ⅱ式，形制与江陵万城出土小臣尊（《青全》6：114）、洛阳北窑M347：6叔造尊⑦相似，后面两器年代不早于昭穆之际。铭文字形书体方面，“宝”字（A型Ⅲ式）与遹簋（《铭图》5237）的相似，“彝”字（B型Ⅳ式）界于丰卣（《铭图》13316）与墙爵（《铭图》

① 张懋镕：《金文字形书体与20世纪的西周铜器断代研究》，《古文字与青铜器论集》第二辑，科学出版社，2006年。

② 德州地区文化局文物组、济阳县图书馆：《山东济阳刘台子西周墓地第二次发掘》，《文物》1985年第12期。

③ 洛阳市文物工作队：《洛阳北窑西周墓》，文物出版社，1999年，209页。

④ 卢连成、胡智生：《宝鸡強国墓地》，文物出版社，1988年，291页。

⑤ 曹玮：《周原出土青铜器》（第7卷），巴蜀书社，2005年，1333～1335页。

⑥ 陈公柔、张长寿：《殷周青铜容器上鸟纹的断代研究》，《考古学报》1984年第3期。

⑦ 洛阳市文物工作队：《洛阳北窑西周墓》，文物出版社，1999年，82、86页。

8547）“彝”字形体之间，遹簋、墙爵年代约为共王时期，丰卣属于穆王时期。应侯盉（《铭图续》0967）四腿圜底盉，形制在整个西周时期都罕见，铭文“宝”字与应侯尊（《铭图续》0772）的相似，这两件应侯器器主应当是同一人。本组的这个应侯显然不是M84器群铭文中的应侯，故推断应侯Ⅰ组器年代约为穆王时期。

其他典型器物分析如下：

鼎　典型器物为M50：2弦纹鼎，形制与昭穆之际的歔应姬鼎（《铭图续》0221）、宝鸡茹家庄BRM1乙：10弦纹鼎[①]、扶风庄白出土㦰圆鼎[②]、扶风齐家78FQM19：27作旅鼎[③]相似，年代约为穆王时期。

方彝　应𨚕方彝，形制与夨令方彝、析方彝等相似，其所饰上卷角兽面纹流行于穆共时期，这种兽面纹也见于出土器中的翼城大河口M1017：10圆角方鼎[④]，应𨚕方彝铭文“宝”（A型Ⅲ式）、“尊”（A型Ⅲ式）、“彝”（B型Ⅱ式）具有昭穆之际的特征，故推断该方彝年代约为穆王时期。

尊　应𨚕方尊，器身颇显肥胖，与昭王前后的较瘦长的圆口方尊有所区别，该器与应𨚕方彝年代相同，属于穆王时期。

盉　M50：1匍盉与应侯盉（《铭图续》0967）皆为四腿圜底盉，其形制在整个西周时期都罕见。铭文字形书体方面，M50：1匍盉铭文风格显然具有西周中期的特点，如“彝”字（B型Ⅳ式）形体与应侯尊（《铭图续》0772）的接近，“尊”字（B型Ⅲ式）形体界于扶风庄白一号窖藏出土丰尊（《铭图》11796）与墙盘（《铭图》14541）的尊字形体之间，“公”字（Ba型Ⅲ式）与墙盘（《铭图》14541）的相似，年代约为穆王时期。

本组M210器群的簋、尊、卣、爵、觯皆为明器。其中，尊大略属于A型Ⅲ式，与M84出土爯尊相近，但前者腹部下垂幅度不大，年代很可能稍早。卣从底部两侧向上伸出两把象鼻状鋬，类似的象鼻鋬青铜器最早见于昭王末年的小子生方尊（《西清》8.43），比较流行于西周中期，如服方尊（《通考》556）、扶风庄白伯㦰墓出土㦰饮壶甲和乙[⑤]、长安张家坡M170：54井叔方彝[⑥]等。觯圈足以上成亚腰形，大略属于Aa型Ⅱ式，与M84出土觯相近，但前者器身更粗，年代亦可能稍早。簋、爵时代特征不明显，如爵为仿商代的平底爵式样，西周时期罕见。要之，M210器群的明器年代约为穆

---

① 卢连成、胡智生：《宝鸡强国墓地》，文物出版社，1988年，284、287页。

② 曹玮：《周原出土青铜器》（第7卷），巴蜀书社，2005年，1361～1363页。

③ 曹玮：《周原出土青铜器》（第8卷），巴蜀书社，2005年，1554～1557页。

④ 山西省考古研究所大河口联合考古队：《山西翼城县大河口西周墓地》，《考古》2011年第7期。

⑤ 曹玮：《周原出土青铜器》（第7卷），巴蜀书社，2005年，1382、1388页。

⑥ 中国社会科学院考古研究所：《张家坡西周墓地》，中国大百科全书出版社，1999年，159、160页。

王时期。

综上所述并结合第四组器物时代特征，第3组年代约为穆王早中期。

## 四、第 4 组

M84器群中带铭文的可分为两组：其一为应侯组，包含鼎1、甗1、盨1、尊1、卣1；其二为兽组，包含盘1、盉1。应侯组中，尊、卣仅有应侯私名“爯”，而无“应侯”称谓，保利艺术博物馆收藏的爯簋也属于这种情况，有学者认为不带“应侯”称谓的这三件器物年代比本组其他有“应侯”称谓的器物年代更早[①]，我们赞同其说。但是，二者之间年代究竟相隔多远无法判定，从考古学角度来说，既然是同人之器，时代风格又没有显著差异，器物施纹都比较简朴，纹饰和铭文字体演变的连续性较强，那么这种年代间隔也就可以忽略不计。兽组，铭文皆为“作兽宫彝，永宝”。近年出现一件兽簋（《铭图续》0437），从铭文来看，器主——兽应当是盘与盉铭中的“兽”，但是此器年代较晚，本书将其归入第五组。

应侯组中，M84：99爯尊形制与丰尊[②]相似，M84：103爯卣形制与竞卣（《铭图》13336）、录卣（《铭图》13331）、绛县横水M2：75肃卣（资料库NB0864）[③]相似，爯尊与爯卣所饰鸟纹同属于陈公柔、张长寿划分的鸟纹Ⅲ型3式（图谱332）[④]，与伯㦽饮壶甲[⑤]颈部鸟纹相似。前述所举器物，除了丰尊以外，其余都能与穆王东征淮夷史事联系起来，古本《竹书纪年》记载穆王伐越在三十七年，已经到了穆王后期。我们认为，爯尊、爯卣年代上限应当是穆王晚期。再看爯簋（Bc型Ⅰ式），形制在西周时期并不多见，缺乏标准器可比。爯簋盖缘和口沿各饰一周C形卷云状分尾长鸟纹，属鸟纹Ⅲ5式（图谱351）[⑥]，与伯㦽簋、伯㦽饮壶乙颈部所饰鸟纹相似，年代约为穆王晚期。应侯爯盨的鸟纹亦属于鸟纹Ⅲ5式（图谱352）[⑦]，与史墙盘腹部鸟纹[⑧]相似，属于共王时期。顺便提及的是，M86出土一块容器残片（M86：0230-1），上面所饰分尾

① 王蕴智、陈淑娟：《应国有铭青铜器的初步考察》，《中原文物》2008年第4期。

② 曹玮：《周原出土青铜器》（第3卷），巴蜀书社，2005年，608～613页。

③ 山西省考古研究所等：《山西绛县横水西周墓发掘简报》，《文物》2006年第8期。

④ 陈公柔、张长寿：《殷周青铜容器上鸟纹的断代研究》，《考古学报》1984年第3期。

⑤ 曹玮：《周原出土青铜器》（第7卷），巴蜀书社，2005年，1382～1384页。

⑥ 陈公柔、张长寿：《殷周青铜容器上鸟纹的断代研究》，《考古学报》1984年第3期。

⑦ 陈公柔、张长寿：《殷周青铜容器上鸟纹的断代研究》，《考古学报》1984年第3期。

⑧ 曹玮：《周原出土青铜器》（第4卷），巴蜀书社，2005年，646～653页。

鸟纹的下股尾羽由卷云状演变为窃曲纹的式样[①]，属于鸟纹Ⅲ6式（图谱361）[②]，与疾壶、仲南父壶颈部所饰鸟纹相似，陈公柔、张长寿先生将该式鸟纹定为西周中晚期之交。但是，M86：0230-1容器残片年代不可能晚于爯簋年代，所以前述Ⅲ6式鸟纹年代上限应当提前，当然也不太可能早到昭穆之际，因为爯簋和应侯爯盨上长尾鸟纹凸显了很强的连续性，将残片年代定在穆王中期比较合适。

其他典型器物：

鼎 M85：1弦纹鼎（Aa型Ⅲ式）腿上部略外鼓，形制与1954年长安普渡村长由墓出土兽面纹鼎[③]相似，M85：14窃曲纹鼎（Ac型）形制、纹饰与1954年长安普渡村长由墓出土2号鼎、1951年长安普渡村M2：24鼎[④]相似，年代都大约为共王时期。

爵 M84：44素面爵（A型Ⅱ式），形制与扶风庄白76FZJ1：91丰爵[⑤]、长安花园村M15：30爵[⑥]相似，年代约为穆王时期。

觯 M84：88觯（Aa型Ⅱ式），形制与扶风庄白伯𢦚墓出土蕉叶纹觯[⑦]相似，年代约为穆王后期或共王时期。

尊 M85：5尊（A型Ⅱ式），体量较小，铸造较粗糙，似有明器之嫌，可以说明这件器物非常接近所出墓葬年代。这种形制的青铜尊的年代下限一般来讲约为穆王中叶，既然出现于M85中，说明该墓年代不太可能如考古报告所言晚至懿王时期。

盘 M84：50兽盘（A型Ⅰ式），形制与扶风庄白一号窖藏出土史墙盘[⑧]相似，年代约为共王时期。

盉 M84：28兽盉（B型Ⅱ式），形制与长安普渡村墓葬出土长由盉[⑨]相似，长由盉为共王初年标准器，兽盉年代应与之相近。

综上所述，第4组年代约为共王前后。

---

① 河南省文物考古研究所等：《平顶山应国墓地Ⅰ》，大象出版社，2012年，449、450页。

② 陈公柔、张长寿：《殷周青铜容器上鸟纹的断代研究》，《考古学报》1984年第3期。

③ 陕西省文物管理委员会：《长安普渡村西周墓的发掘》，《考古学报》1957年第1期，图版叁·3。

④ 石兴邦：《长安普渡村西周墓葬发掘记》，《考古学报》（第8册），1954年。

⑤ 曹玮：《周原出土青铜器》（第4卷），巴蜀书社，2005年，627、628页。

⑥ 陕西省文物管理委员会：《西周镐京附近部分墓葬发掘简报》，《文物》1986年第1期。

⑦ 曹玮：《周原出土青铜器》（第7卷），巴蜀书社，2005年，1380、1381页。

⑧ 曹玮：《周原出土青铜器》（第4卷），巴蜀书社，2005年，646～53页。

⑨ 陕西省文物管理委员会：《长安普渡村西周墓的发掘》，《考古学报》1957年第1期。

# 五、第 5 组

本组器物，年代较早的应当是应侯见工诸器。西高皇鱼塘采集器群中，XGH采：1残鼎铭中有“……□□烈祖釐□□……”、保利艺术博物馆藏爯簋（《新收》1601）、M84：86应侯爯盨铭文皆提到“文考釐公”，故考古报告编写者认为XGH采：1残鼎器主即应侯见工[①]，我们赞同其说，该器群铭文中的“应侯”应当指应侯见工。

鼎　XGH采：1残鼎（B型Ⅰ式）形制、纹饰与首都师范大学历史博物馆藏利鼎（《集成》2804）[②]相似，年代约为懿孝时期。M104出土封虎鼎（A型Ⅳ式）形制界于王世民等划分的鼎类Ⅳ型3式与4式之间[③]，其形制和纹饰与九祀卫鼎相似，但前者腹部并不垂侈，足部呈亚腰形，有向蹄足演化的趋势，年代大约为孝王前后。

簋　兽簋（C型Ⅱ式）形制属于彭裕商先生划分的Ca型Ⅱ式簋[④]，目前所见似都属于西周中期或稍早、稍晚，其口下所饰弓身状龙纹属于彭裕商先生划分的龙纹D型Ⅳ式[⑤]，这种龙纹兴起于西周中期后段，流行于西周晚期，铭文“宝”字（Db型）形体与㾂盨（《铭图》5671）、㾂壶（《铭图》12441）的相似，“彝”字（B型Ⅳ式）字形体与㾂爵（《铭图》8451）的相似。折中判断，兽簋属于懿孝夷时期。邓公作应嫚毗簋，形制、纹饰与1977年陕西澄城南串业村墓葬出土王臣簋[⑥]相似，后者年代约为懿孝时期，邓公作应嫚毗簋年代应与之相去不远，又邓公作应嫚毗簋既然是媵器，其制作年代不排除在应侯见工在位时期。传世应侯作姬原母簋（Bb型Ⅰ式），属于王世民等划分的簋类Ⅳ型2式[⑦]，其形制和纹饰与元年师兑簋、三年师兑簋[⑧]非常相似。应侯作姬原母簋“宝”字（Da型Ⅱ式）贝部底端封口，缀有两尾，腹中有一竖笔，该字形与五祀㝬钟“贝”字相似。要之，应侯作姬原母簋年代约为厉王初年，是本组年代颇晚的一件应侯器，我们认为器主即M104墓主。

---

① 河南省文物考古研究所、平顶山市文物管理局：《平顶山应国墓地Ⅰ》，大象出版社，2012年，766、768页。

② 首都师范大学历史系：《首都师范大学历史博物馆藏品图录》，科学出版社，2004年，第25号。

③ 王世民、陈公柔、张长寿：《西周青铜器分期断代研究》，文物出版社，1999年，29～31页。

④ 彭裕商：《西周铜簋年代研究》，《考古学报》2001年第1期。

⑤ 彭裕商：《西周青铜器年代综合研究》，巴蜀书社，2003年，538、546页。

⑥ 吴镇烽、王东海：《王臣簋的出土与相关铜器的时代》，《文物》1980年第5期。

⑦ 王世民、陈公柔、张长寿：《西周青铜器分期断代研究》，文物出版社，1999年，88、99页。

⑧ 陈佩芬：《夏商周青铜器研究·西周篇》（上），上海古籍出版社，2004年，294、290页。

盨　XGH采：6应侯盨（B型），形制与1983年宝鸡贾村墓葬出土夨賸盨[①]相似，与夨賸盨同出的还有一件窃曲纹鼎，该鼎形制、纹饰都与应国墓地M104出土封父鼎（Aa型Ⅳ式）相似。要之，XGH采：6应侯盨年代约为懿孝夷时期。

壶　保利艺术博物馆藏应侯壶（A型Ⅲ式），形制、纹饰与扶风庄白一号窖藏76FZJ1：19三年㾓壶[②]、传世番匊生壶（《通考》720）相似，“宝”字（Db型）形体与76FZJ1：21十三年㾓壶[③]、番匊生壶的相似，年代约为夷厉之际。这件应侯壶也是本组年代颇晚的一件应侯器。

综上所述，第5组年代约为懿王至厉王初年。

## 六、第　6　组

M95出土带铭青铜器根据铭文内容分为三组：其一为公作敔器，包括三鼎（Aa型Ⅴ式）、四簋（Bc型Ⅱ式）；其二为侯氏作姚氏鬲（Ⅰ式），共4件；其三为应伯器，包括二盨（A型Ⅱ式）、二方壶（Ba型Ⅰ式）、一盘（Ⅱ式）。公作敔器和应伯器的铸造时间，很有可能都在M95墓主即位之前，故与第五组年代下限有存在重合的可能，鉴于这一阶段的材料发表较少，我们不做进一步的区分。

M95出土公作敔鼎属于王世民等划分的鼎类Ⅳ型4式[④]，形制、纹饰与散伯车父鼎[⑤]相似，公作敔簋“宝”（Da型Ⅱ式）、“尊”（B型Ⅴ式）、“公”（Ba型Ⅴ式和Bb型Ⅳ式）字形体与厉宣时期的鬲比鼎（《集成2818》）、鬲比盨（《集成》4466）的相似。以此来看，公作敔鼎、公作敔簋的年代约为厉王时期，这是本组器物的年代上限。M95出土的其他青铜礼器，目前皆无形制、纹饰比较接近的标准器或次标准器。

M13是本组年代最晚的墓葬之一，该墓出土带铭文青铜器可分为两组：其一为应侯器，包括一鼎（B型Ⅱ式）、二方壶（Ba型Ⅱ式）、一匜（Ⅱ式）；其二为应姚作叔诰父器，包括二鬲（Ⅱ式）、三簋（Bb型Ⅰ式）、一盘（A型Ⅱ式）。其中，应姚作叔诰父器的铸造时间很可能在M13墓主即位之前，应侯器的年代相对较晚。M13：00795应侯鼎形制、纹饰与曲沃北赵晋侯墓地M93：49重环纹鼎[⑥]、梁其鼎[⑦]、函

---

① 高次若：《宝鸡贾村再次发现夨国铜器》，《考古与文物》1984年第4期。

② 曹玮：《周原出土青铜器》（第4卷），巴蜀书社，2005年，662～667页。

③ 曹玮：《周原出土青铜器》（第4卷），巴蜀书社，2005年，686～693页。

④ 王世民、陈公柔、张长寿：《西周青铜器分期断代研究》，文物出版社，1999年，29～40页。

⑤ 曹玮：《周原出土青铜器》（第2卷），巴蜀书社，2005年，158～173页。

⑥ 北京大学考古学系、山西省考古研究所：《天马-曲村遗址北赵晋侯墓地第五次发掘》，《文物》1995年第7期。

⑦ 陕西省博物馆等：《陕西省博物馆陕西省文物管理委员会藏青铜器图释》，文物出版社，1960年，69页。

皇父鼎乙[①]相似，M13：00784应侯方壶除了耳部外，形制与曲沃北赵晋侯墓地M93：31晋叔家父壶、M102：22窃曲纹方壶[②]相似，参考其铭文字体，其年代晚至宣幽之际。

综上所述，第6组年代为厉王中后期至宣幽之际。

## 七、第 7 组

M8：33应公鼎（Aa型Ⅵ式）形制与眉县杨家村窖藏出土四十二年逨鼎[③]、曲沃北赵晋侯墓地M64：130晋侯邦父鼎[④]相似，除了口下饰环带纹外，该器形制、纹饰都与无叀鼎[⑤]相似，以此而论，应公鼎年代接近宣幽之际。然宣幽之际的M13墓主称应侯而不称应公，M95出土公作敔鼎、簋虽然表明西周晚期应国君主中可能有称“应公”者[⑥]，但其年代显然早于宣王时期。要之，我们认为M8：33应公鼎之“应公”是M8墓主的自称，该器年代上限约为幽王时期。M8出土其他青铜器的年代似都稍晚于应公鼎，如鬲部肥鼓，蹄掌粗大等。

M6：79应申姜鼎为M6墓主应侯夫人之器，形制与出自陕西韩城的晋姜鼎（《博古图》2.6）、三门峡虢国墓地M2001：390虢季鼎相似，但应申姜鼎腹更浅、更向外敞，年代应当更晚。李学勤先生指出，晋姜鼎铸造于晋文侯死后，其子昭侯在位时期，即公元前745～前740年[⑦]。那么应申姜鼎年代可能接近春秋早期前、后段之交。M6：101环带纹方甗的形制与三门峡虢国墓地M2011：166方甗相似，M6出土垂鳞纹圆壶的形制、纹饰与三门峡虢国墓地M2001：89壶相似，年代也属于春秋早期前段。

总之，第7组年代为两周之际至春秋早期前段。

---

① 陕西省博物馆等：《陕西省博物馆陕西省文物管理委员会藏青铜器图释》，文物出版社，1960年，62页。

② 北京大学考古学系、山西省考古研究所：《天马-曲村遗址北赵晋侯墓地第五次发掘》，《文物》1995年第7期。

③ 陕西省考古研究院：《吉金铸华章——宝鸡眉县杨家村单氏青铜器窖藏》，文物出版社，2008年，32、33页。

④ 山西省考古研究所、北京大学考古学系：《天马-曲村遗址北赵晋侯墓地第四次发掘》，《文物》1994年第8期。

⑤ 王世民、陈公柔、张长寿：《西周青铜器分期断代研究》，文物出版社，1999年，36页鼎58。

⑥ M95出土公作敔鼎、簋之“公”或可能表示一种亲称（亲称内亦含“尊称”成分），与爵称没有直接关系。《广雅·释亲》：“公，父也。”铭文显示父为子作器，故父、子名称之间无须添加氏名“应”。

⑦ 李学勤：《东周与秦代文明》，上海人民出版社，2007年，33、34页。

# 八、第　8　组

M1在前述应侯墓的最北端，出土器物最晚，彼时国力甚弱，国君下葬以明器随葬为主。M1：82方壶的年代特征比较明显，其形制与陕县上村岭M1820：19方壶①、河南郏县太仆乡春秋墓出土方壶②相似，高崇文先生将这两件方壶划分为Ⅰ型5式壶，年代断定为春秋早期早段③。考虑到第7组已经进入春秋时期，如果将M8、M6、M1这三座应侯墓都安排在春秋早期前段，时间上可能显得有些拥挤④，如果将M1年代定为春秋早期后段，则比较合适。

根据上文的分期与年代推断，我们将应国青铜礼器中的主要类型编制成应国青铜礼器分期表（表3-2～表3-8），以备参考。

**表3-2　应国青铜礼器分期表（一）：鼎**

<table>
<tr><th colspan="3" rowspan="2">类型<br>分期</th><th colspan="2">A</th><th rowspan="2">B</th><th rowspan="2">C</th><th rowspan="2">D</th></tr>
<tr><th>Aa</th><th>Ab</th></tr>
<tr><td rowspan="3">第一期</td><td rowspan="2">一期前段</td><td>1组</td><td></td><td rowspan="2">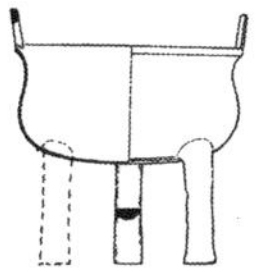<br>7</td><td></td><td>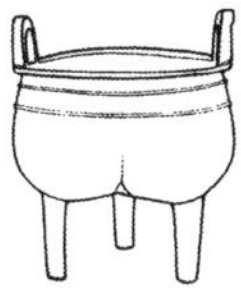<br>15</td><td></td></tr>
<tr><td>2组</td><td>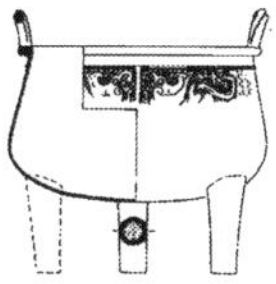<br>1</td><td></td><td><br>16</td><td><br>17</td></tr>
<tr><td>一期后段</td><td>3组</td><td>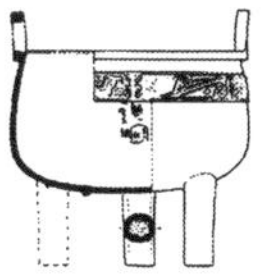<br>2</td><td>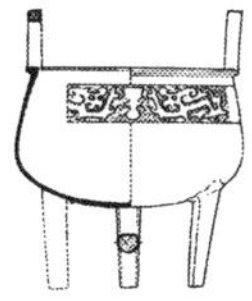<br>8</td><td></td><td></td><td></td></tr>
</table>

① 中国科学院考古研究所：《上村岭虢国墓地》，科学出版社，1959年，图版六十。

② 《河南郏县发现的古代铜器》，《文物参考资料》1954年第3期。

③ 高崇文：《西周时期铜壶的形态学研究》，《考古类型学的理论与实践》，文物出版社，1989年，177～233页。

④ 朱凤瀚先生将应国墓地M8和M1出土青铜器皆归入其所划分的春秋青铜器第一期Ⅰ段，又将河南郏县太仆乡春秋墓青铜器群划入春秋青铜器第一期Ⅱ段［参见朱凤瀚：《中国青铜器综论》（下），上海古籍出版社，2009年，1555、1556、1579页。］

续表

| 分期 | | 类型 | A Aa | A Ab | B | C | D |
|---|---|---|---|---|---|---|---|
| 第一期 | 一期后段 | 4组 |  3 | 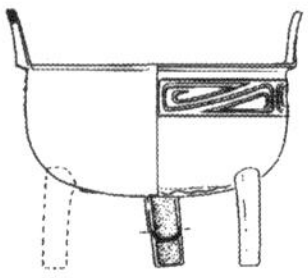 9 | | | |
| 第二期 | 二期前段 | 5组 |  4 | | 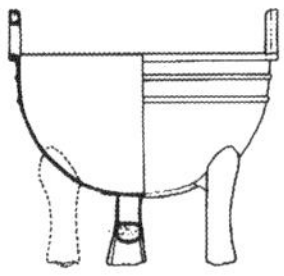 10 | | |
| 第二期 | 二期前段 | 6组 |  5 | |  11 | | |
| 第二期 | 二期后段 | 7组 | 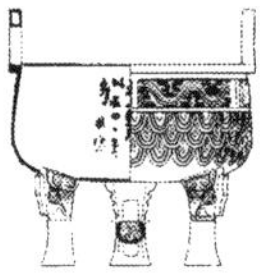 6 | | 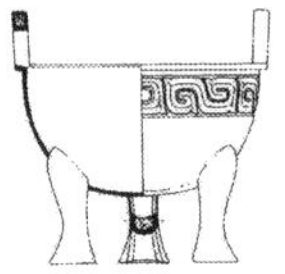 12 | | |
| 第二期 | 二期后段 | 7组 | | |  13 | | |
| 第二期 | 二期后段 | 8组 | | |  14 | | |

1. Aa型Ⅰ式（M229：1）　2. Aa型Ⅱ式（M210：3）　3. Aa型Ⅲ式（M84：76）　4. Aa型Ⅳ式（M104封虎鼎）　5. Aa型Ⅴ式（M95：94）　6. Aa型Ⅵ式(M8：33)　7. Ab型Ⅰ式（M242：13）　8. Ab型Ⅱ式（M48：2）　9. Ab型Ⅲ式（M85：12）　10. B型Ⅰ式（西高皇XGH采：1）　11. B型Ⅱ式（M13：00795）　12. B型Ⅲ式（M8：4）　13. B型Ⅳ式（M6：79）　14. B型Ⅴ式（M1：31）　15. C型Ⅰ式（五字应公鼎）　16. C型Ⅱ式（十六字应公鼎）　17. D型（应公方鼎）

**表3-3　应国青铜礼器分期表（二）：簋**

| 分期 | | 类型 | A | B | | | C |
|---|---|---|---|---|---|---|---|
| | | | | Ba | Bb | Bc | |
| 第一期 | 一期前段 | 1组 | 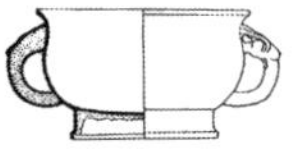<br>1 | | | | |
| | | 2组 | <br>2 | 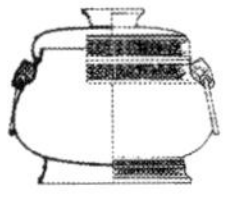<br>5 | | | |
| | 一期后段 | 3组 | 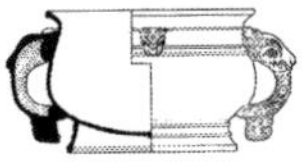<br>3 | | | | |
| | | 4组 | 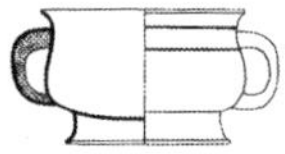<br>4 | | | 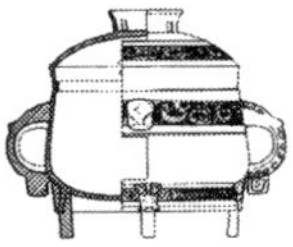<br>12 | 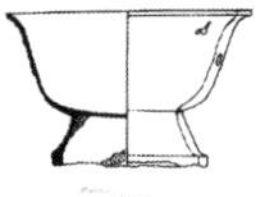<br>14 |
| 第二期 | 二期前段 | 5组 | | 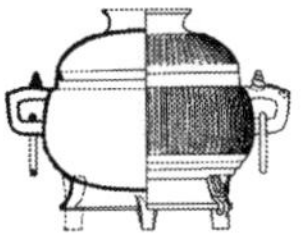<br>6 | | | <br>15 |
| | | | | 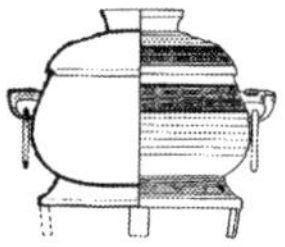<br>7 | | | |
| | | 6组 | | | <br>8 | <br>13 | |
| | 二期后段 | 7组 | | | 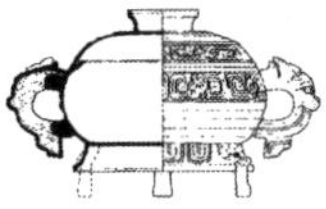<br>9 | | |
| | | | | | <br>10 | | |

续表

| 分期 \ 类型 | | | A | B | | | C |
|---|---|---|---|---|---|---|---|
| | | | | Ba | Bb | Bc | |
| 第二期 | 二期后段 | 8组 | | | <br>11 | | |

1. A型Ⅰ式（M242：14）　2. A型Ⅱ式（故宫博物院藏应公簋）　3. A型Ⅲ式（M48：3）　4. A型Ⅳ式（M85：18）　5. Ba型Ⅰ式（M229：2）　6. Ba型Ⅱ式（应侯见工簋）　7. Ba型Ⅲ式（M257：2[illegible]史簋）　8. Bb型Ⅰ式（M13：00778）　9. Bb型Ⅱ式（M8：:3）　10. Bb型Ⅲ式（M6：84）　11. Bb型Ⅳ式（M1：64）　12. Bc型Ⅰ式（爯簋）　13. Bc型Ⅱ式（M95：120）　14. C型Ⅰ式（M85：2）　15. C型Ⅱ式（兽簋）

**表3-4　应国青铜礼器分期表（三）：甗、鬲、盨**

| 分期 \ 类型 | | | 甗 | | 鬲 | 盨 | |
|---|---|---|---|---|---|---|---|
| | | | A | B | | A | B |
| 第一期 | 一期前段 | 1组 | <br>1 | | | | |
| | | 2组 | | | | | |
| | 一期后段 | 3组 | | | | | |
| | | 4组 | 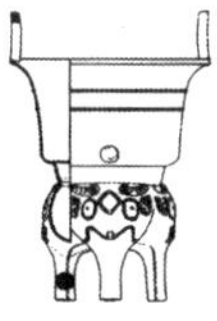<br>2 | | | 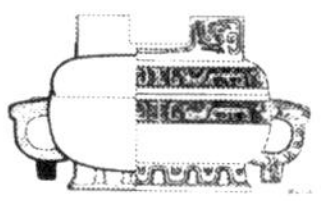<br>10 | |

续表

| 分期 | | 类型 | 甗 | | 鬲 | 盨 | |
|---|---|---|---|---|---|---|---|
| | | | A | B | | A | B |
| 第二期 | 二期前段 | 5组 |  3 | | | | 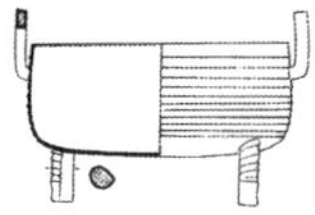 13 |
| 第二期 | 二期前段 | 6组 |  4 | |  8 |  11 | |
| 第二期 | 二期后段 | 7组 | | 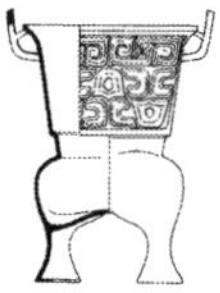 5 |  9 |  12 | |
| 第二期 | 二期后段 | 7组 | |  6 | | | |
| 第二期 | 二期后段 | 8组 | | 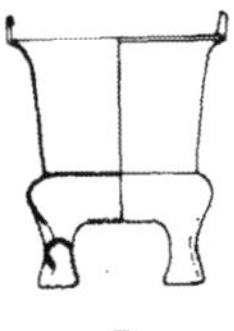 7 | | | |

1. A型Ⅰ式甗（余干出土应监甗）　2. A型Ⅱ式甗（M84：89）　3. A型Ⅲ式甗（应监甗，《铭图》3329）
4. A型Ⅳ式甗（M95：82）　5. B型Ⅰ式甗（M8：36）　6. B型Ⅱ式甗（M6：101）　7. B型Ⅲ式甗（M1：56）
8. Ⅰ式鬲（M95：21）　9. Ⅱ式鬲（M13：00759）　10. A型Ⅰ式盨（M84：68）　11. A型Ⅱ式盨（M95：81）
12. A型Ⅲ式盨（应侯盨《夏商周》398）　13. B型盨（西高皇XGH采：6）

**表3-5　应国青铜礼器分期表（四）：盨、方彝、尊、卣**

| 分期 \ 类型 | | | 盨 | 方彝 | 尊 A | 尊 B | 卣 |
|---|---|---|---|---|---|---|---|
| 第一期 | 一期前段 | 1组 | | | | | 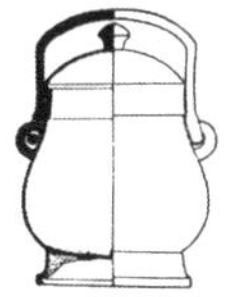 7 |
| | | 2组 | | | 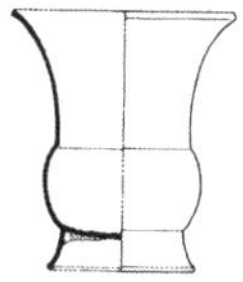 3 | | 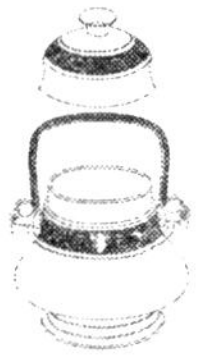 8 |
| | 一期后段 | 3组 | |  2 |  4 |  6 | |
| | | 4组 | | | 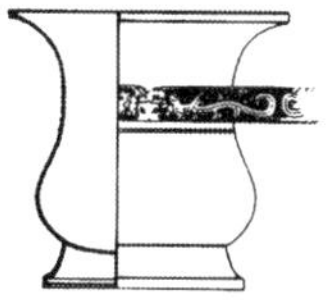 5 | | 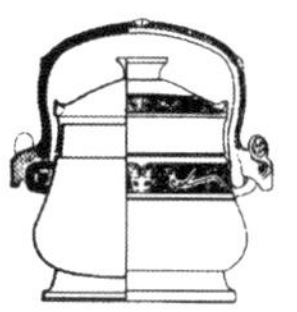 9 |
| 第二期 | 二期前段 | 5组 | | | | | |
| | | 6组 |  1 | | | | |
| | 二期后段 | 7组 | | | | | |
| | | | | | | | |
| | | 8组 | | | | | |

1. 盨（M13：00789）　2. 应□方彝　3. A型Ⅰ式尊（M242：4）　4. A型Ⅱ式尊（应侯尊《铭图续》0772）　5. A型Ⅲ式爯尊（M84：99）　6. 应□方尊　7. Ⅰ式卣（M242：7）　8. Ⅱ式卣（应公卣《西清》16.1）　9. Ⅲ式爯卣（M84：103）

**表3-6　应国青铜礼器分期表（五）：爵、觯**

| 分期＼类型 | | | 爵 | | 觯 | | |
|---|---|---|---|---|---|---|---|
| | | | A | B | A | | B |
| | | | | | Aa | Ab | |
| 第一期 | 一期前段 | 1组 | | | | |  7 |
| | | 2组 | 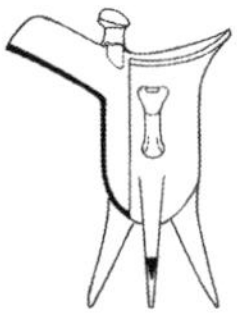 1 | 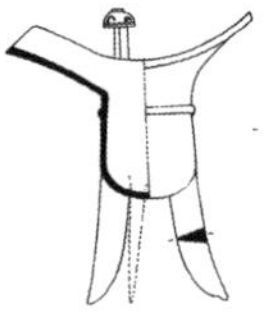 3 | 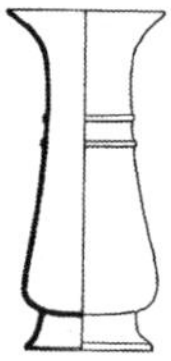 4 | 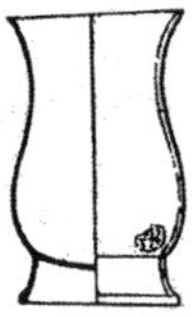 6 | 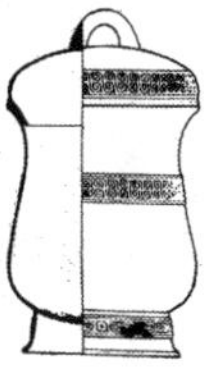 8  9 |
| | 一期后段 | 3组 | | | | | |
| | | 4组 | 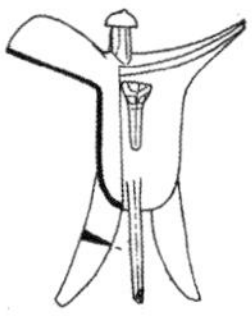 2 | | 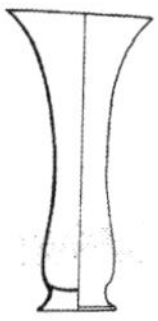 5 | | |
| 第二期 | 二期前段 | 5组 | | | | | |
| | | 6组 | | | | | |
| | 二期后段 | 7组 | | | | | |
| | | 8组 | | | | | |

1. A型Ⅰ式爵（M242：3）　2. A型Ⅱ式爵（M84：44）　3. B型爵（M229：3应事爵）　4. Aa型Ⅰ式觯（M229：4应事觯）　5. A型Ⅱ式觯（M84：88）　6. Ab型觯（M242：6）　7. B型Ⅰ式觯（山东师范大学藏应公觯）　8. B型Ⅱ式觯（M242：5）　9. Ⅲ式觯（带鋬应公觯）

**表3-7　应国青铜礼器分期表（六）：壶、盘**

| 分期 \ 类型 | | | 壶 | | | 盘 | |
|---|---|---|---|---|---|---|---|
| | | | A | B | | A | B |
| | | | | Ba | Bb | | |
| 第一期 | 一期前段 | 1组 | | | | | |
| | | 2组 | 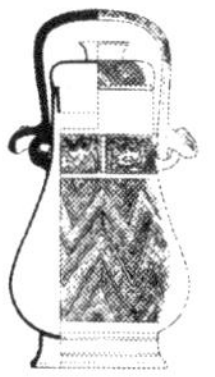<br>1<br><br>2 | | | | |
| | 一期后段 | 3组 | | | | | |
| | | 4组 | | | | 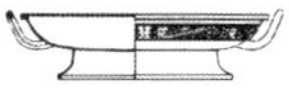<br>9 | |
| 第二期 | 二期前段 | 5组 | 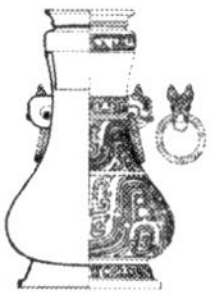<br>3 | | | <br>10 | <br>13 |
| | | 6组 | | <br>5　<br>6 | | | |

续表

| 分期＼类型 | | | 壶 | | | 盘 | |
|---|---|---|---|---|---|---|---|
| | | | A | B | | A | B |
| | | | | Ba | Bb | | |
| 第二期 | 二期后段 | 7组 | | | <br>8 | 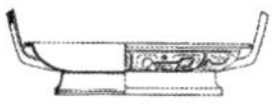<br>11 | |
| | | | <br>4 | | | | |
| | | 8组 | | <br>7 | | 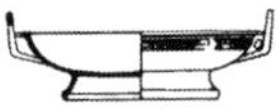<br>12 | |

1. A型Ⅰ式壶（M48：4少姓壶）　2. A型Ⅱ式壶（台北“故宫博物院”藏应公壶）　3. A型Ⅲ式壶（保利藏应侯壶《新收》0080）　4. A型Ⅳ式壶（M6出土圆壶）　5. Ba型Ⅰ式壶（M95：77应伯壶）　6. Ba型Ⅱ式壶（M13：00784应侯壶）　7. Ba型Ⅲ式壶（M1：82方壶）　8. Bb型壶（M8：16方壶）　9. A型Ⅰ式盘（M84：50兽宫盘）　10. A型Ⅱ式盘（M85：16）　11. A型Ⅲ式盘（M8：2）　12. A型Ⅳ式盘（M1：50）　13. B型盘（西高皇XGH采：10）

**表3-8　应国青铜礼器分期表（七）：盉、匜、甬钟**

| 分期＼类型 | | | 盉 | | | 匜 | 甬钟 |
|---|---|---|---|---|---|---|---|
| | | | A | B | C | | |
| 第一期 | 一期前段 | 1组 | | | | | |
| | | 2组 | | | | | |

续表

| 分期 \ 类型 | | | 盉 A | 盉 B | 盉 C | 匜 | 甬钟 |
|---|---|---|---|---|---|---|---|
| 第一期 | 一期后段 | 3组 |  1 |  2 | | | |
| | | 4组 | | 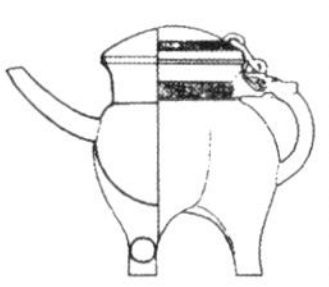 3 | | | |
| 第二期 | 二期前段 | 5组 | | | | 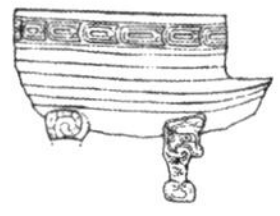 6 | 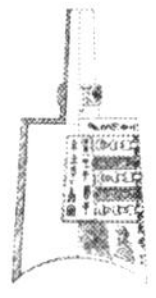 9 |
| | | 6组 | | | | 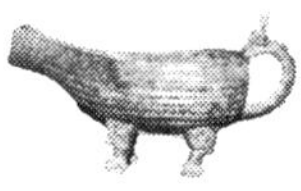 7 |  10 |
| | 二期后段 | 7组 | | | |  8 | |
| | | | | |  4 | | |
| | | 8组 | | | 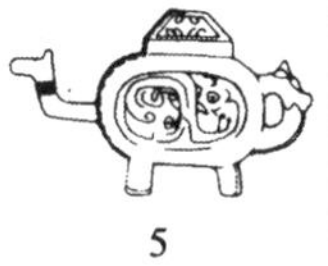 5 | | |

1. A型盉（应侯盉《铭图续》967） 2. B型Ⅰ式盉（M85：15） 3. B型Ⅱ式盉（M84：28） 4. C型Ⅰ式盉（M6：80） 5. C型Ⅱ式盉（M1：49） 6. Ⅰ式匜（西高皇XGH采：11） 7. Ⅱ式匜（M13：00792应侯匜） 8. Ⅲ式匜（M8：13） 9. Ⅰ式钟（应侯见工钟乙《新收》0081） 10. Ⅱ式钟（M95：9）

# 第四章　礼器器用制度

## 第一节　器类结构

应国青铜礼器的类别，据我们在第二章的类型分析可知有鼎、簋、甗、鬲、盨、盬、方彝、尊、卣、壶、爵、觯、盉、盘、匜、甬钟、铃，另外还有食器的附属器——匕。西周时期，虽然少见但仍然存在了一定时间的斝、罍、觥、觚、盂、鎣、镈钟以及承尊器——方禁不见于应国青铜礼器。当然，由于应国前三代应侯墓M232、M230、M86惨遭盗掘，第六代应侯夫妇墓M104和M105破坏严重等，不排除前述8类器物至少有一部分实际存在于应国青铜礼器中。下面，我们主要具体分析应国青铜礼容器的数量结构特征。

### 一、总体结构

应国墓地中，组合价值相对较高的墓葬青铜器群——Ⅰ、Ⅱ类器群目前所知仅有12个，如表4-1所示[①]。这12个器群中，所见礼容器（不含明器，后文同）有鼎、甗、鬲、簋、盨、尊、卣、壶、爵、觯、盉、盘、匜，共计13类，各器类数量比例分别是：鼎27.451%、甗3.922%、鬲11.765%、簋24.510%、盨2.941%、尊1.961%、卣1.961%、壶5.882%、爵1.961%、觯3.922%、盉4.902%、盘6.863%、匜1.961%。

**表4-1　方案Ⅰ礼器类别及数量表**

| 器群 | 组别 | 鼎 | 甗 | 鬲 | 簋 | 盨 | 尊 | 卣 | 壶 | 爵 | 觯 | 盉 | 盘 | 匜 | 小计 | 其他 | 明器 | 组合价值 |
|---|---|---|---|---|---|---|---|---|---|---|---|---|---|---|---|---|---|---|
| M242 | 2 | 2 | | | 2 | | 1 | 1 | | 1 | 2 | | | | 9 | | —— | Ⅰ |
| M50 | 3 | 1 | | | | | | | | | | 1 | | | 2 | | 卣1、残器5（锡） | Ⅰ |
| M213 | 3 | 1 | | | | | | | | | | | | | 1 | | 鬲2、簋1、尊1、卣1、爵1、觯1（锡） | Ⅰ |
| M210 | 3 | 1 | | | | | | | | | | | | | 1 | | 簋1、尊1、卣1、爵1、觯1 | Ⅰ |
| M84 | 4 | 2 | 1 | | | 1 | 1 | 1 | | 1 | 1 | 1 | 1 | | 10 | | —— | Ⅱ |

① 仅分析Ⅰ、Ⅱ类器群中器类数量比例结构，本书称为器类结构分析方案Ⅰ。

续表

| 器群 | 组别 | 鼎 | 甗 | 鬲 | 簋 | 盨 | 尊 | 卣 | 壶 | 爵 | 觯 | 盉 | 盘 | 匜 | 小计 | 其他 | 明器 | 组合价值 |
|---|---|---|---|---|---|---|---|---|---|---|---|---|---|---|---|---|---|---|
| M85 | 4 | 3 | | | 5 | | | | | | 1 | 1 | 1 | | 11 | 豆形器1 | 尊1、盉1、盘1 | Ⅱ |
| M257 | 5 | 1 | | | 2 | | | | | | | | | | 3 | | —— | Ⅰ |
| M95 | 6 | 3 | 1 | 4 | 4 | 2 | | | 2 | | | | 1 | 1 | 18 | 钟7、铃9 | 鼎2、簋2、盨1、尊1、盘1、匜1 | Ⅰ |
| M8 | 7 | 5 | 1 | | 4 | | | | 2 | | | | 1 | 1 | 14 | 铃1 | 簋1、方彝2、尊2、爵1、盘1、盉1 | Ⅰ |
| M6 | 7 | 5 | 1 | 4 | 4 | | | | 2 | | | 1 | 1 | | 18 | | 方彝1、尊1、爵1、觯1 | Ⅰ |
| M7 | 7 | 3 | | 4 | 4 | | | | | | | 1 | 1 | | 13 | | 方觯2 | Ⅰ |
| M1 | 8 | 1 | | | | | | | | | | | 1 | | 2 | | 鼎4、簋6、甗1、方彝1、壶2、盉1 | Ⅱ |
| 小计 | — | 28 | 4 | 12 | 25 | 3 | 2 | 2 | 6 | 2 | 4 | 5 | 7 | 2 | 102 | | —— | —— |

鉴于应国墓地盗掘、破坏严重，上述器类及其数量总比在相当程度上并不能反映应国青铜礼容器总体的类别结构面貌。下面，我们将组合价值较低的墓葬器群与采集、平顶山外零星出土、传世应国青铜器一同纳入分析①，以便与前文分析的相互参照对比，相关材料如表4-2所示。

**表4-2　方案Ⅱ礼器类别及数量表**

| 器群 | 组别 | 鼎 | 甗 | 鬲 | 簋 | 盨 | 盬 | 方彝 | 尊 | 卣 | 壶 | 爵 | 觯 | 盉 | 盘 | 匜 | 小计 | 其他 | 明器 | 组合价值 |
|---|---|---|---|---|---|---|---|---|---|---|---|---|---|---|---|---|---|---|---|---|
| M242 | 1 | 2 | | | 2 | | | | 1 | 1 | | 1 | 2 | | | | 9 | | —— | Ⅰ |
| M229 | 2 | 1 | | | 1 | | | | | | | 1 | 1 | | | | 4 | | —— | Ⅲ |
| M48 | 3 | 2 | | | 1 | | | | | | 1 | | | | | | 4 | | —— | Ⅲ |
| M50 | 3 | 1 | | | | | | | | | | | | 1 | | | 2 | | 卣1、残器5（锡） | Ⅰ |
| M213 | 3 | 1 | | | | | | | | | | | | | | | 1 | | 鬲2、簋1、尊1、卣1、爵1、觯1（锡） | Ⅰ |
| M210 | 3 | 1 | | | | | | | | | | | | | | | 1 | | 簋1、尊1、卣1、爵1、觯1；容器2（锡） | Ⅰ |
| M86 | 3 | 2 | | | 2 | | | | | 2 | | 2 | | | | | 8 | 匕2、铃8 | —— | Ⅴ |
| M84 | 4 | 2 | 1 | | | 1 | | | 1 | 1 | | 1 | 1 | 1 | 1 | | 10 | | —— | Ⅱ |

① 将全部器群与外地零星出土器、采集器、传世器等作为整体，分析其器类数量比例结构，本书称为器类结构分析方案Ⅱ。

续表

| 器群 | 组别 | 鼎 | 甗 | 鬲 | 簋 | 盨 | 簠 | 方彝 | 尊 | 卣 | 壶 | 爵 | 觯 | 盉 | 盘 | 匜 | 小计 | 其他 | 明器 | 组合价值 |
|---|---|---|---|---|---|---|---|---|---|---|---|---|---|---|---|---|---|---|---|---|
| M85 | 4 | 3 |  |  | 5 |  |  |  |  |  |  |  | 1 | 1 | 1 |  | 11 | 豆形器1 | 尊1、盉1、盘1 | Ⅱ |
| M104 | 5 | 1 |  |  | 2 |  |  |  |  |  |  |  |  |  |  |  | 3 |  | —— | Ⅲ |
| M105 | 5 |  |  |  | 2 |  |  |  |  |  |  |  |  |  |  |  | 2 |  | —— | Ⅲ |
| M257 | 5 | 1 |  |  | 2 |  |  |  |  |  |  |  |  |  |  |  | 3 |  | —— | Ⅰ |
| M95 | 6 | 3 | 1 | 4 | 4 | 2 |  |  |  |  | 2 |  |  |  | 1 | 1 | 18 | 钟7、铃9 | 鼎2、簋2、盨1、尊1、盘1、匜1 | Ⅰ |
| M13 | 6 | 1 | 1 | 3 | 3 |  | 2 |  |  |  | 2 |  |  |  | 1 | 1 | 14 | 钟 | 尊、爵、觯、方彝、盉 | Ⅲ |
| M8 | 7 | 5 | 1 |  | 4 |  |  |  |  |  | 2 |  |  |  | 1 | 1 | 14 | 铃1 | 簋1、方彝2、尊2、爵1、盘1、盉1 | Ⅰ |
| M6 | 7 | 5 | 1 | 4 | 4 |  |  |  |  |  | 2 |  |  | 1 | 1 |  | 18 |  | 方彝1、尊1、爵1、觯1 | Ⅰ |
| M7 | 7 | 3 |  | 4 | 4 |  |  |  |  |  |  |  |  | 1 | 1 |  | 13 |  | 方觯2 | Ⅱ |
| M1 | 8 | 1 |  |  |  |  |  |  |  |  |  |  |  |  | 1 |  | 2 |  | 鼎4、簋6、甗1、方彝1、壶2、盉1 | Ⅱ |
| 应公组Ⅰ | 1 | 1 |  |  | 3 |  |  |  |  |  |  |  | 1 |  |  |  | 5 |  |  |  |
| 应公组Ⅱ | 2 | 3 |  |  |  |  |  |  |  | 1 | 1 |  | 1 |  |  |  | 6 |  |  |  |
| 应侯组Ⅰ | 3 |  |  |  |  |  |  |  | 1 |  |  |  |  |  |  |  | 1 |  |  |  |
| 应侯组Ⅱ | 5 |  |  |  |  |  |  |  |  |  |  |  |  | 1 | 1 |  | 2 |  |  |  |
| 应侯组Ⅲ | 5 |  |  |  | 2 |  |  |  |  |  | 2 |  |  |  |  |  | 4 |  |  |  |
| 应侯组Ⅳ | 6 |  |  |  |  | 2 |  |  |  |  |  |  |  |  |  |  | 2 |  |  |  |
| 应侯见工 | 5 | 1 |  |  | 3 |  |  |  |  |  |  |  |  |  |  |  | 4 |  |  |  |
| 西高皇 | 5 | 5 |  |  |  | 4 |  |  |  |  |  |  |  |  | 1 | 1 | 11 |  |  |  |
| 其他 | 1 | 1 | 1 |  | 2 |  |  |  |  |  |  |  |  |  |  |  | 4 |  |  |  |
| 其他 | 2 | 2 |  |  |  |  |  |  |  |  |  |  |  |  |  |  | 2 |  |  |  |
| 其他 | 3 |  |  |  |  |  |  | 1 | 1 |  |  |  |  |  |  |  | 2 |  |  |  |

续表

| 器群 | 组别 | 鼎 | 甗 | 鬲 | 簋 | 盨 | 簠 | 方彝 | 尊 | 卣 | 壶 | 爵 | 觯 | 盉 | 盘 | 匜 | 小计 | 其他 | 明器 | 组合价值 |
|---|---|---|---|---|---|---|---|---|---|---|---|---|---|---|---|---|---|---|---|---|
| 其他 | 4 | | | | 1 | | | | | | | | | | | | 1 | | | |
| 其他 | 5 | | 1 | | 1 | | | | | | | | | | | | 2 | | | |
| 小计 | — | 48 | 7 | 15 | 48 | 9 | 2 | 1 | 4 | 5 | 12 | 5 | 7 | 6 | 10 | 4 | 183 | | | |

注：M13出土盉未见实物，根据应国墓地出土青铜水器组合规律，暂归入明器类别；《铭图续》0253著录的1件私家收藏应姚鬲计入M13器群内；“其他”包含传世、应国墓地零星采集、平顶山之外零星出土的非应侯器，零星采集器物中有3件一期前段器物不能具体区分组别，暂计入第一组

需要指出的是，表4-2中M86出土青铜礼容器种类及数量乃根据所出残片对比推断得出[①]，具体情况为：①鼎类，残存器耳2、腿1件。鼎耳形制不同，一为绹索耳（M86：0230-6），一为方立耳（M86：0230-5），是知代表2件不同的鼎。对于残腿（M86：0230-7），则无法判断它与前述两耳中哪一件来自同一器抑或单独来自一件鼎。要之，我们能确定M86至少残存2件鼎。②簋类，残存器耳1、垂珥1件，簋耳（M86：0230-10）仅残存中段部分，垂珥（M86：0230-0229）似鱼尾。纹饰方面，簋耳光素无纹，垂珥饰几何纹；大小比例方面，簋耳体小，垂珥体大，二者不搭配、协调。由此可知，残耳与垂珥代表2件不同的簋，换言之，我们能确定M86至少残存2件簋。③卣类，有盖残片1、器身残片2件。3件残片纹饰各不相同，盖残片（M86：0230-4）饰圆涡纹，一件器身残片（M86：0230-3）饰长鸟纹[②]，一件器身残片（M86：0230-11）饰顾首龙纹。一般而言，同一件卣的盖、器纹饰种类、风格相同或比较接近，前述3件卣残片应代表3件不同的卣，考虑到有的卣存在盖、器并非原配的情况，我们确定M86至少残存2件卣。④爵类，残存器柱2件。爵柱皆为伞状，其一饰圆涡纹（M86：0230-9），其一光素无纹（M86：0230-8），是知二者代表2件不同的爵，换言之，我们能确定M86至少残存2件爵。⑤其他，有2件容器残片，所属器类不能判别。其中一件装饰垂冠大鸟纹（M86：0230-2），残存鸟爪与冠首，推测与夆莫父卣、庚嬴卣、孟簋等所饰大鸟纹相似。另一件装饰分尾长鸟纹（M86：0230-1），与师旋簋、疾壶等所饰长鸟纹相似。前述能够推断的器类中，素面器是否存在明器则不能进一步判断，本书权视为实用器。

据表4-2所列材料，应国青铜礼容器类别有鼎、甗、鬲、簋、盨、簠、方彝、尊、卣、壶、爵、觯、盉、盘、匜，共计15类，各类之间数量比例分别为：鼎26.230%、甗3.825%、鬲8.197%、簋26.230%、盨4.918%、簠1.093%、方彝0.547%、尊2.186%、卣

① 河南省文物考古研究所、平顶山市文物管理局：《平顶山应国墓地Ⅰ》，大象出版社，2012年，449、450页。

② 仅剩长鸟纹尾部，与竞卣（《通考》下编附图662）所饰长鸟纹相似。

2.732%、壶6.557%、爵2.732%、觯3.825%、盉3.279%、盘5.465%、匜2.186%。

从表4-3可以看出，两种分析方案之间，鼎、簋数量总比值的相对偏差绝对值较小，两类器物的总比值都明显偏大，即各自几乎都略超过应国礼容器总数的1/4，故无论采用哪一种方案分析，结果都显示应国青铜礼容器器类结构以鼎、簋为核心，显示了它的周文化特性。其他器类方面，Ⅰ、Ⅱ方案之间器类数量总比值的相对偏差绝对值较小的甗、尊、壶、觯、匜，都不超过5.5%；明显较大的有鬲、盨、卣、爵、盉、盘，都超过11%；最大的是簠与方彝，达到100%，此二类器仅见于方案Ⅱ。从技术角度而言，方案Ⅱ涵盖的器类最全面，各器类数量基数也相对较大，故下文分析各期、段器类结构特征及变化时，宜采用该分析方案。

**表4-3　方案Ⅰ、Ⅱ礼器数量总比值对比表**　（单位：%）

| 器物 | 方案Ⅰ | 方案Ⅱ | 相对偏差绝对值 |
|---|---|---|---|
| 鼎 | 27.451 | 26.230 | 2.275 |
| 甗 | 3.922 | 3.825 | 1.244 |
| 鬲 | 11.765 | 8.197 | 17.875 |
| 簋 | 24.510 | 26.230 | 3.290 |
| 盨 | 2.941 | 4.918 | 25.153 |
| 簠 | —— | 1.093 | 100 |
| 方彝 | —— | 0.547 | 100 |
| 尊 | 1.961 | 2.186 | 5.426 |
| 卣 | 1.961 | 2.732 | 16.437 |
| 壶 | 5.882 | 6.557 | 5.426 |
| 爵 | 1.961 | 2.732 | 16.437 |
| 觯 | 3.922 | 3.825 | 1.244 |
| 盉 | 4.902 | 3.279 | 19.842 |
| 匜 | 1.961 | 2.186 | 5.426 |
| 盘 | 6.863 | 5.465 | 11.342 |

## 二、一期前段器类结构

本段包含第一、二组器物，如表4-4所示。

**表4-4　第一、二组各类礼器数量及其总比值**

| 器群 | 组别 | 鼎 | 甗 | 鬲 | 簋 | 盨 | 簠 | 方彝 | 尊 | 卣 | 壶 | 爵 | 觯 | 盉 | 盘 | 匜 | 小计 |
|---|---|---|---|---|---|---|---|---|---|---|---|---|---|---|---|---|---|
| M242 | 1 | 2 | | | 2 | | | | 1 | 1 | | 1 | 2 | | | | 9 |

续表

| 器群 | 组别 | 鼎 | 甗 | 鬲 | 簋 | 盨 | 盬 | 方彝 | 尊 | 卣 | 壶 | 爵 | 觯 | 盉 | 盘 | 匜 | 小计 |
|---|---|---|---|---|---|---|---|---|---|---|---|---|---|---|---|---|---|
| M229 | 2 | 1 | | | 1 | | | | | | | 1 | 1 | | | | 4 |
| 应公组Ⅰ | 1 | 1 | | | 3 | | | | | | | | 1 | | | | 5 |
| 应公组Ⅱ | 2 | 3 | | | | | | | | 1 | 1 | | 1 | | | | 6 |
| 其他 | 1 | 1 | 1 | | 2 | | | | | | | | | | | | 4 |
| 其他 | 2 | 2 | | | | | | | | | | | | | | | 2 |
| 小计 | —— | 10 | 1 | | 8 | | | | 1 | 2 | 1 | 2 | 5 | | | | 30 |

从表4-4数据来看，第一期前段器类中没有鬲、盨、盬、方彝、盉、盘、匜。从整个西周时期来看，盨、匜都是较晚出的器类，出现时间不早于穆王。盬，据最近几年考古发现可以确定已在周初产生①，但数量极少且集中出现于宝鸡地区，其他地区尤其是关东的盬出现时间不早于西周中期后段。方彝，在西周早期虽然存在一定数量，但明确为墓葬出土之器的极少，而且迄今未见这一时期的姬姓周人墓随葬该类器②，故我们推测这一时期应国墓地也未随葬方彝。鬲，在西周早期部分地区或诸侯国墓地有所发现，数量不算多，但分布地域较广，如北京琉璃河燕国墓地、随州叶家山曾国墓地、滕州前掌大史族墓地、鹿邑太清宫长子口墓、宝鸡강国墓地、长安沣镐等，援例本阶段应国青铜礼容器中也可能存在鬲，但无论从出土器还是非出土器来看，应国青铜鬲的出现时间不早于第6组，故推测应国将鬲纳入礼器系统的时间比较晚。盉、盘，从商代晚期到西周中期于大、中型墓葬中都比较多见，然二者不见于本阶段应国青铜礼容器，很可能是盗掘流散造成的。要之，第一期前段应国青铜礼容器中很可能确实没有出现鬲、盨、盬、方彝、匜，而盉、盘原本可能存在。就现知的器类而论，各类数量总比分别为：鼎33.333%、甗3.333%、簋26.667%、尊3.333%、卣6.667%、壶3.333%、爵6.667%、觯16.667%。进一步归纳之，食器、酒器总比分别为63.333%、36.667%。

## 三、一期后段器类结构

本段包含第三、四组器物，各类礼器数量及其总比值如表4-5所示。

① 陕西省考古研究院、宝鸡市考古研究所、宝鸡市渭滨区博物馆：《陕西宝鸡石鼓山商周墓地M4发掘简报》，《文物》2016年第1期。按：2014年，宝鸡石鼓山M4出土两件周初青铜盬。

② 石鼓山考古队：《陕西宝鸡石鼓山西周墓葬发掘简报》，《文物》2013年第2期。按：2012年，宝鸡石鼓山M3出土一件周初方彝，另有个别商末周初墓葬也随葬方彝，如1975年山东胶县张家屯公社西菴大队墓葬（参见山东省昌潍地区文物管理组：《胶县西菴遗址调查试掘简报》，《文物》1977年第4期），其余明确属于西周早期的墓葬如泾阳高家堡戈族墓地、宝鸡𢐗国墓地、北京琉璃河燕国墓地、滕州前掌大史族墓地、鹿邑太清宫长子口墓、随州叶家山曾国墓地等未发现随葬方彝。

表4-5　第三、四组各类礼器数量及其总比值

| 器群 | 组别 | 鼎 | 甗 | 鬲 | 簋 | 盨 | 簠 | 方彝 | 尊 | 卣 | 壶 | 爵 | 觯 | 盉 | 盘 | 匜 | 小计 |
|---|---|---|---|---|---|---|---|---|---|---|---|---|---|---|---|---|---|
| M48 | 3 | 2 | | | 1 | | | | | | 1 | | | | | | 4 |
| M50 | 3 | 1 | | | | | | | | | | | | 1 | | | 2 |
| M213 | 3 | 1 | | | | | | | | | | | | | | | 1 |
| M210 | 3 | 1 | | | | | | | | | | | | | | | 1 |
| M86 | 3 | 2 | | | 2 | | | | | 2 | | 2 | | | | | 8 |
| M84 | 4 | 2 | 1 | | | 1 | | | 1 | 1 | | 1 | 1 | 1 | 1 | | 10 |
| M85 | 4 | 3 | | | 5 | | | | | | | | 1 | 1 | 1 | | 11 |
| 应侯组Ⅰ | 3 | | | | | | | | 1 | | | | | | | | 1 |
| 其他 | 3 | | | | | | | 1 | 1 | | | | | | | | 2 |
| 其他 | 4 | | | | 1 | | | | | | | | | | | | 1 |
| 小计 | —— | 12 | 1 | | 9 | 1 | | 1 | 3 | 3 | 1 | 3 | 2 | 3 | 2 | | 41 |

本阶段器类比一期前段多出盨、方彝、盉、盘四种，其中很可能只有盨和方彝实际才是新加入的器种，分属食器与酒器。各器类数量总比分别为：鼎29.268%、甗2.439%、簋21.951%、盨2.439%、方彝2.439%、尊7.317%、卣7.317%、壶2.439%、爵7.317%、觯4.878%、盉7.317%、盘4.878%。进一步归纳之，食器、酒器、水器总比分别为56.098%、31.707%、12.195%，食器仍然占据主导地位。与本期前段相比，食器、酒器总比都有所下降，这主要是本阶段器类结构中存在水器之故。其中，比重下降幅度较大的是食器，酒器如尊、卣、爵总比值反而有所上升，那么本阶段食器比重大幅下降可能是事实而非因盗掘流散造成的分析假象。就整个周人青铜礼器而言，从周初到成康时期，食器比重虽然一直处于主导地位，但总比值存在一个明显的下降过程，而从成康到穆共时期，食器总比则变化幅度不大①。要之，应国青铜礼容器第一期的器类数量比重变化趋势与整个周人青铜礼器变化趋势基本一致。

## 四、二期前段器类结构

本段包含第五、六组器物，各类礼器数量及其总比值如表4-6所示。

① 拙著：《殷遗民青铜礼器研究》，四川大学博士学位论文，2017年，335～338页。按：周初与成王末至康王时期的食器比重，前后相差大约10.8个百分点；成王末至穆共时期，各阶段食器比重变化幅度不超过4个百分点。

**表4-6　第五、六组各类礼器数量及其总比值**

| 器群 | 组别 | 鼎 | 甗 | 鬲 | 簋 | 盨 | 簠 | 方彝 | 尊 | 卣 | 壶 | 爵 | 觯 | 盉 | 盘 | 匜 | 小计 |
|---|---|---|---|---|---|---|---|---|---|---|---|---|---|---|---|---|---|
| M104 | 5 | 1 | | | 2 | | | | | | | | | | | | 3 |
| M105 | 5 | | | | 2 | | | | | | | | | | | | 2 |
| M257 | 5 | 1 | | | 2 | | | | | | | | | | | | 3 |
| M95 | 6 | 3 | 1 | 4 | 4 | 2 | | | | | 2 | | | | 1 | 1 | 18 |
| M13 | 6 | 1 | 1 | 3 | 3 | | 2 | | | | 2 | | | | 1 | 1 | 14 |
| 应侯组Ⅱ | 5 | | | | | | | | | | | | | 1 | 1 | | 2 |
| 应侯组Ⅲ | 5 | | | | 2 | | | | | | 2 | | | | | | 4 |
| 应侯组Ⅳ | 6 | | | | | 2 | | | | | | | | | | | 2 |
| 应侯见工 | 5 | 1 | | | 3 | | | | | | | | | | | | 4 |
| 西高皇 | 5 | 5 | | | | 4 | | | | | | | | | 1 | 1 | 11 |
| 其他 | 5 | | 1 | | 1 | | | | | | | | | | | | 2 |
| 小计 | —— | 12 | 3 | 7 | 19 | 8 | 2 | | | | 6 | | | 1 | 4 | 3 | 65 |

各类数量总比分别为：鼎18.462%、甗4.615%、鬲10.769%、簋29.231%、盨12.308%、簠3.077%、壶9.231%、盉1.538%、匜4.615%、盘6.154%。进一步归纳之，食器、酒器、水器总比分别为78.462%、9.231%、12.307%。本阶段新加入的器类有鬲、簠和匜，前两类和最后一类分属食器和水器，商代晚期以来传统的酒器方彝、尊、卣、爵、觯退出应国青铜礼器系统。与第一期后段相比，本阶段食器、水器比重增幅较大，主要是因为大部分酒器器类退出礼制舞台。其中，食器比重增幅最为明显，其主导地位明显加强，超过之前任何一个阶段。食器之中，从数据上看，鼎的比重明显低于簋，参合上一阶段和本期后段鼎的总比数据，表4-6中所列本阶段鼎的总比值很可能偏离实际较远。

## 五、二期后段器类结构

本段包含第七、八组器物，各类礼器数量及其总比值如表4-7所示。

**表4-7　第七、八组各类礼器数量及其总比值**

| 器群 | 组别 | 鼎 | 甗 | 鬲 | 簋 | 盨 | 簠 | 方彝 | 尊 | 卣 | 壶 | 爵 | 觯 | 盉 | 盘 | 匜 | 小计 |
|---|---|---|---|---|---|---|---|---|---|---|---|---|---|---|---|---|---|
| M8 | 7 | 5 | 1 | | 4 | | | | | | 2 | | | | 1 | 1 | 14 |
| M6 | 7 | 5 | 1 | 4 | 4 | | | | | | 2 | | | 1 | 1 | | 18 |
| M7 | 7 | 3 | | 4 | 4 | | | | | | | | | 1 | 1 | | 13 |
| M1 | 8 | 1 | | | | | | | | | | | | | 1 | | 2 |
| 小计 | —— | 14 | 2 | 8 | 12 | | | | | | 4 | | | 2 | 4 | 1 | 47 |

各类数量总比分别为：鼎29.787%、甗4.255%、鬲17.021%、簋25.532%、壶8.511%、盉4.255%、匜2.128%、盘8.511%。进一步归纳之，食器、酒器、水器总比分别为76.595%、8.511%、14.894%。本阶段无新的器类加入，盨、簠退出应国礼制舞台。食器继续维持着强势的主导地位，鬲的比重增幅较大以及水器比重稍有增加，主要是因为器类中减少了食器盨、簠。

# 第二节　组　　合

## 一、组合类型

### （一）礼容器

应国青铜礼容器组合类型，根据组合完整度为Ⅰ、Ⅱ级的器群，可分为4类：甲类，纯食器组合；乙类，食器+酒器组合；丙类，食器+酒器+水器组合；丁类，食器+水器组合。各类组合包含的器群如下：

甲类组合：共3个器群，分别为M213、M210、M257。

乙类组合：共1个器群，即M242。

丙类组合：共5个器群，分别为M84、M85、M95、M8、M6。

丁类组合：共3个器群，分别为M50、M7、M1。

第一期墓葬，甲、乙、丙、丁4类组合皆有；第二期墓葬，仅有甲、丙、丁类组合，乙类组合消失。

### （二）乐器

应国青铜乐器只有甬钟、铃两类，其组合类型，根据组合完整度为Ⅰ、Ⅱ级的器群分为2类：甲类，单类乐器组合，只有铃，仅见于M8；乙类，复类乐器组合，由钟、铃构成，仅见于M95。

单从器类来看，出现乐器的器群有M86、M95、M13、M8和应侯见工组。根据第三章分期断代可以推知，应国对铃的使用最迟在第一期后段约穆王时期，截至使用时间在第二期前段约周平王时期；对甬钟的使用最迟在第二期前段约懿孝时期，截至使用时期在第二期后段约幽王时期。由于M86惨遭盗掘，我们不能确定两类乐器组合各自的具体出现时间。

## 二、组合等级性

第一阶段应国墓地的墓葬，我们按墓口面积大小并结合墓道设施将其分为四个层级：①特大墓，墓口面积20平方米以上，有墓道；②大型墓，墓口面积10～20平方米，无墓道；③中型墓，墓口面积4～10平方米，无墓道；④小型墓，墓口面积小于4平方米。根据第三章的分期方案，下面我们具体探讨各期的组合形式及其与墓葬等级的关联性。

### （一）礼容器

#### 1. 第一期

（1）甲类组合，形式如下：

鼎（M213、M210）。

本期纯食器组合仅有“鼎”类一种形式，所出墓葬为中型墓，而且是其中面积偏小者。

（2）乙类组合，形式如下：

鼎、簋、尊、卣、爵、觯（M242）。

本期乙类组合仅有一种形式，所在墓葬M242属于中型墓。其中，食器、酒器类别数分别为2与4类；器物绝对数量上，食器4件、酒器5件，总比分别为44.444%、55.556%。要之，M242器群是一种稍“重酒”的复合组合。

（3）丙类组合，形式如下：

鼎、甗、盨、尊、卣、爵、觯、盉、盘（M84）；

鼎、簋、尊、觯、盉、盘（M85）。

本期丙类组合有2种形式，每种形式仅含1个器群，所在墓葬M84、M85皆属于大型墓中偏小者。M84器群食器、酒器、水器类别数量分别为3、4、2类[①]；器物绝对数量上，食器4件、酒器4件、水器2件，总比分别为40%、40%、20%。M85器群食器、酒器、水器类别数量分别为2、3、2类；器物绝对数量上，食器8件、酒器2件、水器2件，总比分别为66.667%、16.667%、16.667%。M84与M85为应侯爯夫妇墓（详见第七章），其中M85器群组合比M84表现出较强的重食性。

（4）丁类组合，形式如下：

鼎、盉（M50）。

① 所谓“类别数量”是指食器或酒器或水器大类中所包含的具体的器类数量。例如，食器，如果共包含鼎、簋、甗三种器类，则食器类别数量为3类。

本期丁类组合仅有1种形式，所在墓葬M50属于中型墓之偏小者。其中，食器、酒器均只含1类，每类中各有1件器物，食器与水器之间互相不占优势。

**2. 第二期**

（1）甲类组合，形式如下：

鼎、簋（M257）。

本期甲类组合仅有1种形式，所在墓葬M257属于小型墓。M257器群食器共有2类，总共3件器物，是一种典型的重食组合。

（2）丙类组合，形式如下：

鼎、甗、鬲、簋、盨、壶、盘、匜（M95）；

鼎、甗、簋、盨、壶、盘、匜（M8）；

鼎、甗、鬲、簋、壶、盘、盉（M6）。

本期丙类组合有3种形式，每种形式包含1个器群，所在墓葬M95、M8、M6都属于特大型墓。M95器群食器、酒器、水器类别数量分别为5、1、2类；器物绝对数量上，食器14件、酒器2件、水器2件，总比分别为77.778%、11.111%、11.111%。M8器群食器、酒器、水器类别数量分别为3、1、2类；器物绝对数量上，食器10件、酒器2件、水器2件，总比分别为71.429%、14.286%、14.286%。M6器群食器、酒器、水器类别数量分别为4、1、2类；器物绝对数量上，食器14件、酒器2件、水器2件，总比分别为77.778%、11.111%、11.111%。不难看出，本期丙类组合皆为典型的“重食”组合。另外，组合内部，多数器类及其数量搭配是固定的，具体为鼎5[①]、甗1、鬲4、簋4、壶2、盘1、匜或盉1。

（3）丁类组合，形式如下：

鼎、鬲、簋、盉、盘（M7）[②]；

鼎、盘（M1）。

本期丁类组合有2种形式，每种形式包含1个器群，所在墓葬M7、M1都属于大型墓。M7器群食器3类、水器2类，器物绝对数量上，食器11件、水器2件，总比分别为84.615%、15.385%。M1器群食器、酒器均只含1类，每类中各有1件器物。M7器群明显属于“重食”组合，M1器群表明食器与水器之间互相不占优势[③]。M7器群组合内部，器类及其数量搭配与本期丙类组合同类器基本相同，即鬲4、簋4、盘1、盉1。

---

① 鼎数不足时，以明器补配成5件。

② M7出土青铜器器影仅公布一部分，不知其中是否有壶，组合暂归入丁类。

③ M1如果配上明器，则属于典型的“重食”组合，关于这个问题，我们在“明器”一节具体探讨。

### （二）乐器

甲类，形式为：铃1（M8）。

乙类，形式为：钟7、铃9（M95）。

M95器群的钟、铃皆成编列形式，这是我们所见应国第二期前段的成制度化的乐器组合。M8仅有铃1件，此时甬钟已被弃用于随葬，铃亦不成编列。另外，M13器群仅知有甬钟，钟的数量和铃的情况不详。应侯见工组的甬钟现知有4件，据王世民先生的复原研究，应当分属两组，每组原本各有8件①，即便如此，它们在墓葬中的埋藏数量也不得其详。M86器群残存铃8件，其中有4件素面铃，大小不一，略成编列②。结合前文礼容器组合类型划分，我们认为乐器组合很可能都只与礼容器丙类组合共存，所出墓葬皆为特大型或大型墓葬③。

## 三、组合特征小结

根据以上分析并结合第七章墓主身份认定的探讨，我们对应国墓地青铜礼器组合归纳出以下几点认识。

（1）礼容器组合类型中有纯食器组合而无纯酒器组合④，说明"重食"特性在应国低等级贵族的器用中表现最为强烈，在整个应国贵族的器用中普遍存在。

（2）礼容器复合组合的丙、丁类组合从器类之个体数量甚至类别数量上都普遍表现出"重食"特性，这种"重食"因素随着时间后移而不断加强。具体来说，整个第一、二期，复合组合以食器鼎、簋为构成核心。第一期前段，复合组合中尚存在"重酒"的组合，第一期后段则只有"重食"或食器与酒器地位持平的组合，组合中常见尊、卣、爵、觯等酒器；第二期，复合组合只有"重食"的组合，而且"重食"因素显然比第一期的复合组合"重食"因素更强，组合中酒器尊、卣、爵、觯消失而只剩下壶。

（3）特大型墓只有礼容器丙类组合（食器+酒器+水器），大型墓有丙（食器+酒器+水器）、丁（食器+水器）2类组合，中型墓有甲（纯食器）、乙（食器+酒器）、丁（食器+水器）3类组合，小型墓只有甲类组合（纯食器）。进而可以说明，礼器组

---

① 王世民：《应侯见工钟的组合与年代》，《商周铜器与考古学史论集》，艺文印书馆，2008年。

② M86其余4件铃分别为1件兽面纹铃和3件独立的铃舌。

③ M13属于特大型墓，追缴回来的青铜礼容器也属于丙类组合；应侯见工组器类组合也属于丙类组合，若它们果真出自M87或M88，则所出墓葬属于大型墓。M86惨遭盗掘，水器情况不明，据组合相对完整的器群推断，特大型或大型应侯墓青铜器群皆有水器（详后文小结），M86不应例外。

④ 据前文分析，纯食器组合有"鼎""鼎、簋"两种形式。

合使用者的社会身份等级越高，所使用的组合之内部结构一般来说越繁复[①]，故丙类组合属于高等级组合[②]，乙和丁类组合属于中等级组合[③]，甲类组合属于低等级组合。

（4）各种礼容器组合内部的器类构成及各器类之个体数量经历了从不固定到相对固定且等级化的变化过程。换言之，应国青铜礼器器用制度并非一开始就存在，而是存在一个形成过程，器用制度开始形成的时间在第二期前段。

具体来说，第一期组合内的器类构成及各类的个体数量均不稳定，与使用者的社会身份等级不具备严格的关联性。以鼎的使用为例，同为大型墓的M84和M85分别随葬2、3件鼎，中型墓M242又随葬2件鼎，而这三墓墓主中以M84墓主应侯爯的地位最高，M85墓主应侯爯夫人次之，再次为M242墓主。

第二期，组合内的器类构成及各类别之个体数量相对稳定，与使用者的社会身份等级普遍存在关联性。以丙类组合为例，该组合仅使用于特大型墓葬（应侯墓），食器一般由鼎、甗、鬲、簋构成，有的再添加盨或簠，个别减去鬲；酒器只有壶一类；水器由两类构成，即盘与匜或盘与盉。数量上，鼎5、甗1、鬲4、簋4、壶2、盘1、匜或盉1，这几类器的个体数量几乎是固定的[④]。大型墓组合内部的器类构成及各类的个体数量则在前述基础上削减，以M7为例，鼎减为3件。

（5）组合中，部分器类的个体数量一直相对固定且具有等级性，其分别是甗与水器组合——盘与盉或盘与匜。甗、盘与盉或匜仅出现于丙类组合，每个组合中的甗、盘、盉或匜各仅有1件。这三类器物出现于组合中具有提升组合等级的作用，甗的特殊性还在于不仅只出现于丙类组合，而且只随葬于应侯墓[⑤]。

（6）组合中，乐器组合只与礼容器丙类组合共存，所出墓葬只限于应侯墓，说明乐器很可能是应侯的使用专利，是高等级身份的象征。

（7）由（2）与（4）反映出应国青铜礼乐器用在第一、二期之间也即以共王末年

---

① 所谓组合结构复杂，是指食器与酒器（水器）或食器与酒器、水器的复合使用。

② M13属于特大型墓，追缴回来的青铜礼容器也属于丙类组合。

③ 丁类组合出现于大型墓葬，是跟明器的使用形式有关，关于这个问题我们在“明器”一节探讨。

④ 个别鼎数少于5件的，以明器补足5件。

⑤ 由于西周早期和中期前段应国墓地特大型和大型墓惨遭盗掘和破坏，这一时期的青铜甗是否也具有共王及其以后的使用规律不得其详。从随州叶家山曾国墓地出土材料来看，不仅曾侯墓，其他一些规格较高的贵族墓也随葬甗，或可说明青铜甗在西周早期并非应侯的使用专利。

为界线，前后发生了巨大变革，变革过程的时间段、器类与组合变化都与王畿地区的器用变革基本一致[①]，说明应国在西周中期遵从了周王朝中央主导的礼制改革[②]。

# 第三节　列器及相关问题

## 一、应国列器制度的形成

关于列器概念，最初为郭宝钧先生所涉及，仅提出“列鼎”之说，指一组形制、纹饰相同且大小相次的鼎[③]，后来经林沄先生加以阐发，列器的范围从鼎扩大到簋、盨、壶、罍等，但大小不必一定相次，可以相同[④]。列器属于考古学上的概念，既然一组器物成列，如果在广大地区反复出现，则标志着一种器用制度的形成。

从出土材料来看，应国的列器现象肇始于第一期后段第4组，约共王时期。M85应侯夫人墓出土的3件鼎虽各不相同，但同出的4件簋的形制、纹饰、大小基本相同，早于该墓的其他墓葬从未出现这种现象，当是应国列器制度的滥觞。

第二期前段第5组，应国墓器群组合大多受损严重，故这一阶段墓葬中列器的使用情况不太清晰，但从采集、传世器中可以得到本阶段列器的一些线索。西高皇鱼塘打捞的4件盨形制、纹饰、大小基本相同，其中2件有铭文且铭文相同；同时打捞的5件鼎中有3件形制、纹饰相同，大小不一，考古报告推测为一组列鼎，其说可从。保利艺术博物馆藏2件应侯见工簋和2件应侯壶的形制、纹饰、大小、铭文两两分别相同。传世和出土的4件应侯见工钟分属两组编钟。由此可见，此时应国青铜礼器中的列器范围扩大到鼎、簋、盨、壶等器类，同时还出现编钟，我们认为第5组懿孝夷时期，应国列器制度已经形成。此后，列器制度继续完善。其中，第6组，鬲开始加入列器；第7、8组，部分明器也开始列器化，如M7出土的方觯，M1出土鼎、簋、方壶。第二期第6组

---

① 参见曹玮：《周原西周铜器的分期》，《周原遗址与西周青铜器研究》，科学出版社，2003年。

② 从出土青铜器材料探讨西周礼制改革的文章较多，代表性的有曹玮：《从青铜器的演化试论西周前后之交的礼制变化》，《周原遗址与西周青铜器研究》，科学出版社，2003年；杰西卡·罗森著，邓菲、黄洋、吴晓筠译：《西周青铜铸造技术革命及其对各地铸造业的影响》，《祖先与永恒》，生活·读书·新知三联书店，2011年；罗泰著，吴长青、张莉、彭鹏等译：《宗子维城：从考古材料的角度看公元前1000至前250年的中国社会》第一章，上海古籍出版社，2017年。按：关于西周礼制改革的时间，学者之间尚存争议。曹玮先生认为改革在共王时期完成，罗森夫人认为发生于公元前870年前后，罗泰先生认为发生于厉王时期公元前850年前后。据本书的分期断代研究，应国的礼制改革在共王时期已经开始，最终完成在懿孝夷时期。

③ 郭宝钧：《山彪镇与琉璃阁》，科学出版社，1959年，11～13、43、45页。

④ 林沄：《周代用鼎制度商榷》，《史学集刊》1990年第3期。

以下，列器的具体情况为：M95出土列鼎3、列簋4、列鬲4、列盨2、列壶2；M8出土列鼎3、列簋4、列壶2；M6出土列鼎5、列簋4、列鬲4、列壶2；M1出土列鼎5、列簋6、列壶2。我们可以看到，西周晚期至春秋初年应侯墓的列鼎、列簋搭配都是鼎3簋4，春秋早期则变成鼎5簋4或鼎5簋6的形式。M95与M8都随葬3件列鼎，同时又埋葬其他型式的2件鼎（M95的为明器），这样分别构成了西周晚期以来体现应侯身份的丧葬用鼎数目——5鼎。M6和M1出土的鼎和簋全部以列器形式出现，表明春秋早期应国列器制度的进一步强化。

周王畿之内，宝鸡強国墓地茹家庄BRM1甲室出土儿鼎5、儿簋4，年代约为穆王时期，鼎的形制、纹饰相同，大小相次，簋的形制、纹饰、大小相同，这被学术界普遍认为是目前发现的最早的列鼎、列簋组合实例①，是列器制度的雏形。宝鸡茹家庄M1甲室主人为強伯之妾，BRM1乙室主人为強伯本人，BRM2主人为強伯之妻井姬②，其中只有妾的随葬品里才有列鼎、列簋，強伯夫妇似乎并不太重视这种形制纹饰单一的东西。无独有偶，应国墓地的列器现象最早也出现在应侯夫人墓中，同一时期真正的统治者应侯似乎也不太重视这种形制单调的一组器物。曹玮先生认为“5鼎4簋（按：鼎、簋皆为列器）也不是周文化圈以内的礼仪制度”③，从应国列器的使用过程来看，此论不误。当然，后来周王朝的礼制改革，推广了列器的使用范围，使之成为一项重要的器用制度，尤其是赋予了其一种权力、等级的象征意义。

## 二、用鼎与国君爵称的关系

周代的用鼎制度，按生死之别应当分为两层含义：其一，生人用鼎制度；其二为丧葬用鼎制度。墓葬考古所见的用鼎自然属于丧葬用鼎范畴，对此，礼制文献记载的用鼎制度存在的现实问题是：其一，文献本身形成的年代与我们要讨论的西周与春秋早期应国用鼎制度的时间存在明显距离；其二，文献所载用鼎制度没有哪一条指明丧葬礼仪中鼎的殉埋及其数量情况④。因此，我们首先从考古材料本身出发，分析归纳应国的用鼎制度；其次，在前面基础上与文献记载的用鼎制度做对比，探讨丧葬用鼎制度与国君爵称的关系。

在第二节，我们已经分析指出，第一期（共王及以前）应国没有出现青铜礼器制

① 曹玮：《试论茹家庄西周墓地的器用制度——兼论西周后期器用制度的流源》，《中国考古学跨世纪的回顾与前瞻（1999年西陵国际学术讨论会文集）》，科学出版社，2000年，274～280页。

② 卢连成、胡智生：《宝鸡強国墓地》，文物出版社，1988年，270～384页。

③ 曹玮：《试论茹家庄西周墓地的器用制度——兼论西周后期器用制度的流源》，《中国考古学跨世纪的回顾与前瞻（1999年西陵国际学术讨论会文集）》，科学出版社，2000年，274～280页。

④ 张闻捷：《周代用鼎制度疏证》，《考古学报》2012年第2期。

度，青铜礼器制度形成于第二期前段。这种器用情况不但应国，整个周王朝皆如此。因此，下文我们只分析西周晚期至春秋早期这一时间段内的丧葬用鼎制度与墓主身份的关系问题。鉴于应国墓地材料有限，本书结合北赵晋侯墓地、上村岭虢国墓地、梁带村芮国墓地一并分析探讨①。

以列鼎的出现为标志，应国墓地丧葬用鼎成规律化是从M95开始的，北赵晋侯墓地从M91和M92开始，虢国墓地和芮国墓地是从两周之际的墓葬开始的。我们将应国、晋国、虢国、芮国墓地的列鼎、列簋及相关材料列入表4-8②。

**表4-8　应国、晋国、虢国、芮国墓地典型贵族墓葬鼎、簋资料表**

| 国别 | 单位 | 年代 | 全部 | | 列器 | | 墓主身份 | 备注 |
|---|---|---|---|---|---|---|---|---|
| | | | 鼎 | 簋 | 鼎 | 簋 | | |
| 应国 | M95 | 西晚后段 | 5 | 6 | 3 | 4 | 敔/侯氏 | |
| | M8 | 春初 | 5 | 5 | 3 | 4 | 应公 | |
| | M6 | 春早前段 | 5 | 4 | 5 | 4 | （应侯） | |
| | M7 | 春早前段 | 3 | 4 | 2 | 4 | 应申姜 | 不全 |
| | M1 | 春早后段 | 5 | 6 | 5 | 6 | （应侯） | |
| 晋国 | M91 | 西晚前段 | 7 | 5 | √ | 3 | 晋侯对 | |
| | M92 | 西晚前段 | 2 | | ? | | （夫人） | |
| | M8 | 西晚后段 | √ | √ | 5 | 3 | 晋侯苏 | 盗 |

① 甘肃大堡子山秦公墓地、羊舌晋侯墓地被盗严重，后者又加之许多材料尚未发表，故皆不采用。

② 该表资料来源参见北京大学考古系、山西省考古研究所：《天马–曲村遗址北赵晋侯墓地第二次发掘》，《文物》1994年第1期；山西省考古研究所、北京大学考古系：《天马–曲村遗址北赵晋侯墓地第三次发掘》，《文物》1994年第8期；山西省考古研究所、北京大学考古系：《天马–曲村遗址北赵晋侯墓地第四次发掘》，《文物》1994年第8期；北京大学考古系、山西省考古研究所：《天马–曲村遗址北赵晋侯墓地第五次发掘》，《文物》1995年第7期；陕西省考古研究院等：《梁带村芮国墓地：二〇〇七年度发掘报告》，文物出版社，2010年；陕西省考古研究院等：《陕西韩城梁带村遗址M27发掘简报》，《考古与文物》2007年第6期；陕西省考古研究所等：《陕西韩城梁带村遗址M19发掘简报》，《考古与文物》2007年第2期；陕西省考古研究所等：《陕西韩城梁带村遗址M26发掘简报》，《文物》2008年第1期；中国科学院考古研究所：《上村岭虢国墓地》，科学出版社，1959年；河南省文物考古研究所：《三门峡虢国墓》（第一卷），文物出版社，1999年；河南省文物考古研究所：《考古河南》，大象出版社，2012年；河南省文物考古研究所等：《上村岭虢国墓地M2006的清理》，《文物》1995年第1期；河南省文物考古研究所等：《三门峡虢国墓地M2010的清理》，《文物》2000年第12期。按：应国墓葬鼎、簋材料文献来源从略；北赵晋侯墓地M8被盗严重，列器多有流失，表中列鼎、列簋数量依从朱凤瀚先生的复原统计［参见朱凤瀚：《中国青铜器综论》（中册），上海古籍出版社，2009年，1445、1448、1449页］。张闻捷先生统计的北赵晋侯墓地晋侯墓列鼎数量中，M91、M64分别为7和5件（参见张闻捷：《周代用鼎制度疏证》，《考古学报》2012年第2期），一种可能是他目验过墓葬出土材料确实如此；另一种可能是未曾目验而对原简报内容理解有误。对于前者，他未特别注明，故我们无法判断属于哪一种可能，姑且存疑。

续表

| 国别 | 单位 | 年代 | 全部 | | 列器 | | 墓主身份 | 备注 |
|---|---|---|---|---|---|---|---|---|
| | | | 鼎 | 簋 | 鼎 | 簋 | | |
| 晋国 | M31 | 西晚后段 | 3 | 2 | 3 | 2 | （夫人） | |
| | M64 | 西晚后段 | 5 | 4 | 2? | 4 | 晋侯邦父 | |
| | M62 | 两周之际 | 3 | 4 | 3 | 4 | （夫人） | |
| | M63 | 两周之际 | 3 | 2 | ? | ? | 杨姞? | |
| | M93 | 两周之际 | 6 | 7 | 5 | 6 | 晋叔家父 | |
| | M102 | 两周之际 | 4 | 5 | 3 | 4 | （夫人） | |
| 虢国 | M2009 | 春早前段 | 30 | 27 | √ | √ | 虢仲 | |
| | M2001 | 春早 | 10 | 9 | 7 | 6 | 虢季 | |
| | M2006 | 春早 | 3 | | 3 | | 孟姞 | |
| | M1052 | 春早 | 7 | 6 | 7 | 6 | 虢太子 | |
| | M2012 | 春早 | 11 | 10 | 5 | 4 | 梁姬? | |
| | M2011 | 春早 | 9 | 8 | 7 | 8 | 太子 | |
| | M1810 | 春早 | 5 | 4 | 5 | 4 | | |
| | M2010 | 春早前段 | 5 | 4 | 3 | 4 | | |
| | M1820 | 春早 | 5 | 4 | 3 | 4 | | |
| | M1706 | 春早 | 5 | 4 | 5 | 4 | | |
| 芮国 | M27 | 春早前段 | 7 | 7 | 7 | 6 | 芮公 | |
| | M26 | 春早前段 | 5 | 4 | 5 | 4 | 仲姜 | |
| | M19 | 春早 | 4 | 4 | 3 | 4 | （次夫人） | |
| | M28 | 春早 | 5 | 4 | 5 | 4 | | |

注：“√”表存在，数量暂且不详；“？”表暂不确定

从表4-8数据来看，每座墓葬鼎的总数目存在两个特征：奇数占多（24例），偶数较少（4例），后者与文献记载奇数用鼎之制不合；用鼎数量与墓主身份有存在矛盾者，以虢国墓地为例，M2012梁姬墓随葬11鼎，但等级更高的M2001虢季墓随葬10鼎、M2011太子墓随葬9鼎。要之，单从墓葬用鼎总数来看，其规律性并不突出。如果仅以各墓中列鼎数目考察，则用鼎明显具有规律性。首先，偶数鼎减少为2例，这样更贴近文献记载的奇数用鼎之制。其次，列鼎数与墓葬等级、墓主身份成正比，几乎未发现存在矛盾者①。我们仍以虢国墓地为例，前举M2012、M2001、M2011按列鼎数排

① 北赵晋侯墓地晋侯邦父墓M64随葬列鼎2件，数量低于夫人墓M63，其原因可能有二：一是时代原因，M64年代明显早于M63，墓主生活时代列鼎制度尚未完善，又应国墓地M95使用3件列鼎，二者数量都低于两周之际以后的诸侯国君使用5或7件列鼎；二是材料刊布原因，M64另外3件鼎形制、纹饰等信息不详，不排除也是列鼎的可能。

列墓葬等级，则M2001、M2011在M2012之上，与墓葬大小、墓主身份协调。因此，我们认为，列鼎的出现才是用鼎制度形成的表现，墓葬中只有列鼎最可能反映墓主生前地位。

就诸侯国君墓葬的列鼎使用情况而言，可分两个阶段：第一阶段，春秋初年以前，列鼎数一般为3鼎或5鼎，5鼎为最高数。当列鼎不足5件时，往往以明器鼎或实用鼎补配为5件。第二阶段，春秋早期，列鼎数固定为5件或7件。无论第一阶段还是第二阶段，同时期诸侯夫人或其他低级别贵族墓的列鼎在诸侯国君列鼎数基础上按偶数递减为5件或3件。由此，我们认为，西周晚期（部分地区延及春秋初年），在人们的丧葬用鼎思维中，5件是诸侯国君的标配，无论全部为列鼎还是补配实用器或明器。结合墓葬出土古文字材料，诸侯国君爵位无论是“公”还是“侯”，总的鼎数为5件，列鼎数用3件或5件并不按爵位高低区分。春秋早期，人们的丧葬用鼎思维中，5件或7件是诸侯国君的标配，皆采用列鼎，在此基础上多出的鼎一般为明器，后者不具有标识身份等级的作用。

第二阶段诸侯丧葬使用的列鼎数何以存在5件与7件之别呢？结合墓葬出土古文字材料与文献记载，实与诸侯爵位有关。周代分封诸侯实行五等爵制，《礼记·王制》云：“王者之制爵禄，公、侯、伯、子、男，凡五等。”[①]应国、晋国、虢国、芮国国君爵位分别为侯、侯、公、伯[②]，这四个诸侯国国君的用鼎规格应该有一些区别。

本阶段，应国和晋国国君墓皆使用5件列鼎，这一时期应国和晋国青铜器上虽然没有国君爵称的文字材料，但据文献与晋姜鼎（《集成》2826）铭文记载，功勋卓著的晋文侯未曾称“公”，又据文献与北赵晋侯墓地出土古文字材料，晋文侯以上唐叔虞以下的历代晋君皆未称“公”，丧葬用5件列鼎是“侯”爵的标配。虢国国君墓葬皆采用7件列鼎，虽然三门峡虢国墓地出土古文字材料中未见国君爵称，但文献所载皆称“公”，丧葬用7件列鼎是“公”爵的标配。虢公夫人则减为5件。芮国国君墓使用7件或5件列鼎，出现这种差异是有原因的。梁带村芮国墓地M27出土金文自称“芮公”，其夫人墓出土金文称“芮桓公”，我们认为由于M27墓主生前在周王朝担任卿士，故礼加一等，规格行如“公”爵，故墓主不用本来的爵称“伯”，而采用爵称“公”。芮公的继任国君若未在王朝担任卿士，则礼遇规格恢复为本来的爵位级别。芮国墓地M27与M28墓主之间就属于这种转变情况，故M27墓主芮公丧葬使用列鼎7件，M28墓主则使用5件列鼎。M27芮公正夫人——仲姜墓M26礼制规格比M27礼降一等，随葬5件

---

① 周代诸侯国的爵位在分封之初即已经确定下来，为《春秋》笔法所本。但具体到某个诸侯国君，其爵称有时并不固定，出现爵位本身较低的诸侯国君主使用较高的爵称情况，如“侯”“伯”之国君主使用爵称“公”，则很可能是这些诸侯国君担任王朝卿士之故，从而礼加一等，使用“公”这种爵称，这种转变习见于金文，典型之例可参明公簋、班簋铭文。如果后继国君未再担任王朝卿士，则恢复使用原来的爵称，西周早中期应公、应侯称谓的转变，应当属于这种情况。

② 参见陈槃：《春秋大事表列国爵姓及存灭表撰异》，上海古籍出版社，2009年。

列鼎，次夫人墓M19更降一等，随葬3件列鼎。要之，相比第一阶段，第二阶段诸侯国君丧葬列鼎数量会随着国君爵称高低的变化而变化，所以这一阶段的列鼎制度、用鼎制度是相对成熟的。

按照《礼记·王制》，“伯”在“侯”之下，那么，如何理解芮伯与应侯、晋侯丧葬列鼎数量一致的现象？杨向奎先生认为《周礼》中的诸侯虽有公、侯、伯、子、男五等之分，然只用于封地大小的不同，而其礼制上的划分则为三等爵制，公一等、侯伯二等、子男三等。周礼中，凡关于诸侯的等位，莫不以此为标准①。张亚初、刘雨先生也认为金文中确有这种诸侯的三等爵制的记载②。再回过头来看，应国、晋国、虢国、芮国国君使用列鼎的数量，不难发现他们的用鼎特点基本上符合礼制上三等爵制的情况。不过，这一时期中原地区子、男之国君主及夫人墓葬尚未发现，他们的丧葬列鼎使用情况实际并不清楚，按前文分析的偶数递减规律，有可能使用3件列鼎，然该问题最终需留待将来的考古发现。那么，诸侯爵位高低与王官等级有何对应关系呢。据文献记载，周王之卿士，即执政大臣往往称为“某公”，“公”可以指畿内、畿外诸侯本来的爵位，也可以指他们加礼后的爵称，我们由此推测王官卿士之下的大夫、元士很可能分别与侯和伯、子和男对应。

综上所述，诸侯爵称与丧葬用鼎总数、列鼎数量关系可如表4-9所示。不难看出，利用墓葬出土鼎的数量判断墓主身份等级，只有在用鼎制度成熟以后才相对可靠，而且具有时代变化。前文，我们在表4-8列举了列簋材料，不难看出，列簋对墓主身份等级的敏感度并不高，未列举的列鬲、列盨、列簠等亦如此，故列器之中，列鼎对于考察用鼎制度最为重要。

**表4-9　诸侯爵称与丧葬列鼎数关系表**

| 王官 | 诸侯 | 第一阶段 | | 第二阶段 | |
|---|---|---|---|---|---|
| | | 总数 | 列鼎 | 总数 | 列鼎 |
| 卿士 | 公 | —— | —— | ≥7 | 7 |
| 大夫 | 侯 | 5 | 3/5 | ≥5 | 5 |
| | 伯 | —— | —— | ≥5 | 5 |
| 元士 | 子 | —— | —— | —— | 3? |
| | 男 | —— | —— | —— | 3? |

① 杨向奎：《中国古代社会与古代思想研究》，上海人民出版社，1962年。

② 张亚初、刘雨：《西周金文官制研究》，中华书局，2004年，143页。

# 第五章　明器的使用

## 第一节　材料概述

### 一、明器的界定

“明器”一词见于战国文献，关于“明器”的内涵和三代墓葬中“明器”的判别标准，巫鸿先生做了深刻探讨[①]，兹将其分析和归纳的6条青铜明器判别标准转述如下。

（1）微缩，即在普通青铜器形制基础上，将形体明显缩小。

（2）变形，即改变普通青铜器的形式和结构，使之不具实用功能，如簋之盖、器连铸，盉流铸成实心等。

（3）粗制，即铸造时故意降低工艺标准，其结果类似未完成品或粗糙的模型。

（4）简省纹样或作素面，即相对普通青铜器，故意降低施纹精美度或不作装饰，其中以不作装饰为主。

（5）重套。与墓中实用祭器共存，明器与祭器两套器物在大小、工艺、形状、纹样等方面形成鲜明对比。

（6）仿古。西周晚期和东周早期，明器形制常模仿过时的器形。

对于上述6条判别标准，我们完全赞同，另外，本书再补充一条：

（7）明器不铸铭文。验之现有材料，前六条标准皆与第七条标准不相违。

### 二、应国墓地明器材料

根据上述7条标准，我们判别第一阶段应国墓地出土明器[②]的墓葬有11座，分别为M231、M50、M213、M210、M85、M95、M13、M8、M6、M7、M1。由于明器形制大多变化不规则，下面我们以时代为序，按墓葬单位逐一介绍该墓地的明器材料。

---

① 巫鸿：《“明器”的理论和实践——战国时期礼仪美术中的观念化倾向》，《文物》2006年第6期；巫鸿：《黄泉下的美术》第二章《明器》，生活·读书·新知三联书店，2010年。

② 若无特别说明，本书所涉及的应国墓地明器材料仅限于金属材质的容器，包括青铜器与锡器。由于青铜明器与锡明器在形制上可一同分类，功用上可能基本一致，故本书视为一体而进行探讨。

**1. M231**

属于一期前段第2组。随葬明器为锡觯1件（图5-1，1），素面，通高13、底径5.5厘米，放置于棺内头端[①]。从线图描绘的形制来看，该觯属于圆截面细高体觯，与第二章Aa型觯属于同一亚型，年代可能与Aa型Ⅰ式应事觯接近。

**2. M50**

属于第一期后段第3组。随葬明器为锡卣1件（图5-1，2），另有锡器5件，形制不明，亦不知其中是否含容器。锡卣素面，通盖残高8.7、圈足8.5厘米×6.9厘米，放置于西二层台中端，近旁容器有陶鬲1件[②]。该卣腹部下扩略垂，中腹设半环耳，形制与第二章实用卣相去较远。

**3. M213**

属于第一期后段第3组。随葬明器皆为锡器，可辨器形者有鬲2、簋1、尊1、卣1、爵1、觯1，基本摆放于北侧二层台东半段，1件鬲位于东侧二层台北端，这组明器最东端有1件实用鼎[③]。明器皆腐蚀成粉末状，发掘工作者未绘制器形图。其中1件鬲通高11、口径10厘米；簋通高约14、最大径约8厘米；尊，为方体尊，尺寸不详；卣，通高约14、腹长径约8厘米；爵，通高约12、中部宽约6厘米；觯，通高约10、口径3.5厘米。

**4. M210**

属于第一期后段第3组。随葬明器为簋1、尊1、卣1、爵1、觯1（图5-1，3～7），另有锡容器2件，形制不明，它们皆摆放在北侧二层台东半段，实用器鼎紧邻明器的最西端。本组明器全为素面，铸工粗糙[④]。其中，簋，通高7、口径14.1厘米，束颈、鼓腹，形制与第二章A型簋相似；尊，通高11～11.4、口径11.2厘米，束颈、鼓腹、圈足外撇，形制与第二章A型Ⅲ式尊相似。卣，通盖高13.4、口8.4厘米×6.2厘米，盖圈形捉手竖直，不方便拿取，腹为椭圆体，腹底向上伸出Z形扁状耳，器耳形制不见于应国

---

① 河南省文物考古研究所、平顶山市文物管理局：《平顶山应国墓地Ⅰ》，大象出版社，2012年，92～94、96页。

② 河南省文物考古研究所、平顶山市文物管理局：《平顶山应国墓地Ⅰ》，大象出版社，2012年，346～348、361页。

③ 河南省文物考古研究所、平顶山市文物管理局：《平顶山应国墓地Ⅰ》，大象出版社，2012年，378～380、390～392页。

④ 河南省文物考古研究所、平顶山市文物管理局：《平顶山应国墓地Ⅰ》，大象出版社，2012年，399～408页。

实用卣。爵，残高12.4、流至尾长12厘米，平底，形制与应国实用爵相差较大。实用平底爵在商代早中期和殷墟文化一期比较流行，此后衰落，周初以降基本绝迹，目前所见最晚的可能是妇阙爵（资料库9092和9093、《流散》309），属于商末周初。觯，通高9.1、口径5厘米，束颈、垂鼓腹、圈足直撇，形制与第二章Aa型Ⅰ觯大略相似。

**5. M85**

属于第一期后段第4组。随葬明器为尊1、盘1、盉1（图5-1，8～10），皆素面，铸工粗糙[①]。明器分置两处，尊和盘位于二层台西北角，盉位于北二层台东端。尊，通高12.3、腹深8.6、口径12.5厘米，属于觚形尊，与第二章A型Ⅱ式尊形制相似，腹壁有孔洞。盘，通高10.7、腹深4.5、口径27.3厘米，附耳、平底，底下承接三支足，形制与第二章A、B型圈足盘都相差较远；盉，通高12.5、口径11.1厘米，无盖，侈口、鼓腹、分裆，实心流，形制与第二章B型盉同属一类，但具体形制与实用盉相差较远。

**6. M95**

属于第二期前段第6组。随葬明器为鼎2、簋2、盨1、尊1、盘1、匜1（图5-2），铸工粗糙，部分器物有简略纹饰。鼎2件，素面，形制都与第二章B型鼎略相似，M95：106鼎，通高14.7、口径16.6厘米。簋2件，大小、形制、纹饰相同，通高13.8、口径12厘米，盖、器饰瓦棱纹，形制与第二章Bb型簋相似，但圈足下无支足。盨，素面，通高13.5、口11.2厘米×8.9厘米，折腹、圈足、半环小耳，形制与应国实用盨相差较大。尊，素面，通高10.8、口径10.5厘米，侈口，垂鼓腹，形制与第二章A型Ⅲ式尊相似。盘，素面，通高5.6、口径18.1厘米，无耳、圈足下无支足，与应国实用盘形制差别略大。匜，腹饰瓦棱纹，通高7.4、长20、宽9.4厘米，四条柱形腿，形制与使用匜比较相似。

**7. M13**

墓葬属于第二期前段第6组。随葬明器有方彝、尊、爵、觯、盉，器影尚未公布，数量、大小不详。

**8. M8**

属于第二期后段第7组。随葬明器有簋1、方彝2、尊2、爵1、盘1、盉1。M8：35簋，通高10.3、圈足径9厘米，口部有两道弦纹，盖、器连铸，形制与Bb型簋略相似，但圈足无支足（图5-3，1）。方彝，M8：34方彝，通高18、圈足11.6厘米×9厘米，素

---

① 河南省文物考古研究所、平顶山市文物管理局：《平顶山应国墓地Ⅰ》，大象出版社，2012年，655～658、664～670页。

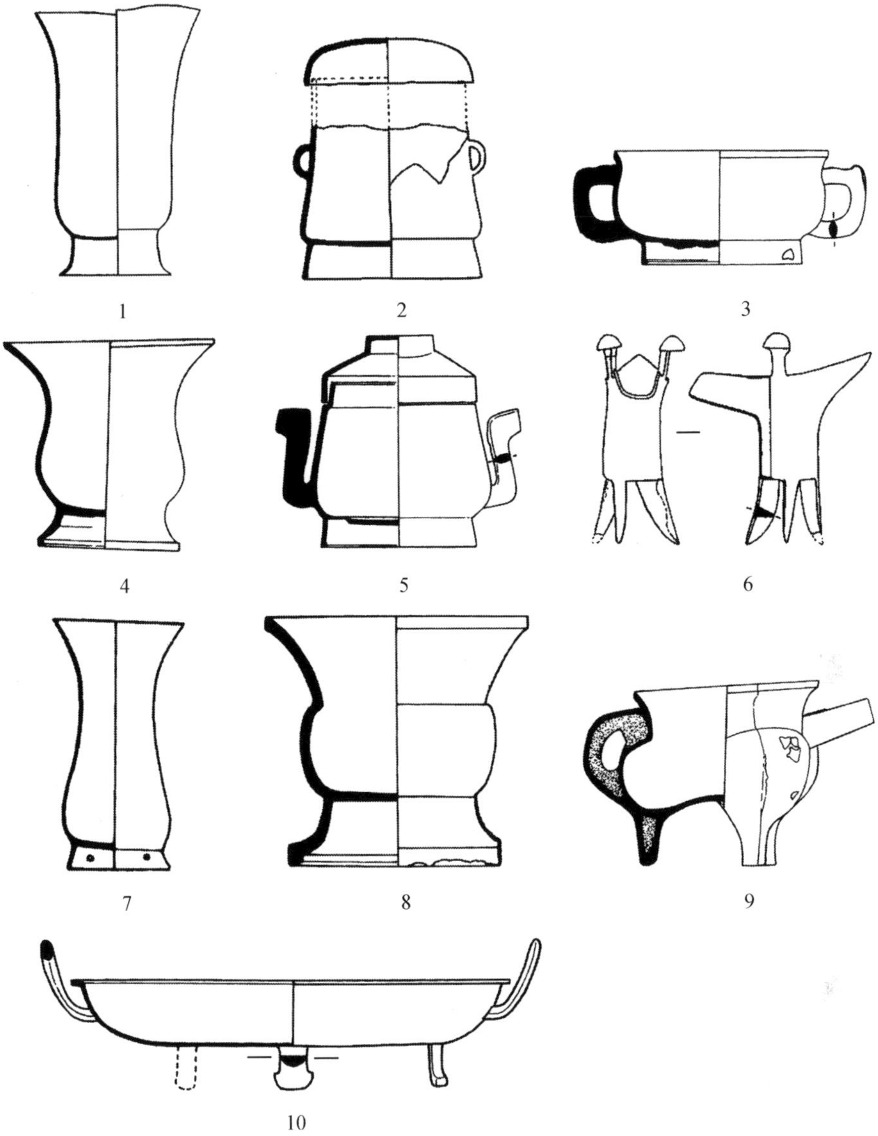

图5-1　M231、M50、M210、M85明器

1. 锡觯（M231：6）　2. 锡卣（M50：6）　3. 簋（M210：4）　4、8. 尊（M210：10、M85：5）　5. 卣（M210：5）　6. 爵（M210：14）　7. 觯（M210：7）　9. 盉（M85：13）　10. 盘（M85：9）

面，盖、器连铸，腹壁较直，形制与西周直壁方彝大略相似（图5-3，2）；M8：6方彝，通高19.6、口12.5厘米×8.7厘米，盖与圈足饰环带纹，口下饰窃曲纹，盖、器分铸，腹部瘪鼓，形制与应国实用方彝略相似①（图5-3，3）。M8：12尊，通高13.6、

① 可能因为M8：6方彝盖、器并未连铸，施纹面积较大，该墓简报不认为此器为明器。但西周末与春秋早期，无论应国还是其他诸侯国，仿古酒器无一例外皆无铭文，而且其中大部分器物客观上并不实用，M8：6盖、器分铸现象只是少有的例外，我们仍然认为该器是明器。同理，M8：19尊等亦为明器。

图5-2　M95明器

1. 鼎（M95：106）　2. 簋（M95：107）　3. 盨（M95：15）　4. 尊（M95：88）　5. 匜（M95：105）　6. 盘（M95：73）

口径11.5厘米，素面，口部斜直外敞，腹略瘪鼓，形制属于觚形尊（图5-3，4）；M8：19尊，通高22.5、口径16.4、圈足9.4厘米×9.9厘米，颈有扉棱、饰环带纹，圈足饰窃曲纹，圆口方腹，腹瘪鼓，形制与第二章B型尊略相似（图5-3，5）。M8：11爵，通高11.9、流至尾长12.6、口宽7.3厘米，素面，流、尾平直，短柱，浅腹，形制与应国实用爵略相似（图5-3，6）。M8：14盘，通高5.5、口径15.2厘米，素面，附耳，形制与第二章A型盘相似（图5-3，8）。M8：37盉，通高17.4、口10.5厘米×8.8厘米，素面，成杯形，实心流，形制与应国实用盉皆不相类（图5-3，7）。

**9. M6**

属于第二期后段第7组。随葬明器有方彝1、尊1、爵1、觯1，大小暂不详。M6：66方彝，通高22、圈足15.5厘米×14.2厘米，盖和圈足饰环带纹，口下饰窃曲纹，盖、器连铸，腹部瘪鼓，形制与应国实用方彝略相似（图5-3，9）。M6：？尊，大小暂不详，圆口方腹，器身有扉棱，形制与第二章B型尊略相似（图5-3，10）。M6：1爵，通高22.6、流至尾长17厘米，素面，形制与第二章A型爵比较相似（图5-3，11）。M6：2觯，通高15.6、口径6.2厘米，素面，形制与第二章Aa型Ⅱ式觯相似，腹壁有孔洞，器内残留范土（图5-3，12）。

图5-3　M8、M6、M7明器

1. 簋（M8：35）　2、3、9. 方彝（M8：34、M8：6、M6：66）　4、5、10. 尊（M8：12、M8：19、M6：？）　6、11. 爵（M8：11、M6：1）　7. 盉（M8：37）　8. 盘（M8：14）　12. 觯（M6：2）　13. 方觯（M7：？）

### 10. M7

属于第二期后段第7组。随葬明器有方觯2（图5-3，13），大小不详，其形制未见于商周时期的实用觯。

### 11. M1

属于第二期后段第8组。随葬明器有鼎4、簋6、甗1、方彝1、壶2、盉1（图5-4），位于东、北侧二层台上①。鼎，4件形制、纹饰相同，与墓中唯一1件实用鼎构成一组列鼎，饰窃曲纹和垂鳞纹。簋，6件形制、大小、纹饰相同，通高23、口径16、腹径21厘米，盖、器饰重环纹和瓦棱纹，形制为第二章Bb型簋。甗，素面，方体，立耳，形制为第二章B型甗，甑箅无孔，鬲部无底。方彝，通高27、器底15.6厘米×11.1厘米，盖饰垂鳞纹、器身素面，盖、器连铸，腹较长、向下扩，形制与西周中期及更早的方彝相差较大。壶，2件形制、纹饰、大小相同，通高44、口径16厘米×11.7厘米，盖缘和颈部饰窃曲纹，腹饰垂鳞纹，方体垂腹，壶内残留范土。盉，通高15.6、长26.4厘米，腹饰卷龙纹，盖、器连铸，实心流，形制为第二章C型盉。

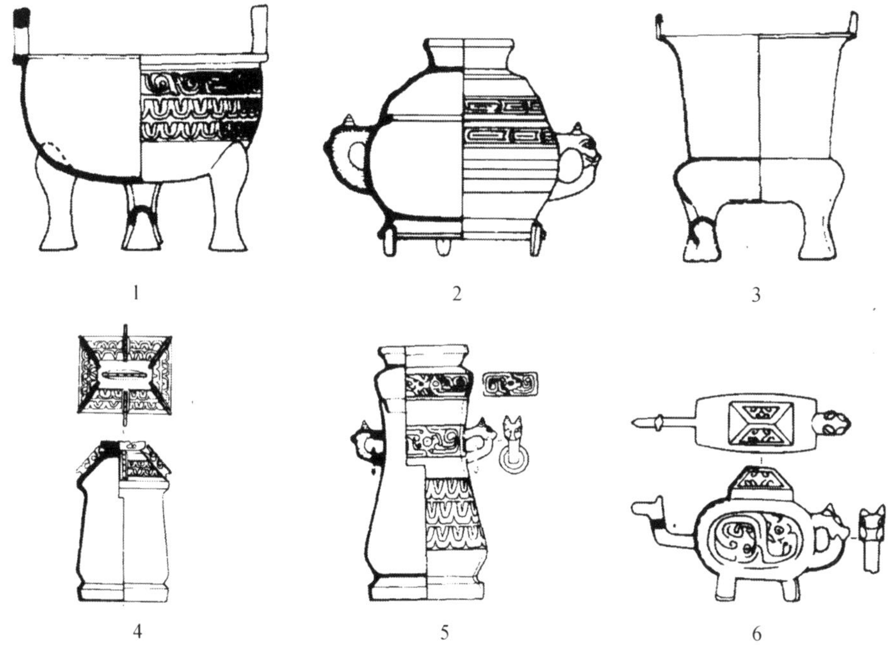


图5-4　M1明器

1. 鼎（M1：31）　2. 簋（M1：64）　3. 甗（M1：56）　4. 方彝（M1：55）　5. 壶（M1：82）　6. 盉（M1：49）

---

① 简报言M1出土5件鼎中有4件为明器，王龙正先生又认为5件鼎“似乎皆为明器”［参见《中原文化大典 · 文物典 · 青铜器》（下册），534页］，本书权依从简报之说。

根据前文分析，我们将应国墓地明器材料制成表5-1。

**表5-1　应国墓地明器表**

| 器群 | 鼎 | 甗 | 鬲 | 簋 | 盨 | 方彝 | 尊 | 卣 | 壶 | 爵 | 觯 | 盘 | 盉 | 匜 | 小计 | 共存实用器 |
|---|---|---|---|---|---|---|---|---|---|---|---|---|---|---|---|---|
| M231 | | | | | | | | | | | 1 | | | | 1 | — |
| M50 | | | | | | | | 1 | | | | | | | 1 | 鼎1、盉1 |
| M213 | | | 2 | 1 | | | 1 | 1 | | 1 | 1 | | | | 7 | 鼎1 |
| M210 | | | | 1 | | | 1 | 1 | | 1 | 1 | | | | 5 | 鼎1 |
| M85 | | | | | | | 1 | | | | | 1 | 1 | | 3 | 鼎3、簋5、觯1、盘1、盉1 |
| M95 | 2 | | | 2 | 1 | | 1 | | | | | 1 | | 1 | 8 | 鼎3、甗1、鬲4、簋4、盨2、壶2、盘1、匜1+、钟7、铃9 |
| M13 | | | | | | √ | √ | | | √ | √ | | √ | | 5+ | 鼎1、甗1、鬲3、簋3、簠2、壶2、盘1、匜1+、钟 |
| M8 | | | | 1 | | 2 | 2 | | | 1 | | 1 | 1 | | 8 | 鼎5、甗1、簋4、壶2、盘1、匜1、铃1 |
| M6 | | | | | | 1 | 1 | | | 1 | 1 | | | | 4 | 鼎5、甗1、鬲4、簋4、壶2、盘1、盉1 |
| M7 | | | | | | | | | | | 2 | | | | 2 | 鼎3、簋4、鬲4、盘1、盉1 |
| M1 | 4 | 1 | | 6 | | 1 | | | 2 | | | | 1 | | 15 | 鼎1、盘1 |
| 小计 | 6 | 1 | 2 | 11 | 1 | 5+ | 8+ | 3 | 2 | 5+ | 7+ | 3 | 4+ | 1 | 59+ | |

注：M231、M50、M213明器全为锡器。M50另有锡器5件形制不明，不知是否含容器。M210另有锡容器2件，形制不明。M13各类明器数量不详，均暂按1件计算；“√”为数量不详

# 第二节　明器与实用礼器的关系

## 一、器类结构

应国明器种类有鼎、甗、鬲、簋、盨、方彝、尊、卣、壶、爵、觯、盘、盉、匜14类，仅比实用器少一类——簠，可以说实用礼器中任何类别都是明器吸纳、模仿的对象①。如表5-1所示，应国明器有59件，各器类总比分别为：鼎10.169%、甗1.695%、鬲3.39%、簋18.644%、盨1.695%、方彝8.475%、尊13.559%、卣5.085%、壶3.39%、爵8.475%、觯11.864%、盘5.085%、盉6.78%、匜1.695%。不难看出，总比值比较偏低的有甗、鬲、盨、壶、匜5类，其中造成明器盨、匜比重偏低的重要原因之一很可能是应

① 簠在第一阶段应国青铜礼器中出现时间较晚且非常短暂，故这一类别未被明器吸收。从整个两周时期来看，其他诸侯国存在明器簠。

国实用盨、匜出现时间较晚、使用时间较短①。对于甗、鬲、壶，排除例外情况，我们可以认为当时社会铸造、使用明器通常不选择这三种器类，应当与当时特定的丧葬观念有关。

应国明器种类结构存在明显的阶段性变化，具体情况我们按照实用礼器的分期断代进行阐述。第一期，明器中无鼎、甗、盨、方彝、壶、匜。其中，没有盨和匜，乃实用盨、匜尚未出现之故。无鼎、甗、方彝、壶，如上文所言，很可能与当时的特定丧葬观念有关，表现在通常不选择这几种器类来铸造和使用明器。

第二期，明器中出现鼎、甗、盨、方彝、壶、匜，鬲、卣消失。其中，盨、匜的出现是由于实用盨、匜产生而被纳入明器系统之内。鼎、甗、方彝、壶的出现情况较复杂。甗、壶仅存在于最晚的M1器群，而且壶还装饰未经简省的纹饰，我们认为二者仍然属于通常被有意识地排除于明器之外的器类，与第一期的使用特征变化不大。本期开始出现实用鬲，而明器鬲反而消失，后者在第一期仅出现于1个器群，说明鬲通常被排斥于明器之外。鼎、方彝开始出现而且数量较多，卣从明器中消失，这种变化显然是西周前、后期社会丧葬观念变化的表征，丧葬观变化的根本原因可能与西周中期礼制改革有关。

## 二、器形特征

与器类情况相似，应国明器的造型设计以实用礼器为范本，在此基础上进行或多或少的改变，总体上没有跳出实用礼器的框架。根据第一节的分析，再以应国实用礼器形制为标准，应国明器器形模仿形式可分四类。

（1）模仿同时期实用礼器，与实用器形制相对接近，如M231：6锡觯、M210：4簋、M210：10尊、M210：7觯、M85：5尊、M85：9盘、M95：96鼎、M95：106鼎、M95：107簋、M95：105匜、M8：14盘、M1：31鼎、M1：64簋、M1：56方甗、M1：82壶、M1：49盉。其中，M85：9盘形制不见于应国实用礼器，但其他诸侯国存在。

（2）模仿同时期实用礼器，与实用器形制相差较大②，如M50：6锡卣、M210：5卣、M85：13盉、M95：15盨、M95：73盘、M8：35簋、M8：37盉。

（3）模仿过时的实用礼器，与实用器形制相对接近，如M210：14爵、M95：88尊、M8：34方彝、M8：6方彝、M8：12尊、M8：19尊、M8：11爵、M6：66方彝、M6：？尊、M6：1爵、M6：2觯、M1：55方彝。

① 第一期实用礼器中无盨、匜，明器中也无盨、匜，可以为证。

② 所谓相差较大，指明器个体上的部分构件造型不仅不见于应国实用礼器，也不见于其他诸侯国或地区的实用礼器。

（4）模仿过时的实用礼器，与实用器形制相差较大，如M7：？方觯。

对于第（1）（2）类模仿形式，两周时期一直普遍存在，本书不做进一步探讨。这里只对第（2）类稍做一些说明，虽然这些明器与实用器形制相差较大，不少构件造型仍然模仿其他器类，如M210：5卣的双耳造型，实际取材于同时期的象鼻耳方彝、方尊、饮壶等；M95：15盨双耳较小，这种耳的造型实际取材于衔环兽首小耳簋。M8：37盉为三足直筒杯形，其是否与西周早期罕见的筒形盉存在关系尚不能确定①。

第（3）（4）类模仿形式即为外在上的仿古（或复古），两周时期虽然断断续续存在，但相对于第（1）（2）类显然比较少见，是相对特殊的现象。下面，我们具体来分析应国明器的仿古表现。

应国仿古明器皆为酒器，固定为方彝、尊、爵、觯4类。第一期，应国仿古明器只有1类——爵，数量仅为1件，即M210：14平底爵，属于西周中期前段，模仿的对象是商代（最迟为周初）的平底爵。

第二期，应国仿古明器有方彝、尊、爵、觯4类，器物数量较之第一期急剧增加。其中，尊是最早出现的，见于M95器群，属于二期前段第6组，方彝、爵、觯出现相对较晚，见于M13器群，也属于第6组。这四类仿古明器模仿的对象为西周早中期的同类实用礼器。方彝的模仿对象有直腹方彝和垂鼓腹方彝两种，仿制的结果是，前一种变为瘦长下扩腹方彝，后一种变为中腹瘪鼓方彝。尊，模仿的对象有三种，即觚形尊、觯形尊以及圆口方尊，其中第三种仿制后皆变为瘪鼓腹。爵的模仿对象有微鼓长腹圜底爵（见第二章A型爵）、敞口浅腹爵两种，仿制的结果是第二种变化较大。觯的模仿对象有圆体细高觯和粗体椭方觯两种，仿制的结果是第一种变化不大，第二种变成稍细长的方体鼓腹觯。除了觚形尊不太确定外，其余被模仿的使用礼器类型的出现年代都不早于西周初年，以流行于昭穆时期的器形居多。

## 三、纹饰特征

第一期应国明器皆为素面。第二期，应国明器分为素面和有纹两类。与器形不相同，明器纹饰皆模仿同时期实用礼器纹饰，其类别有卷龙纹、窃曲纹、环带纹、垂鳞纹、重环纹、瓦楞纹、弦纹。其中，卷龙纹仅有1例，见于扁圆腹盉；瓦棱纹仅施于簋和匜；其他纹饰类别装饰的器类相对较杂。就器类施纹而言，酒器之中爵、觯不装饰花纹。为什么明器尤其是仿古明器上不装饰仿古纹饰，这还需要进一步研究，不是应国明器这一个案就能分析清楚的。

① 实用筒形盉形制参考光父乙盉（《铭图》14653），属于西周早期。

# 四、组合与器用

## （一）组合类型与形式

据表5-1，应国墓地明器组合类型可分为4类：甲类，纯酒器，如M231、M6、M7器群；乙类，食器+酒器，如M213；丙类，食器+酒器+水器，如M95、M8、M1器群；丁类，酒器+水器，如M85、M13。其中，甲类和丁类不见于实用礼器组合类型。

明器具体组合形式如下：

（1）觯（M231、M7）。

（2）卣+其他？（M50）。

（3）鬲、簋、尊、卣、爵、觯（M213）。

（4）簋、尊、卣、爵、觯+容器2（M210）。

（5）尊、盘、盉（M85）。

（6）簋、盨、尊、盘、匜（M95）。

（7）方彝、尊、爵、觯、盉（M13）。

（8）簋、方彝、尊、爵、盘、盉（M8）。

（9）方彝、尊、爵、觯（M6）。

（10）鼎、甗、簋、方彝、壶、盉（M1）。

上述10种组合形式与应国墓地使用礼器组合形式不存在重合之例。除了M85、M1器群外，其余8种组合形式都是明显的“重酒”组合，这与实用器组合的整体“重食”恰好相反，二者之间形成某种平衡关系。文献记载，周人灭商后吸取殷亡教训，统治者多次发布严厉的禁酒之令，考古所见商代晚期的那些典型实用器“重酒”组合确实在周初几乎绝迹，如“纯酒器”组合极为少见，但从上文分析不难发现“禁酒令”在明器系统内并不那么严格地禁止或者说该法令不限于明器的使用，周人对待生礼、丧礼的器用组合是判然有别的①。

就类别而言，明器组合食器中，第一、二期往往都由簋单独构成，这种形式不见于实用器组合。酒器中，觯可单独构成纯酒器组合，这与实用觯的使用相似；尊可单独构成复合组合中的酒器，这在实用器中也存在；第一期常见“尊、卣、爵、觯”，这一组酒器也常见于实用器组合；第二期前段从M13器群年代——宣幽之际开始，由于方彝的加入和卣的退出，故常见“方彝、尊、爵、觯”组合（或省觯），这类酒器组合形式不见于实用器组合；第二期M1器群中，壶与方彝构成酒器组合，非常罕见，而实用壶在第二期是实用器组合中唯一的酒器类别。水器组合，常由盘与盉或盘与匜

① 虽然如此，明器中的酒器类别也受到周初禁酒政策的影响，如觚未在应国明器之列。

构成，这与实用器组合相似。

如果对应国明器分期，前一阶段包含的器群有M231、M50、M213、M210、M85、M95，后一阶段包含的器群有M13、M8、M6、M7、M1①。前、后阶段明器最显著的变化是方彝、圆口方尊加入明器组合，卣退出明器组合。纹饰上也有变化，前一阶段，以素面为主；后一阶段，出现装饰略显精致的明器。由此可见，应国明器组合质变的时间（第6、7组之间）稍晚于实用器组合质变的时间（第4、5组之间），进而我们认为应国明器组合的质变不是由西周中期礼制改革直接造成的，而是它的副产品。

## （二）器用特征

本书所谓明器的器用，是指明器组合与墓葬等级的关联性，至于是否存在明器器用“制度”，我们未敢断言。

### 1. 明器组合的等级性

应国墓地随葬明器的墓葬有特大型墓、大型墓、中型墓②，其中，特大型墓葬的明器组合有甲、丙、丁类，大型墓葬也有甲、丙、丁类，中型墓葬有甲、乙类。以此来看，明器组合类型与墓主身份等级不存在逻辑上的关联性，即明器的组合类型不能反映墓主身份等级。

结合未随葬明器的墓葬，我们可以看出应国明器器用存在一些规律，但这是以阶段性变化为前提的。第一期，从M84、M85、M213、M210、M50、M231之例来看，墓主身份等级越高，使用的明器越少，应侯墓绝少使用明器。第二期，应侯墓开始使用明器，从M13器群年代开始，使用明器数量明显增多。在本期，使用仿古明器组合是墓主高等级身份的标志，由于西周晚期和春秋早期应侯夫人墓等发掘材料尚未公布，我们结合其他诸侯国墓葬予以说明，相关材料如表5-2所示③。

① 为避免与实用器分期相混淆，我们对明器的分期用“阶段”一词来表述。

② 出土青铜容器的应国小型墓数量太少，暂未发现有明器者，从整个商周时期明器的随葬规律来看，推测其应当存在随葬明器者。

③ 该表资料来源参见山西省考古研究所、北京大学考古系：《天马–曲村遗址北赵晋侯墓地第四次发掘》，《文物》1994年第8期；北京大学考古系、山西省考古研究所：《天马–曲村遗址北赵晋侯墓地第五次发掘》，《文物》1995年第7期；陕西省考古研究院等：《梁带村芮国墓地：二〇〇七年度发掘报告》，文物出版社，2010年；陕西省考古研究院等：《陕西韩城梁带村遗址M27发掘简报》，《考古与文物》2007年第6期；河南省文物考古研究所：《三门峡虢国墓》（第一卷），文物出版社，1999年；河南省文物考古研究所：《考古河南》，大象出版社，2012年；河南省文物考古研究所等：《上村岭虢国墓地M2006的清理》，《文物》1995年第1期；河南省文物考古研究所、三门峡市文物工作队：《河南三门峡虢国墓地M2008发掘简报》，《文物》2009年第2期；应国明器材料文献来源从略，墓主身份信息参见第七章。

**表5-2　出土西周末与春秋早期仿古明器材料表**①

| 国别 | 单位 | 身份 | 时间 | 食器 | | | | 酒器 | | | | | | 水器 | | | | |
|---|---|---|---|---|---|---|---|---|---|---|---|---|---|---|---|---|---|---|
| | | | | 鼎 | 簋 | 盨 | 甗 | 方彝 | 尊 | 卣 | 爵/角 | 觯 | 觚 | 饮壶 | 方壶 | 盘 | 盉 | 匜 |
| 晋国 | M62 | 夫人 | 西末 | | | | | 1 | 1 | | 1 | | | | | | | |
| | M63 | 夫人 | 西末 | | | | | 1 | | | 1 | 1 | | | | | | |
| | M93 | 晋侯 | 春早 | 1 | 1 | | | 1 | 1 | 1 | 1 | 1 | | | | 1 | | |
| 芮国 | M502 | 芮伯 | 西晚 | 2 | 2 | | | 2 | | | 1 | 1 | | | | 1 | 1 | |
| | M27 | 芮公 | 春早 | | | | | | 1 | 1 | 1 | | | | | | | |
| 应国 | M210 | 男 | 西中 | | 1 | | | | 1 | 1 | 1 | 1 | | | | | | |
| | M95 | 应侯 | 西晚 | 2 | 2 | 1 | | | 1 | | | | | | | 1 | | 1 |
| | M8 | 应侯 | 春早 | 1 | 1 | | | 2 | 2 | | 1 | | | | | 1 | 1 | |
| | M6 | 应侯 | 春早 | | | | | 1 | 1 | | | | | | | | | |
| | M7 | 夫人 | 春早 | | | | | | | | | 2 | | | | | | |
| | M1 | 应侯 | 春早 | 4 | 6 | | 1 | 1 | | | | | | | 2 | | 1 | |
| 虢国 | M2001 | 虢季 | 春早 | 3 | 3 | | | 2 | 2 | | 3 | 2 | | 1 | | 3 | 2 | |
| | M2012 | 梁姬 | 春早 | 6 | 6 | | | 5 | | | 4 | 6 | 1 | | | 6 | 5 | 1 |
| | M2008 | 虢宫父 | 春早 | | 1 | | | 2 | | | 1 | | | | | 1 | | |
| | M2009 | 虢仲 | 春早 | | | | | √ | √ | | | √ | √ | | | | | |
| | M2006 | 孟姞 | 春早 | 1 | | | | | | | 1 | | | 1 | | | 1 | |

注："爵/角"列，仅芮国M27出土角

如表5-2所示，西周前期出现仿古明器的应国墓地M210属于中型墓，仿古明器器类较单调。西周晚期后段与春秋早期，出现仿古明器的墓葬都属于特大型或大型墓，组合中的仿古明器器类大多比较丰富，墓主身份为诸侯国君与夫人、公室宗亲，地位显赫。

### 2. 明器组合与实用礼器组合的关系

明器是否在组合上与实用器形成互补以达到完善组合的目的，或明器与实用器之间是独立的两个系统，并不存在组合互补关系？我们从下文进行分析。

如表5-3所示，实用器组合在添加明器组合后，前者丙类组合类型自然未发生改变，改变形式为：A.甲类组合（纯食器）变为乙类②；B.丁类组合（食器+水器）变为

① 这一时期的仿古青铜容器可能不都是明器，表内芮国M27出土3件即典型之例，若确实如此，也可旁证仿古明器组合的等级性，今权视为明器列入表内。

② 从M210器群组合来看，实用器甲类组合添加明器后不排除变为丙类组合，但两件锡容器类别不明，姑且不论。

丙类，C.无实用器组合变为纯酒器类。A类变化形式理论上从低级组合变为中级组合，并不能明显抬高墓主的身份等级，C类变化形式同理。

**表5-3　明器组合与实用礼器组合类型表**

| 器群 | 明器组合类型 | 实用器组合类型 | 叠加组合类型 | 组合变化 | 组合完整度 |
|---|---|---|---|---|---|
| M231 | 纯酒器 | —— | 纯酒器 | 变 | Ⅰ |
| M50 | 酒器+? | 食器+水器 | 食器+酒器+水器 | 变 | Ⅰ |
| M213 | 食器+酒器 | 纯食器 | 食器+酒器 | 变 | Ⅰ |
| M210 | 食器+酒器+? | 纯食器 | 食器+酒器+? | 变 | Ⅰ |
| M85 | 酒器+水器 | 食器+酒器+水器 | 食器+酒器+水器 | 未 | Ⅱ |
| M95 | 食器+酒器+水器 | 食器+酒器+水器 | 食器+酒器+水器 | 未 | Ⅰ |
| M13 | 酒器+水器 | 食器+酒器+水器 | 食器+酒器+水器 | 未 | Ⅲ |
| M8 | 食器+酒器+水器 | 食器+酒器+水器 | 食器+酒器+水器 | 未 | Ⅰ |
| M6 | 纯酒器 | 食器+酒器+水器 | 食器+酒器+水器 | 未 | Ⅰ |
| M7 | 纯酒器 | 食器+水器 | 食器+酒器+水器 | 变 | Ⅱ |
| M1 | 食器+酒器+水器 | 食器+水器 | 食器+酒器+水器 | 变 | Ⅱ |

B类变化形式理论上从中级组合变为高级组合，但它比较特殊，涉及三个器群，即M50、M7、M1。应国实用器丁类组合的等级性不太明显，从全部西周墓葬来看，有10座器群较完整者使用这种组合[①]，墓葬大小若按应国墓地的划分标准，则都属于大型墓偏小者和中型墓，其中墓主身份最高者为诸侯夫人，宝鸡茹家庄BRM2墓主井姬即是，应国墓地春秋早期的M7应侯夫人墓也使用这种组合，其他皆为中、低级贵族。那么，像应国墓地M1那样的诸侯国君墓采用丁类组合则属于非常特殊的现象。M1墓主应侯是否存在杀礼而葬的可能，我们认为这方面的证据还不明显[②]，该墓随葬的明器主要是为了完善组合，达到与墓主作为诸侯国君身份相衬的目的。因此，M1明器中的鼎、簋、方壶形制与同时期的实用器非常接近，而且一反常态地大面积施加纹样，由此4件明器鼎又与1件实用鼎构成一组形制和纹饰相同、大小相次的列鼎，明器簋亦成6件列簋等。另外，类似M1中这种明器组合现象在M95中显然是看不到的。

由以上分析，我们认为，墓葬中明器对于实用器组合究竟有何作用以及作用大小应区别视之，可以从外在形式上判断。明器若与同墓共存实用器的形制、纹饰非常接近，构成列器之类的形式，这样的明器对实用器组合的增补作用非常强烈，如果要根

① 这些墓葬有宝鸡茹家庄BRM2、平顶山滍阳岭M50、扶风黄堆95FHM58、曲沃曲村M5189和M5150、洪洞永凝堡村SHYM9、954-55洛阳中州路M816、2002～2004三门峡李家窑村M34和M37、北京房山琉璃河ⅠM54。

② 若杀礼而葬，则M1不必随葬仿古方彝这样的标志性明器，其他明器如鼎、簋、方壶不必施加纹样，与实用鼎形成一组列器。

据器物组合分析墓主身份等级，二者可视为一体，按实用礼器器用标准进行分析。M1实用鼎加上明器鼎构成一组5件列鼎，M6也有一组5件实用列鼎，都是春秋早期应侯墓葬用鼎的标配。M1为何要大量使用明器来补配实用器组合，可能存在深层次的社会原因，而非丧葬观念那么简单。

明器组合与同墓共存实用器存在器类差异或同类器的形制相差较大，明器不装饰纹样，其对抬升墓葬整体器用组合等级的作用虽然存在，但一般来说不是很明显，M50、M213、M210、M85、M7器群即是。参考墓葬等级，添加明器后，一部分器群的组合在表面上等级有所抬升，但抬升后的组合类型与相同的实用器组合仍然存在差距。M95、M8的明器相对特殊，两墓各有实用列鼎一组3件，分别属于A、B型，又M95另有2件明器鼎（B型），M8另有1件应公鼎和1件素面鼎（B型），似从西周晚期后段开始，应侯墓随葬5鼎是常制。准此，M95和M8器群时代，墓葬列器制度并不严格，补配的明器形制、纹饰不必非常接近实用列鼎，簋、盨等器类同理。在列器尤其是列鼎制度形成的背景下，M95和M8中的明器鼎或其他非列器实用鼎的补配作用显得比较强，M1中的明器鼎做成列鼎形式，反映出列鼎制度的进一步强化，簋亦同理。即使如此，M95、M8中的非列器鼎能否与列鼎一视同仁作为反映墓主身份等级的象征，还需要更多材料来说明。

# 第六章　文化特征

## 第一节　器　　类

### 一、与商代晚期青铜礼器比较

应国青铜礼器（不含附属器）有鼎、甗、鬲、簋、盨、簠、方彝、尊、卣、壶、爵、觯、盉、盘、匜、甬钟、铃共17种。与商代晚期器类相比①，新出现的器类有盨、簠、匜、甬钟共4种，没有使用的器类有豆、瓿、罍、觥、斝、觚、角、盂、铙共9种。

第一期应国青铜礼器类别有鼎、甗、簋、盨、方彝、尊、卣、壶、爵、觯、盉、盘，除了一期后段新产生的盨外，其余完全承自商代晚期，器类构成上的商文化因素非常浓厚。需要指出的是，本期暂未发现鬲，当然不排除因为盗掘流散之故，另外，商代晚期安阳殷墟罕见使用鬲，考虑文化传统的惯性作用，或许应国在第一期也没有使用鬲。礼器大类数量比重方面，殷墟文化四期食器为29.7%、酒器为69.87%、水器为0.43%②，应国第一期食器为59.155%、酒器33.803%、水器7.042%，占主导地位的器类从酒器变为食器；就细类而言，殷墟文化四期与应国第一期之间，主导器类从爵、觯变为鼎、簋（表6-1）。故在器类结构比重方面，第一期应国青铜礼器的周文化因素大为增强。

第二期，商代晚期以来的传统酒器方彝、尊、卣、爵、觯从应国青铜礼器中消失，后者食器中新加入鬲、簠，水器中新入匜，食器、酒器、水器比重分别为77.679%、8.929%、13.393%，这样应国青铜礼器器类结构确立了以周文化因素为绝对主导地位的“重食”特征。

---

① 本书商代晚期器类指以安阳殷墟为代表的中原地区商代晚期常见器类。

② 殷墟文化四期青铜食器、酒器比重数据参考岳洪彬：《殷墟青铜礼器研究》，中国社会科学出版社，2006年，304、305页。按：根据该书第454页所列各器类总比值，食器、酒器、水器总比与304、305页描述的存在差距，另外，殷墟文化四期有鬲、豆各1件，不知作者出于何种考虑并未计入，附属酒器——斗则与其他器类平行计算。不管怎样，殷墟文化四期，食器比重低于35%、酒器比重高于60%还是肯定的。

表6-1　殷墟文化四期与应国第一、二期礼器总比重对比表　（单位：%）

| 器物 | 殷墟文化四期 | 应国一期 | 应国二期 |
|---|---|---|---|
| 鼎 | 17.4 | 30.986 | 23.214 |
| 甗 | 2.8 | 2.817 | 4.464 |
| 鬲 | √ | 0 | 13.393 |
| 簋 | 8.7 | 23.944 | 27.679 |
| 盨 | 0 | 1.408 | 7.143 |
| 簠 | 0 | 0 | 1.786 |
| 豆 | √ | 0 | 0 |
| 斝 | 3.6 | 0 | 0 |
| 罍 | 0.8 | 0 | 0 |
| 瓿 |  | 0 | 0 |
| 缶 | 0.4 | 0 | 0 |
| 觥 | 0.4 | 0 | 0 |
| 方彝 | 0.4 | 1.408 | 0 |
| 尊 | 6.3 | 5.634 | 0 |
| 卣 | 7.5 | 7.042 | 0 |
| 壶 | √ | 2.817 | 8.929 |
| 觚 | 20.9 | 0 | 0 |
| 爵 | 23.7 | 7.042 | 0 |
| 觯 | 5.1 | 9.859 | 0 |
| 斗 | 0.4 | √ | 0 |
| 盉 | 0.8 | 4.225 | 2.679 |
| 盘 | 0.8 | 2.817 | 7.143 |
| 匜 | 0 | 0 | 3.571 |

## 二、与西周时期主流青铜礼器比较

西周时期的青铜礼器，大约相当于应国青铜器第一期阶段，器类构成和器用特征可以分为周系、商系两大系统，第二期阶段，周系与商系融为一体。先说第一期的周系青铜礼器，器类在商代晚期基础上增加了簠、盨、盆、匜、鍪、甬钟，另外还有承尊器——方禁，周初旋即消失的器类有瓿、角。新增器类中，簠与方禁在周初已经出现，甬钟出现于康昭时期，簠、盨、盆、匜、鍪出现于穆王时期。与周系青铜礼器器类相比，应国第一期的器类有两个特征：一是器类相对单调，如没有相对常见的传统器物如觥、罍、觚、方尊、盂等；二是新增的食器、水器并不见于应国，其部分器类——盨、盨、匜在第二期才开始出现于应国。第一期的商系青铜礼器中，未出现新的器类，西周早期还有少量的角、铙[①]，但应国青铜器中一直未出现这两种器类，可见商系青铜礼器几乎未对应国青铜礼器形成影响。

第二期，整个王朝的青铜礼器中，传统酒器斝、方彝、觥、罍、尊、卣、觚、爵、觯以及方禁等消失。与之相比，应国青铜礼器存在三个特征：一是应国青铜礼器变化与其他诸侯国或地区几乎同步；二是，应国青铜礼器变化后的器类中，不存在其他地区皆不使用的器类；三是，盨、盨、匜、甬钟开始出现在应国青铜礼器中，但其他地区存在的器类如盆、铺、盂、鍪一直没有出现于应国青铜礼器。

关于盨的来源。迄今所见最早的青铜盨出土于宝鸡石鼓山M4，共有两件，形制、纹饰基本相同，一大一小，年代为西周初年[②]（图6-1，1、2）。故宫博物院藏有一件青铜盨，与前述两件形制、纹饰基本相同[③]。宝鸡石鼓山M4又出高领分裆陶鬲1件，为刘家文化的典型器物，墓室无腰坑、殉人、殉狗等，墓主非姬周族人，仅属于广义上的周人。然此后很长一段时间，整个王朝都没有再出现青铜盨的身影，直到西周晚期前段，盨从王畿地区开始流行[④]。应国的青铜盨始出现于宣幽之际（图6-1，3），应当是受到王畿地区的影响。

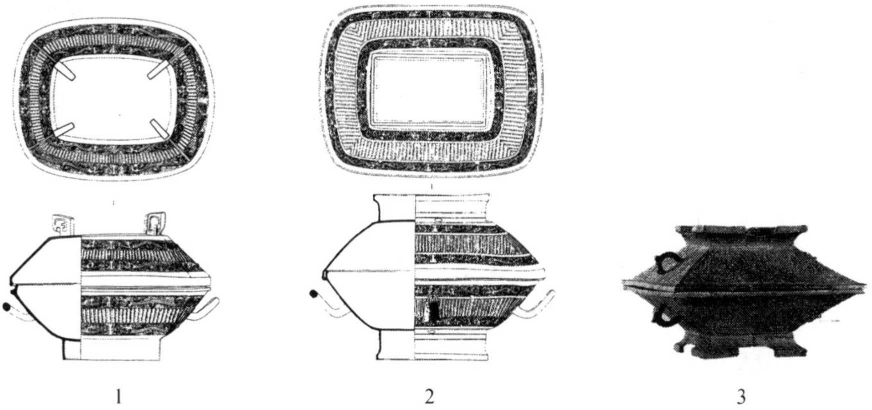

图6-1 宝鸡石鼓山M4与应国M13出土器物

1. 宝鸡石鼓山M4：803盨 2. 宝鸡石鼓山M4：808盨 3. 平顶山滍阳岭M13：00789盨

① 角、铙在山东滕州前掌大史族墓地、河南鹿邑太清宫M1等均有发现。

② 陕西省考古研究院、宝鸡市考古研究所、宝鸡市渭滨区博物馆：《陕西宝鸡石鼓山商周墓地M4发掘简报》，《文物》2016年第1期。

③ 故宫博物院：《故宫青铜器图典》，紫禁城出版社，2010年，86页。

④ 胡嘉麟：《两周时期青铜簠研究》，陕西师范大学硕士学位论文，2007年，30、31页。按：关于盨的定名，胡嘉麟先生从“簠”之说，本书与之不同；传世西周中晚期之际的史免盨（《铭图》5909），从铭文内容来看也应属于王畿地区器物，如“史免”之称谓、“从王征行”即表明器主为王官，平常活动地区应在王畿之内。

关于盨的来源。两周时期年代最早的青铜盨，以前有学者分析认为是应国墓地M84：68应侯爯盨，年代约为共王时期[①]。后来，朱凤瀚先生提到北赵晋侯墓地M13出土1件盨，是目前所知年代较早者[②]，根据晋侯及夫人墓的早晚排序，其年代约为穆王时期。王畿地区的青铜盨出现于西周中期后段，其可能受到晋南青铜文化的影响。无独有偶，最早的青铜盆也出现于晋南地区[③]，王畿地区则在西周晚期才开始出现。因此，我们认为应国青铜礼器中出现盨很可能受到晋南地区的影响[④]。

关于匜的来源。就形制而言，匜是商代晚期以来的青铜觥的派生物[⑤]，最早由酒器觥转换为水器匜大约发生在穆王时期陕西关中西部，典型之例为宝鸡茹家庄強国墓地BRM2出土井姬匜（图6-2，1）。井姬匜为周人器物，造型似貘，貘首鼻端有方形口，相当于流，其自名“盂鑵”，与同出之盘形成一套盥洗器组合[⑥]。西周中期后段关中地区部分匜仍保留着动物造型因素，如1975年岐山董家村窖藏出土僩匜（图6-2，2）[⑦]，从西周中期后段开始，匜在关中地区盛行起来，形制也逐渐稳定成熟，与平顶山西高皇鱼塘XGH采：11匜（图6-2，3）、应国墓地M95：32匜非常接近（图6-2，4）。由此，我们认为应国青铜匜的出现乃是受到王畿地区影响的结果。

关于甬钟的来源。甬钟出现于西周早期，关于它的起源地，学界存在南方起源与北方起源之争[⑧]，本书赞同南方起源说。近年来，湖北随州叶家山M111曾侯犺墓出土4件甬钟与1件镈[⑨]，年代属于西周早期后段，进一步增强了南方起源说的可信度（图6-3，3）。北方地区，陕西关中发现年代最早的甬钟材料为宝鸡竹园沟強国墓地BZM7出土的3件云纹编钟[⑩]（图6-3，1），年代约为康王时期；关中以东发现年代最早的甬钟材料为20世纪80年代河南平顶山市北渡乡魏庄村窖藏出土的3件云纹编钟[⑪]，简报推

---

① 张懋镕：《两周青铜盨研究》，《考古学报》2003年第1期。

② 朱凤瀚：《中国古代青铜器综论》（中），上海古籍出版社，2009年，1445～1447页。

③ 山西翼城大河口M1017出土两件倗伯盆，年代约为穆王晚期，可能是目前所知年代最早者（参见山西省考古研究所大河口墓地联合考古队：《山西翼城县大河口西周墓地》，《考古》2011年第7期）。山西天马-曲村遗址M7164、M7176各出土青铜盆1件，年代约为西周中期前段（参见邹衡：《天马–曲村1980—1989》，科学出版社，2000年）。

④ 从应国墓地M232出土袋足陶瓮、M230出土大口尊来看，应国在西周早期就已经明显受到晋南地区文化影响。

⑤ 张懋镕：《夷曰匜研究——兼论商周青铜器功能的转化问题》，《古文字与青铜器论集》第三辑，科学出版社，2010年。

⑥ 卢连成、胡智生：《宝鸡強国墓地》，文物出版社，1988年，372页。

⑦ 曹玮：《周原出土青铜器》（第3卷），巴蜀书社，2005年，385～389页。

⑧ 曹玮：《西周前期南北方钟的比较与北传路线》，《周原遗址与西周铜器研究》，科学出版社，2004年。

⑨ 湖北省博物馆等：《随州叶家山西周早期曾国墓地》，文物出版社，2013年，138～143页。

⑩ 卢连成、胡智生：《宝鸡強国墓地》，文物出版社，1988年，96、97页。

⑪ 孙清远：《河南平顶山发现西周甬钟》，《考古》1988年第5期。

图6-2　关中与应国青铜匜

1. 宝鸡茹家庄BRM2：16井姬匜　2. 岐山董家村窖藏出土75QDJ：37儩匜　3. 西高皇鱼塘XGH采：11匜　4. 平顶山滍阳岭M95：32匜

断约为穆王时期，其上限实则有达到昭王前后的可能[①]。平顶山魏庄村窖藏的3件编钟装饰风格具有一些南方特征，如枚篆和钲边以尖刺的细乳钉为界格（图6-3，2），如果它们原本属于应国之物，联系到应国的地理位置紧邻周之南土，其对甬钟的使用有可能直接受到南方诸侯国青铜文化的影响，比如曾国。另一种可能是，平顶山魏庄村窖藏及其云纹编钟都与应国无关，应国最早的甬钟即为应侯见工钟（图6-3，4）[②]，形制、纹饰显然属于北方钟风格，它们的出现可能受到王畿地区甬钟使用风气的影响。由于平顶山魏庄村窖藏未出土其他遗物，窖藏本身年代及其使用者国别属性都很难判断[③]，因此我们无法判断属于前后哪一种可能，但无论怎样，应国使用青铜钟的年代很可能都晚于王畿地区或南方曾国。

关于灯形器的来源。应国墓地M85出土1件灯形器（图6-4，1），浅腹、圜底、细高柄，折沿上等距分布四对小穿孔，腹饰瓦棱纹，考古报告推测为灯具物，准此应归入生活用器类。这种器物在应国墓地仅此1件，当非应国自己新创的器类。宝鸡茹家庄强国墓地BRM2亦出土1件灯形器，形制、纹饰与前者非常相似，稍有不同的是，茹家庄BRM2：17灯形器，口下内壁设四个等距分布的半环纽，柄部下端为重叠焊接的喇叭形圈足，二者功用应当相似。年代上，宝鸡茹家庄BRM2：17灯形器约属于穆王时期，比应国墓地M85：3灯形器稍早，故应国墓地出现这种器类可能是受到王畿地区影响的结果（图6-4，2）。又宝鸡茹家庄BRM2和应国墓地M85墓主皆为女性，其在家族内部的身份为宗妇，这种器类很可能主要为地位较高的女性所使用，因此在女性之间传播

① 《河南平顶山发现西周甬钟》一文之所以推断魏庄村窖藏甬钟年代大约为穆王时期而不能更早，是因为当时宝鸡強国墓地甬钟材料尚未发表、不能对比之故。

② 河南省文物研究所、平顶山市文物管理局：《平顶山应国墓地Ⅰ》，大象出版社，2012年，第741～748页。

③ 正因为如此，本书未将这三件编钟划入应国青铜器范畴。

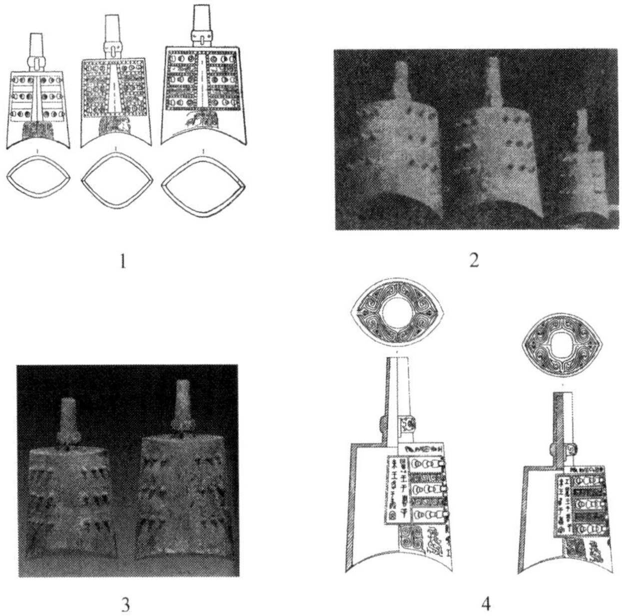

图6-3　甬钟

1. 宝鸡竹园沟BZM7：10、BZM7：11、BZM7：12云纹编钟　2. 平顶山魏庄村窖藏甬钟　3. 随州叶家山M111：7、M111：8甬钟　4. 保利艺术博物馆藏应侯见工钟

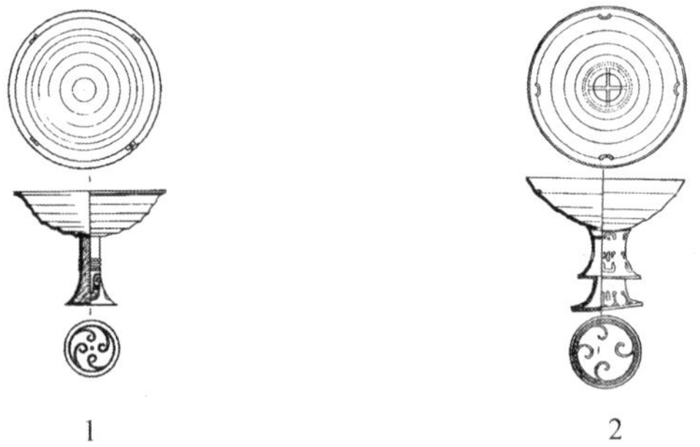

图6-4　灯形器

1. 应国墓地M85：3灯形器　2. 宝鸡茹家庄BRM2：17灯形器

与流动。

由上述分析可以得出以下几点认识。

（1）西周和春秋早期，应国对周王朝青铜礼器品类创新上没有多大贡献，几乎都是吸纳其他诸侯国或地区的创新器类。

（2）应国在吸纳新器类过程中行动稍显迟钝，同时又存在选择性，如没有吸纳方禁、盆、鋬之类的器物。

（3）应国在继承商代晚期传统器类上存在选择性，如抛弃了斝、觥、罍、瓿、角、铙等器类，又在所选择器类的数量使用上逐渐增强周文化的“重食”因素。

# 第二节 器　　形

与商代晚期同类器形制相比，第一期应国青铜礼器形制总体上以商文化因素为主，如果将此视为第一期应国青铜礼器形制的共性，在这一共性基础上按周文化或其他地方土著文化等个性因素是否明显，可分为三组①。

甲组，商文化因素明显浓厚，包括的器形有鼎Aa型Ⅰ～Ⅲ式、C型Ⅰ式、C型Ⅱ式、D型，甗A式Ⅰ式、Ⅱ式，簋A型Ⅰ～Ⅳ式，簋C型，应□方彝，尊A型Ⅰ～Ⅲ式，卣Ⅰ～Ⅲ式，爵A型，觯Aa型Ⅰ～Ⅱ式、Ab型、B型Ⅰ式、B型Ⅱ式，壶A型Ⅰ、Ⅱ式，盉B型Ⅱ式。另外，明器中有M210：14平底爵、M85：13三足分裆盉。

乙组，周文化因素相对明显，包括的器形有簋Ba型Ⅰ式（应事簋）、Bc型Ⅰ式（爯簋），尊B型（应□方尊），爵B型（应事爵），觯B型Ⅲ式（应公觯），盘A型Ⅰ式，盉A型。另外，明器中有M210：5长鼻状双鋬卣、M85：9三足附耳盘。

丙组，南方因素相对明显，包括的器形有鼎Ab型Ⅰ式、鼎Ac型，盉A型Ⅰ式（M85：15蟠龙盖盉）。

以上第一期器形文化因素的分组，暂未考虑时代变化因素。从时间上来看，第一期后段甲组的不少器形与商代晚期同类型器相比，器物构件虽然没有发生明显改变，但局部形态已经存在比较明显的变化，表现在：Aa型Ⅲ式鼎腹部较浅，鼎腿内侧为截平面或有凹槽，D型鼎腹部亦较浅，为圆角方形；A型Ⅱ式甗器身较矮，甑壁较竖直；A型Ⅲ、Ⅳ式簋，腹部较浅，圈足较外撇；应□方彝器身粗宽，腹部下垂；Ⅲ式卣器体横截面为椭方形，器身粗宽，腹部下垂；A型Ⅲ式爯尊为粗胖的觯形尊；A型Ⅲ式觯器身修长，B型Ⅲ式应公觯带有一鋬；B型Ⅱ式盉器身变粗矮，裆较低。乙组，我们之所以认为周文化因素相对明显，是因为本组器物局部构件发生了质的改变，如Ba型Ⅰ式应事簋为衔环兽首小耳、B型应□方尊上圆下方、B型Ⅲ式应公觯带有一鋬、B型爵双柱设在口下、A型Ⅰ式盘出现附耳等。第一期后段新出现的A型Ⅰ式应侯爯盨，则完全属于周文化因素器物，由于北赵晋侯墓地M13出土盨形制暂且不明，应侯爯盨上究竟带有多少应国自身文化因素则不得而知。

第二期，各种器类上的商文化因素、南方因素都明显减弱。在此基础上，按商文化、地方文化因素是否相对明显分为三组。

甲组，商文化因素相对明显，包括的器形有鼎Aa型Ⅳ～Ⅵ式，甗A型Ⅱ、Ⅲ式。明器中有M95：73无耳圈足盘及仿古酒器如尊、方彝、爵、觯等。

乙组，周文化因素明显浓厚，包括的器形有鼎B型Ⅰ～Ⅴ式，甗B型，簋Ba型Ⅱ、Ⅲ式、簋Bb型Ⅰ～Ⅳ式、簋Bc型Ⅱ式、簋C型Ⅱ式，盨A型Ⅰ式、A型Ⅱ式、盨B型，

① 时代变化因素暂不考虑在内，如A型Ⅲ式尊、Ⅲ式卣、Aa型Ⅱ式觯等一期后段的器物，与商代晚期同类型器相比，变化还是比较明显的。

壶A型Ⅲ式、A型Ⅳ式、Ba型Ⅰ～Ⅲ式、Bb型，盘A型Ⅱ～Ⅳ式、B型，盉C型。另外还包括新增器类匜和甬钟，明器中有M8：37盉。

丙组，南方因素相对明显：无。

根据上文分析，应国青铜礼器器形与商代晚期同类器形制相比，变化较大主要存在于第一期乙组与整个第二期①。从总体上看，二者之间还存在另一种差异，即商代晚期流行并在西周前期仍然延续了较长时间的器形（不包含先周器物）不见于应国，典型之例有锅形扁腿鼎、牺尊、鸮卣、提梁方卣、贯耳方壶、分裆四腿盉等。另外，西周时期（或上及先周）王畿地区新出现的器形如方座簋、附耳盂形簋、四耳簋、橄榄壶、象鼻耳饮壶、象鼻耳方彝、象鼻耳方尊、圈三足盘等并未出现于应国青铜器。要之，应国青铜礼器器形比较单调，独创性较少，整体上从属于周王畿青铜文化。

那么，应国青铜礼器器形对整个周王朝青铜礼器器形的发展有无贡献呢？这需要从第一期乙组器形中的文化因素来源进行分析。

M229：2应事簋盖面近平，其上有圈形捉首，器身子口、大垂鼓腹，矮圈足较外撇，整个造型似瘪球状（图6-5，1）。西周时期类似应事簋的这种造型是由殷墟文化四期出现的球形簋演变而来②，故应事簋的主体造型属于商式簋的延续。不过，应事簋口下的耳构造与形制比较特殊，为兽首衔环小耳。故宫博物院藏有一件通遙簋（《铭图》4550），年代为西周早期后段，器身为豆形，口下双耳亦为兽首衔环小耳（图6-5，2）。应事簋与通遙簋是目前所见设兽首衔环小耳最早的两件簋，然二者属于两个不同型，可以说应事簋开启了瘪球腹簋设兽首衔环小耳之先河，是对西周青铜簋器形发展的一大贡献。考古报告指出，应事簋双耳造型借鉴了商代晚期以来青铜罍兽耳衔环的样式③，本书赞同，不过应事簋、通遙簋与青铜罍之间耳部形制存在质的变化。

1　　2　　3

图6-5　衔环兽首耳青铜器

1. M229：2应事簋　2. 通遙簋（《铭图》4550）　3. 安阳大司空M303：59马危罍

① M95：73无耳圈足盘除外。

② 彭裕商：《西周铜簋年代研究》，《考古学报》2001年第1期，E型簋。

③ 商代晚期兽耳衔环罍如安阳大司空M303：59马危罍（图6-5，3）所示，参见中国社会科学院考古研究所：《安阳大司空——2004年发掘报告》，文物出版社，2014年，426页。

M229：3应事爵（图6-6，1），腹部无鋬，菌状双柱皆附于口下，成“L”形，非常特别。应事爵主体形制在昭穆时期青铜爵中比较普通，与之相似者有长安花园村M17：36和M17：41弦纹爵[①]、扶风云塘76FYM13：21弦纹爵[②]、宝鸡茹家庄BRM1乙：44和BRM1乙：45爵[③]、洛阳北窑M368：4伯丰爵[④]、随州叶家山M107：12曾伯爵[⑤]等，但若考虑到鋬是否设置及双柱位置与造型，应事爵不但在应国青铜爵中仅此一例，而且在整个商周青铜爵中也仅此一例。首先，腹部不设无鋬的爵在商周时期罕见，目前似仅有应事爵一例。其次，爵柱根附着于口下器壁的现象也非常少见，目前除了应事爵外，仅约为康王时期的长隹壶爵[⑥]明确有这种双柱设置（图6-6，2），不过长隹壶爵器身形制独特，不同于其他商周青铜爵。故宫博物院藏有1件鲁侯爵（图6-6，3）[⑦]，年代约为康王时期，双柱残佚，由于双柱折断后留在口下壁外的疤痕尚存，故唐兰先生推测该爵原有一对附柱（按：与应事爵、长隹壶爵的双柱造型相似）[⑧]，该是。商周青铜爵的双柱形态，以立柱占绝大多数，附柱罕见，后者出现时间就目前材料来看应晚于周初。因此，我们推断，附柱爵的出现很可能是周人对传统商式爵的改造结果。由于附柱爵出土材料稀少，我们无法判断这种形制的爵最先出现于哪一地区，从年代来看，应事爵显然不是最早的附柱爵，这一点显然不属于应国对西周青铜爵形制发展的贡献。但应事爵附柱与无鋬的组合形制，无疑属于应国对西周青铜爵形制发展的一大贡献。

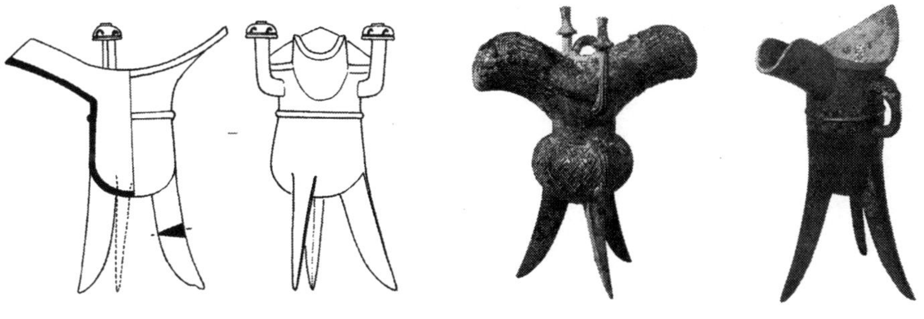

1　　　　2　　　　3

图6-6　附柱爵

1. M229：3应事爵　2. 长隹壶爵（《青全》5：90）　3. 鲁侯爵

① 陕西省文物管理委员会：《西周镐京附近部分墓葬发掘简报》，《文物》1986年第1期。

② 曹玮：《周原出土青铜器》（第7卷），巴蜀书社，2005年，1444、1445页。

③ 卢连成、胡智生：《宝鸡弶国墓地》，文物出版社，1988年，302、303页。

④ 洛阳市文物工作队：《洛阳北窑西周墓》，文物出版社，1999年，214、216页。

⑤ 湖北省文物考古研究所等：《湖北随州叶家山M107发掘简报》，《江汉考古》2016年第3期。

⑥ 容庚：《商周彝器通考》，上海人民出版社，2008年，435、436页。

⑦ 故宫博物院：《故宫青铜器》，紫禁城出版社，1999年，第125号。

⑧ 唐兰：《西周青铜器铭文分代史征》，中华书局，1986年，151、152页。

带鋬应公觶（图6-7，4）。西周早期，一些传统上不设鋬的青铜器类中部分青铜容器个体出现带鋬现象，它们在各自所属器类中皆属罕见之例，带鋬应公觶即属其中一例。包括前述应公觶在内，这类形制的礼器共有18件，即尊11、卣1、觶3、甗2、豆1，具体分别是南单母癸甗（《夏商周》222）（图6-7，1）、陇县梁甫村出土甗①、康生豆（《青全》6：131）、亚共庚父丁尊（宝鸡石鼓山M1：1）②、玐伯祖癸尊（《铭图》11472）、盠司徒幽尊（《铭图》11720）、𠩺尊（《铭图》11698）、赤尊（《劫掠》A445）、先觶（《通考》586）、弜季尊（宝鸡竹家沟BZM4：2）③（图6-7，3）、噩侯弟𠩺季尊（《青全》6：109）、噩侯弟𠩺季卣（《青全》6：108）、𢦚尊（《劫掠》A447）、作旅彝尊（《流散》156）、兽面纹尊（《通考》531）、单鋬尊（《劫掠》A446）、应公觶（《综览一》·觶102）、作宝尊彝觶（《综览一》·觶142）（图6-7，5）。从目前材料来看，商代晚期不存在此类特殊形制的单鋬青铜容器，尤其是殷墟地区没有发现，可见其并非商人青铜礼器的传统形制。上述18件特殊的带鋬器中，宝鸡石鼓山M1：1亚共庚父丁尊（图6-7，2）、陇县梁甫村出土甗、南单母癸甗、康生豆年代相对较早，属于西周早期前段。在出土地点较明确的器物中，石鼓山M1：1亚共庚父丁尊和陇县梁甫村出土甗来自陕西宝鸡及邻近地区，年代稍晚的弜季尊也出自宝鸡地区，唯有噩侯弟𠩺季尊和卣应来自湖北随州安居一带。任雪莉先生推测特殊的带鋬礼器起源于宝鸡地区，受到西北羌戎文化的影响而产生，就器物而论是受到甘青地区马家窑文化以来的带鋬陶器的影响④。笔者基本赞同这一观点，需做补充的是，先周青铜器中并无特殊的带鋬青铜礼器，所以这应当是周初王畿西部商、周青铜文化交流、碰撞的产物。带鋬应公觶的出现，显然是受周王畿青铜文化影响的结果。两件带鋬青铜觶中，应公觶与作宝尊彝觶年代接近，皆约为昭穆之际，二者之间难以分出早晚，但它们在形制上分属两个不同的亚型，就这一点来看，应公觶也不失为应国对周人青铜觶形制发展的一大贡献。

保利艺术博物馆藏爯簋（图6-8，1），盖器相合略成上敛的筒形，圈四足，属于彭裕商先生划分的F型簋⑤，年代与之略相近的只有山西绛县横水倗国墓地M1006：66簋（图6-8，2）⑥，而倗国墓地M1：205倗伯爯簋⑦、陕西耀县（现耀州区）丁家沟出

---

① 胡百川：《陇县梁甫出土西周早期青铜器》，《文博》1987年第3期。

② 石鼓山考古队：《陕西宝鸡石鼓山西周墓葬发掘简报》，《文物》2013年第12期。

③ 卢连成、胡智生：《宝鸡弜国墓地》文物出版社，1988年，147、156页。

④ 任雪莉：《从宝鸡新出亚共尊看西周特殊的具鋬铜器》，《文物世界》2013年第2期。按：任雪莉先生对特殊的带鋬青铜礼器做过搜集，但遗漏两件。

⑤ 彭裕商：《西周铜簋年代研究》，《考古学报》2001年第1期，

⑥ 宋建忠、谢尧亭等：《山西绛县横水西周墓地》，《2006年中国重要考古发现》，文物出版社，2007年。

⑦ 朱凤瀚：《中国青铜器综论》（中），上海古籍出版社，2009年，1493页。

图6-7　特殊的带鋬礼器

1. 南单母癸甗（《夏商周》222）　2. 亚共庚父丁尊（宝鸡石鼓山M1：1）　3. 𢐗季尊（宝鸡竹园沟BZM4：2）

4. 带鋬应公觯（《平顶山应国墓地Ⅰ》319页）　5. 作宝尊彝觯（《综览一》·觯142）

土的殷簋[①]等年代皆不早于共王。倗国墓地M1006：66簋为兽首衔环小耳，盖、器装饰瓦棱纹和窃曲纹，皆与保利艺术博物馆藏再簋不同。我们虽然不能确定倗国墓地M1006：66簋与保利艺术博物馆藏再簋年代的相对早晚，但保利艺术博物馆藏再簋为半环状兽首大耳，在这类形制的圈四足筒形簋中，它是最早的一件。滕州前掌大于屯村北ⅢM308：8簋[②]亦为上敛的筒形（图6-8，3），半环状兽首耳，圈足下无支足，年代为西周早期前段。保利艺术博物馆藏再簋显然是在这种簋形制的影响下发展出来的，上敛的筒形簋并非殷墟或周王畿地区的传统器物，显然保利艺术博物馆藏再簋的出现是受到某一地区青铜文化因素的影响，就目前材料来看，还不能确定为山东地区。

应[illegible]方尊，圆形喇叭口，腹和圈足横截面皆为方形（图6-9，1）。圆口方腹尊皆在成康以后出现，如绛县横水M1006觊方尊[③]、扶风齐家窖藏出土日己方尊[④]、矢令尊

① 呼林贵、薛东星：《耀县丁家沟出土西周窖藏青铜器》，《考古与文物》1986年第4期。

② 滕州市博物馆：《滕州前掌大村南墓地发掘报告（1998～2001）》，《海岱考古》第三辑，科学出版社，2010年。

③ 山西省考古研究所等：《晋国雄风：山西出土两周文物精华》，万卷出版公司，2009年，58～62页。

④ 梁星彭、冯孝堂：《陕西长安、扶风出土西周铜器》，《考古》1963年第8期。

1　　2　　3

图6-8　簋

1. 保利艺术博物馆藏爯簋　2. 绛县倗国墓地M1006：66簋　3. 前掌大于屯村北ⅢM308：8簋

（《铭图》11821）（图6-9，3）、荣子方尊（《铭图》11611）（图6-9，2）、小子生尊（《铭图》11799）、服方尊（《铭图》11753）等。其中，年代较早者为矢令尊、荣子方尊，约为昭王时期，小子生尊已经晚至昭王末年，矢令尊、荣子方尊都传出河南洛阳，矢令为王朝史官，荣子为畿内诸侯，这两件尊与小子生尊都应出自王畿地区。应□方尊形制、纹饰都与覶方尊、日己方尊相似，年代约为穆王时期，故应□方尊的出现，应当是受到王畿青铜文化影响的结果，而且形制也无特别之处。

1　　2　　3

图6-9　尊

1.应□方尊　2.荣子方尊　3.矢令尊

M210：5长鼻状双鋬卣（明器），不见于周王畿或其他地区，目前暂可视为应国独立创造（图6-10，4）。即使如此，这种形制卣的出现，仍然受到昭王末年的小子生尊（《铭图》11799）（图6-10，1）和昭穆之际的服方尊（《铭图》11753）（图6-10，2）一类带有象鼻鋬青铜容器形制的影响。带有象耳鋬的青铜容器还有伯㦰饮壶甲和乙[①]（图6-10，3）、吕伯簋（《铭图》4902）、盠方尊（《铭图》11814）、盠方彝（《铭图》13547）、井叔方彝（《铭图》13521）、师遽方彝（《铭图》13544）

① 曹玮：《周原出土青铜器》（第7卷），巴蜀书社，2005年，1381～1388页。

等，另外还见于西周晚期与春秋早期的大量仿古明器，兹不备举。前述器物中，包括年代最早的小子生尊在内的大部分器物都来自王畿地区①，我们认为青铜容器上的上扬象鼻状錾应当兴起于王畿地区，M210：5长鼻状双錾卣的出现乃是受周王畿青铜文化影响的结果。当然，西周青铜容器上象鼻耳造型设计得更早渊源还有待研究。

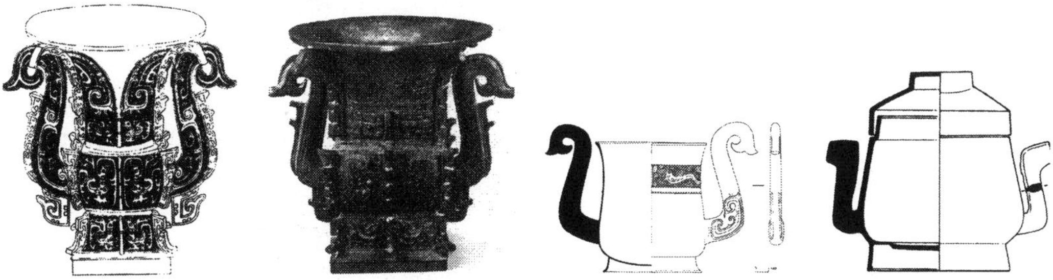

图6-10 象鼻耳青铜容器

1. 小子生尊 2. 服方尊 3. 伯彧饮壶乙 4. 应国墓地M210：5长鼻状双錾卣

M50：1匍盉（图6-11，1）、应侯盉（《铭图续》0967）为短颈、圜底、四柱形腿，这种形制在西周青铜盉中罕见，目前所见最早的一例为宝鸡纸坊头2003BZFM2：1史父乙盉②，年代为西周早期前段。商代晚期和西周早期，史族族居地皆在今山东滕州前掌大一带③，对于这样一件孤立于陕西关中西部的史父乙盉，不能就此认定其为周王畿青铜文化的代表性器物之一。要之，A型盉的出现，尚不能推定受哪一地区青铜文化的影响。

匍盉形制还有自身特点，其整个造型略似雁形，盖缘和颈部之间以一个圆雕人俑链套连起来，在商周青铜盉中独一无二，这是应国对西周青铜容器器形发展的一项贡献。西周时期，动物型青铜容器总体数量不算少，但仿禽鸟形容器总体来说比较少见，目前所知西周时期的仿禽鸟形青铜器有宝鸡茹家庄BRM1乙：24鸟尊（图6-11，6）和BRM1乙：27鸟尊④、北赵晋侯墓地M114：210晋侯尊⑤（图6-11，4）、大河口霸

① 传世器中，小子生尊器主为王室子弟，其平常的主要活动地应当是王畿地区，师遽方彝器主为王官，平常的主要活动地很可能亦王畿地区，唯独服方尊器主的主要活动地不能推定。

② 宝鸡市考古研究所：《陕西宝鸡纸坊头西周早期墓葬清理简报》，《文物》2007年第8期。

③ 参见中国社会科学院考古研究所：《滕州前掌大墓地》，文物出版社，2005年；滕州市博物馆：《滕州前掌大村南墓地发掘报告（1998～2001）》，《海岱考古》第三辑，科学出版社，2010年。

④ 卢连成、胡智生：《宝鸡弜国墓地》，文物出版社，1988年，270～359页。

⑤ 北京大学考古文博学院、山西省考古研究所：《天马-曲村遗址北赵晋侯墓地第六次发掘》，《文物》2001年第8期；上海博物馆：《晋国奇珍：山西晋侯墓群出土文物精品》，上海人民美术出版社，2002年。

国墓地M2002：23鸟盉[①]（图6-11，5）、辽宁喀左马厂沟窖藏鸭形尊[②]（图6-11，2）、丹徒大港子母墩西周墓出土鸳鸯尊[③]（图6-11，3）等。以上几件禽鸟形容器，从形制来看可以分为两类：第一类，如宝鸡茹家庄BRM1乙：24鸟尊和BRM1乙：27鸟尊、晋侯墓地M114：210晋侯尊、大河口霸国墓地M2002：23鸟盉，都有尖喙，特别是晋侯墓地M114：210鸟尊和霸国墓地M2002：23鸟盉，满装花纹，鸟颈部上扬前视，器身明显地刻画出翅膀形态，双角为利爪形态，它们明显是模仿天上飞鹰之类的造型。第二类，如马厂沟窖藏鸭形尊、匍盉、丹徒大港鸳鸯尊，头部皆有鸭形长喙。特别是匍盉与丹徒大港鸳鸯尊，器以素面为主，器身比较肥胖，不刻画出翅膀形态，曲颈上扬，颔首前视，鸭形喙，鸳鸯尊有带蹼双足，匍盉为柱足。第二类器物明显是仿水禽动物的造型，与第一类鸟形器相差较远。喀左马厂沟窖藏出土鼎1、甗2、簋3、鸭形尊1、卣2、罍2、盂1、壶1、盘1，郭宝钧先生将其年代定为西周前期偏早[④]，可从。既然马厂沟鸭形尊在时间上早于匍盉，那么匍盉形制渊源很可能就是前者。此外，辽宁马厂沟窖藏出土的附耳鼎器身低矮，腹部很浅，有人或误认为盘，该鼎形制也与应国墓地M85：9素面三足盘相似，可以作为文化影响的旁证。丹徒大港子母墩西周墓出土鼎2、簋2、鬲1、尊2、卣1、壶1，朱凤瀚先生将该墓推定为西周中期偏晚，将墓中出土青铜器分为A、B、C三类。A类与中原器物相似但也有部分地方特征。B类如鬲、鸳鸯尊、壶是属于地方土著器物。C类伯簋为方座簋，饰垂冠大鸟纹，明显是中原地区的器物，约为穆王时期[⑤]。江苏丹徒地区其他西周墓出土的青铜器属性大抵也可分为如上三类，反映出西周时期中原地区的青铜文化对长江下游的辐射作用。仿水禽类青铜容器皆出现在陕西关中以东，最早起源于地方青铜文化，但具体在什么地域，以现有材料尚无法明确推断。

Ab型Ⅰ式鼎，包括M242：13素面鼎、PY采：0764夔龙纹鼎，皆为束颈、垂腹、细高足，器小壁薄。这种形制的鼎在北方比较少见，殷墟青铜器中可见几例，如86郭

---

① 山西省考古研究所大河口墓地联合考古队：《山西翼城县大河口霸国墓地》，《考古》2011年第7期。

② 热河省博物馆筹备组：《热河凌源县海岛营子村发现的古代青铜器》，《文物参考资料》1955年第8期。

③ 江苏省文物管理委员会：《江苏丹徒大港母子墩西周铜器墓的发掘》，《文物》1984年第5期；杨正宏、肖梦龙：《镇江出土吴国青铜器》，文物出版社，2008年，第19号。

④ 郭宝钧：《商周铜器群综合研究》，文物出版社，1981年，49～54页。

⑤ 朱凤瀚：《中国青铜器综论》（中），上海古籍出版社，2009年，1494～1501页。

图6-11 盉与尊

1. 应国墓地M50：1匍盉 2. 马厂沟鸭形尊（《青全》6：22） 3. 丹徒鸳鸯尊 4. 北赵晋侯墓地M114：120晋侯尊 5. 大河口霸国墓地M2002：23鸟盉 6. 宝鸡茹家庄BRM1乙：24尊（《青全》6：170）

家庄M6：42素面鼎[①]、82西区GM874：9祖辛鼎[②]、82西区GM875：3兽面纹鼎[③]等。南方地区比较常见这种形制的鼎，商代晚期的如湖南高砂脊AM1：2～AM1：4、AM1：6（图6-12，2）、AM1：7四件鼎[④]，西周时期的如长沙路口高桥乡出土S形夔纹鼎[⑤]、广西贺州市M2：7素面鼎[⑥]等。春秋战国时期，南方地区仍流行这种薄壁细高足鼎，如湖南资兴旧市M276：6、M351：1[⑦]，湖南桃江腰子仑墓地M026：2、M029：1（图6-12，4）、M032：1、M095：1[⑧]，广东四会鸟旦山M1：3[⑨]，广东清远马头岗

① 孟宪武、李贵昌：《河南安阳郭庄村北发现一座殷墓》，《考古》1991年第10期，图版肆·1。

② 中国社会科学院考古研究所：《殷虚青铜器》，文物出版社，1985年，彩版七六，图七五·1。

③ 中国社会科学院考古研究所：《殷虚青铜器》，文物出版社，1985年，彩版六八，图七二·1。

④ 向桃初：《湖南望城县高砂脊商周遗址的发掘》，《考古》2001年第4期。

⑤ 郑小炉：《吴越和百越地区周代青铜器研究》，科学出版社，2007年，92页。

⑥ 贺州市博物馆：《广西贺州市马东村周代墓葬》，《考古》2001年第11期。

⑦ 湖南省博物馆：《湖南资兴旧市战国墓》，《考古学报》1983年第1期。

⑧ 益阳市文物管理所：《湖南桃江腰子仑春秋墓》，《考古学报》2003年第4期。

⑨ 广东省博物馆：《广东四会鸟旦山战国墓》，《考古》1963年第2期。

M1：002[①]等。显然，这种薄壁细高足鼎从商代晚期开始在南方地区流行，一直持续到春秋战国时期，正如考古报告所言，M242：13及PY采：0764鼎所代表的这类鼎是南方地区的青铜文化风格的体现，另外，PY采：0764（图6-12，1）鼎所饰夔龙纹也具有长江中下游的风格。有意思的是，山西曲沃县天马–曲村M6081：88、M6081：89两件南宫姬鼎（图6-12，3）[②]，形制、装饰风格与应国墓地M242：13存在异曲同工之妙。南宫姬鼎颈特别收束，腹部甚外瘪，异于该墓同出的具有中原风格的其他青铜容器，陈小三先生认为二鼎形制受到湖南望城高砂脊遗址中土著瘪腹陶鼎的影响[③]，近是。从南宫姬鼎铭文内容不难看出，周人直接铸造和使用这类南方风格的鼎。类似地，与应国墓地M242：13素面鼎同出的还有一组中原风格的青铜容器——鼎1、簋2、爵1、觯2、尊1、卣1等，援引南宫姬鼎之例，应国墓地发现的Ab型Ⅰ式鼎很可能是应国自身之物而非从外直接传播流入。当然，Ab型Ⅰ式鼎显然不属于应国对西周青铜容器器形发展贡献的表现，但它表明应国在南方青铜文化向中原传播过程中扮演了重要的中介角色。

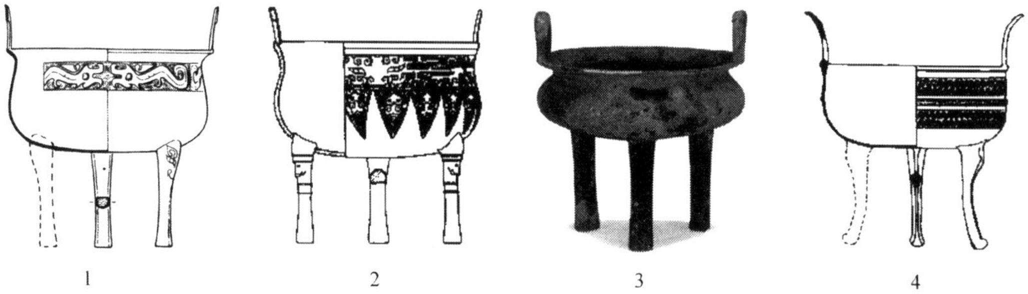

图6-12　Ab型Ⅰ式鼎

1. 应国墓地PY采：0764鼎　2. 高砂脊AM1：6鼎　3. 曲沃曲村M6081：89南宫姬鼎　4. 桃江腰子仑M029：1鼎

Ac型鼎，包括M84：74箍棱鼎（图6-13，1）、M85：14窃曲纹鼎（图6-13，3），二器皆束颈，颈部下端外折与腹相连，稍有不同的是，前者颈部下端有一周凸箍棱。这种形制的鼎西周时期在中原地区罕见。与前述二器形制相似的鼎有湖北江陵万城北子冉鼎[④]（图6-13，4）、山西天马-曲村M6384：9鼎[⑤]、曲村M5189：2鼎[⑥]、陕西华县

① 广东省文物管理委员会：《广东清远发现周代青铜器》，《考古》1983年第1期。

② 邹衡：《天马–曲村1980—1989》（第二册），科学出版社，2000年，342页。山西省考古研究所等：《晋国雄风：山西出土两周文物精华》，万卷出版公司，2009年，52页。

③ 陈小三：《简论曲村墓地发现的南宫姬鼎》，《江汉考古》2014年第6期。

④ 王毓彤：《江陵发现西周铜器》，《文物》1963年第2期；李健：《湖北江陵万城出土西周铜器》，《考古》1963年第4期；湖北省博物馆：《湖北出土文物精粹》，文物出版社，2006年，69页。

⑤ 邹衡：《天马–曲村1980—1989》（第二册），科学出版社，2000年，497、499页。

⑥ 邹衡：《天马–曲村1980—1989》（第二册），科学出版社，2000年，386、387页。

东阳周墓区采集立耳鼎[1]、长安斗门镇普渡村M2：24叔鼎[2]（图6-13，5）、长安普渡村长由墓002号窃曲纹鼎[3]、山东黄县庄头M1：2窃曲纹鼎[4]、湖北枣阳吉河南街出土鼎（带簏棱）[5]（图6-13，2）、安徽枞阳前程村ZW00982窃曲纹鼎[6]（图6-13，6）等。其中，枣阳吉河南街出土鼎形制与应国墓地M84：74簏棱鼎更相似，二者颈下皆有簏棱。前举器物中，江陵万城北子墓出土北子冉鼎年代最早，约为昭穆之际，下限不晚至穆王后期。无独有偶，北子墓出土青铜甗之甑腹亦装饰一周簏棱，枣阳吉河南街出土鼎与应国墓地M84：74鼎颈下簏棱设计理念应当与前者存在联系。我们推测，应国墓地Ac型鼎的出现显然是受到长江中游青铜文化影响的结果。另外，这类的纹饰也颇具长江中下游特色[7]。

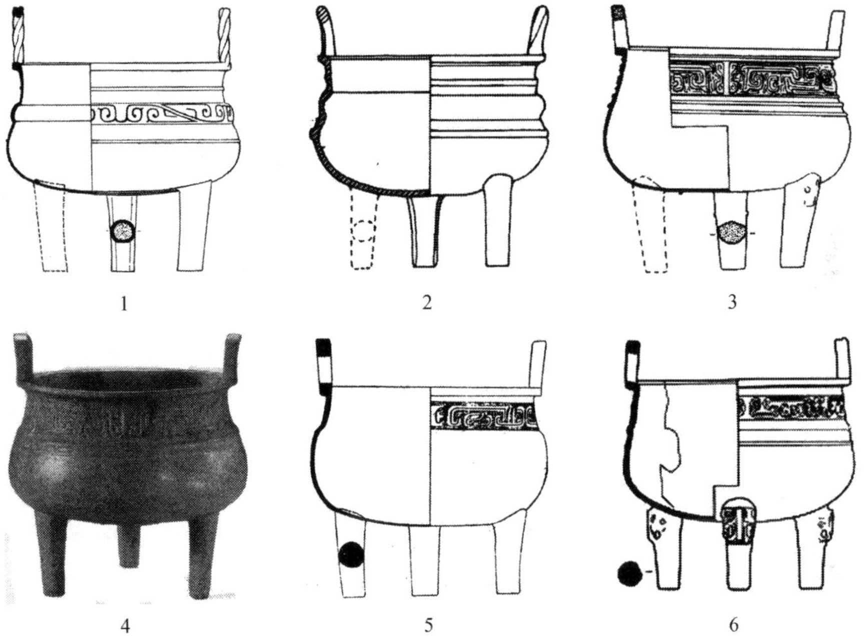

图6-13　Ac型鼎

1. 应国墓地M84：74簏棱鼎　2. 枣阳吉河南街鼎　3. 应国墓地M85：14窃曲纹鼎　4. 江陵北子冉鼎　5. 长安普渡村M2：24叔鼎　6. 枞阳前程村ZW00982窃曲纹鼎

① 陕西省考古研究所、秦始皇兵马俑博物馆：《华县东阳》，科学出版社，2006年，127页、彩版三·2。

② 石兴邦：《长安普渡村西周墓葬发掘记》，《考古学报》（第8册），1954年。

③ 陕西省文物管理委员会：《长安普渡村西周墓的发掘》，《考古学报》1957年第1期。

④ 王锡平、唐禄庭：《山东黄县庄头西周墓清理简报》，《文物》1986年第8期。

⑤ 徐正国：《湖北枣阳市收藏的几件青铜器》，《文物》1994年第4期；湖北省文物考古研究所：《曾国青铜器》，文物出版社，2007年，8、49页。

⑥ 枞阳县文物管理所、安徽大学历史系：《枞阳商周青铜器》，安徽大学出版社，2018年，29~33页。

⑦ 关于应国墓地Ac型鼎的文化因素来源，陈小三先生做了更精致的分析，参见陈小三：《长江中下游周代前期青铜器对中原地区的影响》，《考古学报》2017年第2期。

M85：16蟠龙盖盉，为高浮雕盘龙盖纽，爬龙形耳，条形兽状流（图6-14，1）。陈小三先生对这件盉的形制、纹饰进行了综合分析，论证该器为典型的吴越风格青铜盉[①]，我们基本赞同，但其是否产自长江下游地区，还有待研究。M85：16盉鋬部的顾首龙前腿身躯部位长有双翼，无独有偶，长安张家坡M163：33邓仲牺尊腹下也有双翼（图6-14，2）[②]，后者年代，据其铭文字体特征推断当为西周早期，前者顾首龙形鋬的形制特征显然受到后者的影响。邓仲牺尊虽然埋藏在周王畿腹地，但其原本属于南土邓国之物。应国墓地M104和M105共发现4件邓公作应嫚毗簋，乃邓、应两国政治联姻之证，反映出应国与南土诸侯交往密切，这种交往除了政治上的，往往还伴随着文化的交流。

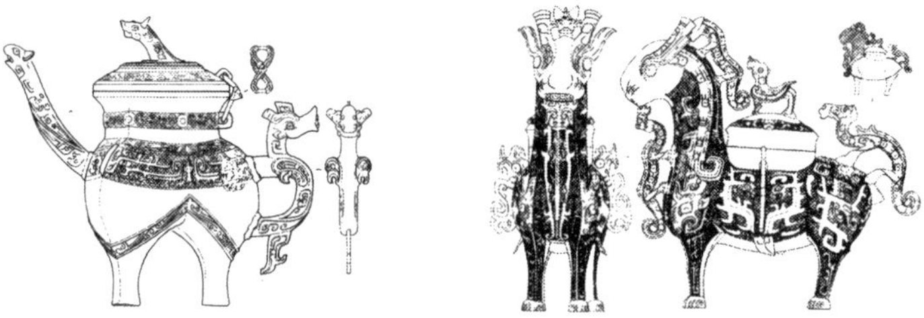
1　　2

图6-14　盉、尊

1. 应国墓地M85：16蟠龙盖盉　2. 长安张家坡M163：33邓仲牺尊

M85：9三足附耳盘。浅腹、大平底，底部承接三条略呈兽蹄形的柱足，铸造不精，为明器，年代约共王时期（图6-15，1）。如M85：3三足附耳盘这种形制的青铜盘在应国墓地仅此一件，在整个西周时期也非常少见。目前所见与该器形制相似的有山东济阳刘台子M6：14夆盘[③]（图6-15，3）、山东高青陈庄M27：9素面盘[④]（图6-15，4）、辽宁喀左马厂沟窖藏出土盘形鼎[⑤]（图6-15，2）。前述4件器物中，喀左马厂沟窖藏出土盘形鼎年代较早，属于西周早期[⑥]，腹部相对较深。济阳刘台子M6：14夆盘，根据共存之鼎、尊、卣、觯等判断，年代约为昭穆之际。高青陈庄M27：9盘，据共存鼎、簋、尊、卣、觯器物判断，年代约为穆王时期。此外，山西石楼桃花庄晚商

① 陈小三：《平顶山应国墓地新见铜盉与吴越地区西周铜器断代》，《考古》2015年第5期。

② 中国社会科学院考古研究所：《张家坡西周墓地》，中国大百科全书出版社，1999年，163页。

③ 山东省文物考古研究所：《山东济阳刘台子西周六号墓清理报告》，《文物》1996年第12期。

④ 高明奎：《山东高青县陈庄西周遗存发掘简报》，《考古》2011年第2期。

⑤ 热河省博物馆筹备组：《热河凌源县海岛营子村发现的古代青铜器》，《文物参考资料》1955年第8期。

⑥ 喀左马厂沟窖藏盘形鼎腹所饰鸟纹横勾形尾内侧有一股镰刀状歧羽，明显早于扶风庄白伯𢦚墓出土橄榄壶颈部鸟纹，后者横勾形尾内侧歧羽分作两股。

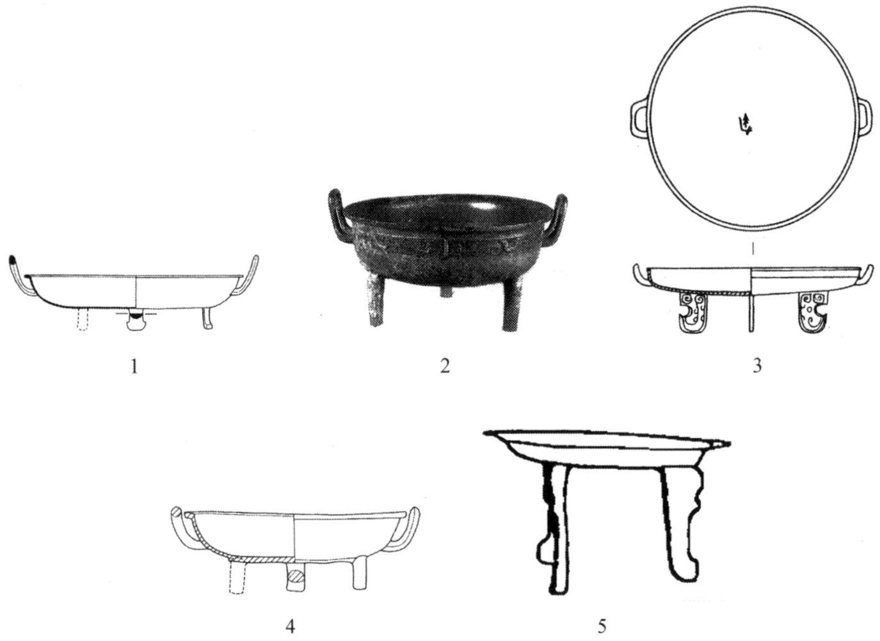

图6-15 盘、鼎

1. 应国墓地M85：9三足附耳盘 2. 喀左马厂沟盘形鼎（《青全》6：6） 3. 济阳刘台子M6：14夆盘 4. 高青陈庄M27：9素面盘 5. 石楼桃花庄商墓出土盘

墓出土一件无耳三足盘①，三足较长（图6-15，5），马厂沟窖藏附耳鼎、济阳刘台子M6：14夆盘形制显然相继受其直接或间接影响。不管怎样，应国M85：9三足附耳盘的出现并非是受到周王畿青铜文化或殷墟青铜文化的影响，它很可能直接受到来自山东地区附耳三足盘的影响，并非应国青铜文化的独创形式。

综上分析，第一期乙组器形中的文化因素来源是多方面的，其自身创造的青铜文化因素几乎未见，几乎都是吸收其他地区的青铜文化因素，这些地区主要是王畿地区、山东地区和长江中下游地区，应国通过吸收这些青铜文化因素，创造出了一部分形制特殊的青铜容器，为西周青铜容器器形发展做出了贡献。当然，这种贡献较小，恰与作为小诸侯国的地位相衬。

① 谢青山、杨绍舜：《山西吕梁石楼镇又发现铜器》，《文物》1960年第7期。器物线图参见朱凤瀚：《中国古代青铜器综论》（中），上海古籍出版社，2009年，1099页。

# 第三节　纹　　饰

## 一、纹饰类型

应国青铜礼器纹饰有兽面纹、夔纹、龙纹、鸟纹、蝉纹、窃曲纹、环带纹、重环纹、鳞纹、瓦棱纹、云雷纹、弦纹等类别。各种纹饰具体类型如下。

### 1. 兽面纹

应国青铜礼器兽面纹主要流行于西周前期，车马器上的则一直持续到春秋早期，它们几乎都以有首无身的形式出现，即独立兽面纹。礼器兽面纹可分为五型。

A型　兽面的双角两端相向内卷，成⌒形。分为二式。

Ⅰ式：器官完全，兽角圆溜。标本：哥伦比亚大学藏应公鼎腹部兽面纹（图6-16，1）。

Ⅱ式：部分器官简化，兽角线图僵硬。标本：M8：33应公鼎腿根兽面纹（图6-16，2）。

B型　兽面双角向上扬，再向内卷。分为二式。

Ⅰ式：兽角较小。标本：山东师范大学藏应公觯兽腹部面纹（图6-16，3）。

Ⅱ式：兽角粗大。标本：应[illegible]方尊（图6-16，4）、应[illegible]方彝腹部兽面纹。

C型　兽面的双角做向上翘尖的牛角状。根据风格变化分为二式。

Ⅰ式：兽面各器官较紧凑。标本：余干应监甗鬲腹部兽面纹（图6-16，5）。

Ⅱ式：兽面简化、较松散。标本：M84：89应侯甗鬲腹部兽面纹（图6-16，6）。

D型　全分解式，只有3例，暂不分式。标本一：M232：17匕柄兽面纹，双角做曲折状，身躯用龙纹表示（图6-16，7）。标本二：M48：1伯鼎腹部兽面纹，兽面的双角两端相向圆卷似云纹状（图6-16，8）。

E型　双列式兽面纹。标本：M85：15盉肩部兽面纹（图6-16，9）。

### 2. 夔纹

应国青铜礼器夔纹，可分三型。

A型　以单目为中心，身躯大致呈中心对称。标本：M229：2应事簋盖缘和口沿夔纹（图6-17，1）。

B型　躯干大致成弓形。标本一：PY采：00764鼎颈部夔纹，脑后有长三角形兽角，腹下一足（图6-17，2）。标本二：M48：2鼎上腹部夔纹，绶带状角，前爪弯曲伸至头前（图6-17，3）。

图6-16　兽面纹型式

1. A型Ⅰ式（哥伦比亚大学藏应公鼎腹）　2. A型Ⅱ式（M8：33应公鼎腿根）　3. B型Ⅰ式（山东师范大学藏应公觯腹）　4. B型Ⅱ式（应[illegible]方尊腹）　5. C型Ⅰ式（余干应监甗之鬲腹）　6. C型Ⅱ式（M84：89应侯甗鬲腹）　7、8. D型（M232：17匕柄、M48：1伯鼎腹）　9. E型（M85：15盉肩）

C型　夔鸟纹之变体，窃曲化。可分二式。

Ⅰ式：身躯稍短，躯干线条较粗，略显窃曲化。标本：应[illegible]方尊圈足夔纹（图6-17，4）。

Ⅱ式：身躯较长，躯干线条较细，Ⅰ式的鸟喙变为前伸的象鼻，窃曲化浓厚，为应国青铜器Ab型Ⅰ式窃曲纹之前身。标本：保利艺术博物馆藏应侯壶甲（《新收》0080）圈足夔鸟纹（图6-17，5）。

### 3. 龙纹

根据身躯形状，分为二型。

A型　顾首龙纹。根据构形风格差异分为三亚型。

Aa型　身躯斜直，尾下卷，通体做S形。

Ⅰ式：卷云状冠，龙身上下有分离的歧枝。标本：M232：17匕柄龙纹（图6-18，1）。

图6-17　夔纹

1. A型（M229：2应事簋盖缘）　2、3. B型（PY采：00764鼎颈、M48：2鼎上腹）　4. C型Ⅰ式（应[illegible]方尊圈足）　5. C型Ⅱ式［保利艺术博物馆藏应侯壶甲（《新收》0080）圈足］

Ⅱ式：垂冠，尾部有三角形连缀。标本：M84：50兽宫盘腹部龙纹（图6-18，2）。

Ab型　折身，尾下卷，通体仍作S形。标本：应公卣（《西清》61.1）盖缘“S”形双首龙纹（图6-18，3）。

Ac型　龙首简省，用开衩的一端表示，通体仍做“S”形。标本：保利艺术博物馆藏应侯见工钟丙舞部龙纹图（6-18，4）。

B型　卷龙纹，这种龙纹基本上受器形制约，整个龙身卷曲。

Ⅰ式：龙口衔尾。标本：M48：4姜壶外底龙纹，同时用作加强筋（图6-18，5）。

Ⅱ式：鼻较长，以头为中心，鼻与躯干绕头卷曲，略成方形。标本一：M13叔诰父鬲腹部卷龙纹（图6-18，6）。标本二：M8：10、M8：3（图6-18，7）、M8：1、M8：38簋盖顶卷龙纹，M8：16、M8：9方壶盖顶卷龙纹。

Ⅲ式：龙为双首同身，整体为长椭圆形。标本：M1：49盉腹部卷龙纹（图6-18，8）。

#### 4. 鸟纹

应国青铜礼器鸟纹可根据鸟身形状分为四型。

A型　小鸟纹，根据构形差异分二亚型。

Aa型　普通小鸟纹。可分四式，不过本亚型式别并不代表前后演变关系。

Ⅰ式：尖喙，鸟首向前，冠羽呈绶带状，飘于头后，尾羽三股，下股或向内卷曲。标本：M48：4姜壶颈部小鸟纹（图6-19，1）。

Ⅱ式：勾喙，身尾分离，鸟首向前，冠羽呈绶带状，飘于头后，尾羽两股下股为

图6-18　龙纹型式

1. Aa型Ⅰ式（M232：17匕柄）　2. Aa型Ⅱ式（M84：50兽宫盘腹）　3. Ab型［应公卣（《西清》61.1）盖缘］　4. 保利艺术博物馆藏应侯见工钟丙舞部　5. B型Ⅰ式（M48：4姜壶外底）　6、7. B型Ⅱ式（M13叔诰父鬲腹、M8：3簋盖顶）　8. B型Ⅲ式（M1：49盉腹）

一条S形夔纹。标本：M229：1应事鼎上腹部鸟身龙尾纹（图6-19，2）。

Ⅲ式：尖喙，垂冠，鸟首向前，头后也有绶带状冠羽，与另一只鸟共用一股矩尺形长尾羽。标本：M84：68应侯爯盨盖组垂冠鸟纹（图6-19，3）。

Ⅳ式：鸟身耸立，尖喙，鸟首向前，冠羽分叉，一股飘于头后，短尾。标本：保利艺术博物馆藏应侯见工钟两侧鼓鸟纹（图6-19，4）。

Ab型　鸟首夔化，鸟喙变成向前平身的象鼻状。本亚型小鸟纹仅见于应公方鼎

图6-19　A型鸟纹

1. Aa型Ⅰ式（M48：4姜壶颈）　2. Aa型Ⅱ式（M229：1应事鼎上腹）　3. Aa型Ⅲ式（M84：68应侯爯盨盖纽）　4. Aa型Ⅳ式（保利藏应侯见工钟两侧鼓）　5. Ab型［应公方鼎上腹（《集成》2150）］

甲、乙上腹（图6-19，5）。

B型　长尾鸟纹。根据鸟身与尾部连接情况分为三亚型。

Ba型　鸟身与尾部连接，分三式。

Ⅰ式：尖喙，鸟首向前，绶带状冠羽飘于头后，尾羽两股，上股向后平直延伸，下股细长，末端向上翻卷。标本：M50：1匍盉颈部长尾鸟纹（图6-20，1）。

Ⅱ式：跟Ⅰ式相似，区别在于鸟首有长垂冠，下股尾羽下方的两支小羽背向。标本：M86：0132（图6-20，2）、M8：0133匕柄长尾鸟纹。

Ⅲ式：与A型Ⅰ式基本相同，区别在于下股尾羽下方的两支小羽同向。标本：M84：99爯尊颈部鸟纹（图6-20，3）。M84：103爯卣盖缘颈部鸟纹属于本式。

Bb型　尾羽分作两股，上股与鸟身相连，向后平直延伸，下股与鸟身分离，两端略相向内卷，成⌒形。可分三式。

Ⅰ式：顾首，尖喙，垂冠，下股尾羽两端不分叉。标本：保利艺术博物馆藏爯簋盖缘和口下长鸟纹（图6-20，4）。

Ⅱ式：下股尾羽两端分叉，成窃曲状。标本：M86：0230-1容器残片长尾鸟纹（图6-20，5）[①]。

---

① 保利艺术博物馆藏爯簋，李家浩先生论证器主即M84墓主应侯爯，至确。据铭文可知，该簋铸造于上一代应侯死后且应侯爯即位之前这一段时间。换言之，爯簋年代不早于M86应侯墓出土青铜器（详见第七章），而爯簋同时装饰Bb型Ⅰ、Ⅱ式鸟纹，据整个西周时期这种鸟纹的演变规律，Ⅰ式先于Ⅱ式出现，而M86出土器物及爯簋上存在Ⅱ式鸟纹，只能说明Ⅰ式在Ⅱ式鸟纹出现后还继续存在了一段时间。

Ⅲ式：尾羽较前两式细长，下股尾羽内侧中部有较长的钩形歧枝。标本：M84：68应侯爯盨盖缘、口沿长鸟纹（图6-20，6）。

Bc型 鸟首向前，冠羽呈绶带状飘于脑后，尾部由两个中心对称的斜三角形几何纹构成。标本：M210：3叟鼎上腹小鸟纹（图6-20，7）。

C型 团身鸟纹，这类鸟纹受器形影响，整个身体盘曲。标本一：M50：1匍盉盖顶团鸟纹（图6-20，8）。标本二：保利艺术博物馆藏应侯壶甲盖顶团鸟纹（图6-20，9）。

D型 垂冠大鸟纹。仅见于M86：0230-2容器残片（图6-20，10），残存鸟爪与冠首，据其构形特征，我们推测与夆莫父卣、庚嬴卣、丰卣（图6-20，11）[①]、孟簋等所饰垂冠大鸟纹相似。

**5. 窃曲纹**

根据窃曲纹的演变来源分为二型。

A型 兽面（饕餮）窃曲纹[②]。可分二亚型。

Aa型 分为兽首和躯干，上下勾曲呼应，兽目在躯干线条前方，有时或省略，每两个单元的窃曲纹左右对称，大致成兽面纹之貌。可分二式。

Ⅰ式：兽首与躯干线条相互咬合。标本一：M85：14鼎颈部窃曲纹，无目，半环状大耳、成半环状、鼻梁处线条上下弯转处皆出歧（图6-21，1）。标本二：保利艺术博物馆藏应侯盘腹部窃曲纹，有兽目与耳，鼻梁处线条弯转处无歧（图6-21，2）。

Ⅱ式：兽首与躯干线条分离，形成两个相对独立的小单元。标本：M95公作敔鼎上腹部窃曲纹（图6-21，3）。属于此式的还有M13叔诰父簋窃曲纹、M13叔诰父盘窃曲纹、邓公簋窃曲纹。

Ab型 兽首与躯干线条长度基本相同，相互咬合，二者无法区分；单元窃曲纹为连续式排列而非对称式组合，均无兽目。标本一：M8：36方彝上腹部窃曲纹，整个身躯稍短（图6-21，4）。标本二：M1：31鼎上腹部窃曲纹，兽首与躯干线条皆较长，弯折处有较长的歧枝（图6-21，5）。

B型 龙纹窃曲纹。可分二亚型。

Ba型 整体成横G形，兽目在线条中央，兽鼻下卷，有爪。本亚型窃曲纹由兽鼻

---

① 曹玮：《周原出土青铜器》（第4卷），巴蜀书社，2005年，614～621页。

② 据彭裕商先生研究，窃曲纹的来源有二，即兽面纹与龙纹（参看彭裕商：《西周青铜器窃曲纹研究》，《考古学报》2002年第4期）。其中，关于龙纹演变为窃曲纹，我们认为这一过程中还介入了夔鸟纹的因素，前文C型夔纹（夔鸟纹扁体）即窃曲纹的演变来源之一，纹饰中鸟的上喙显而易见。

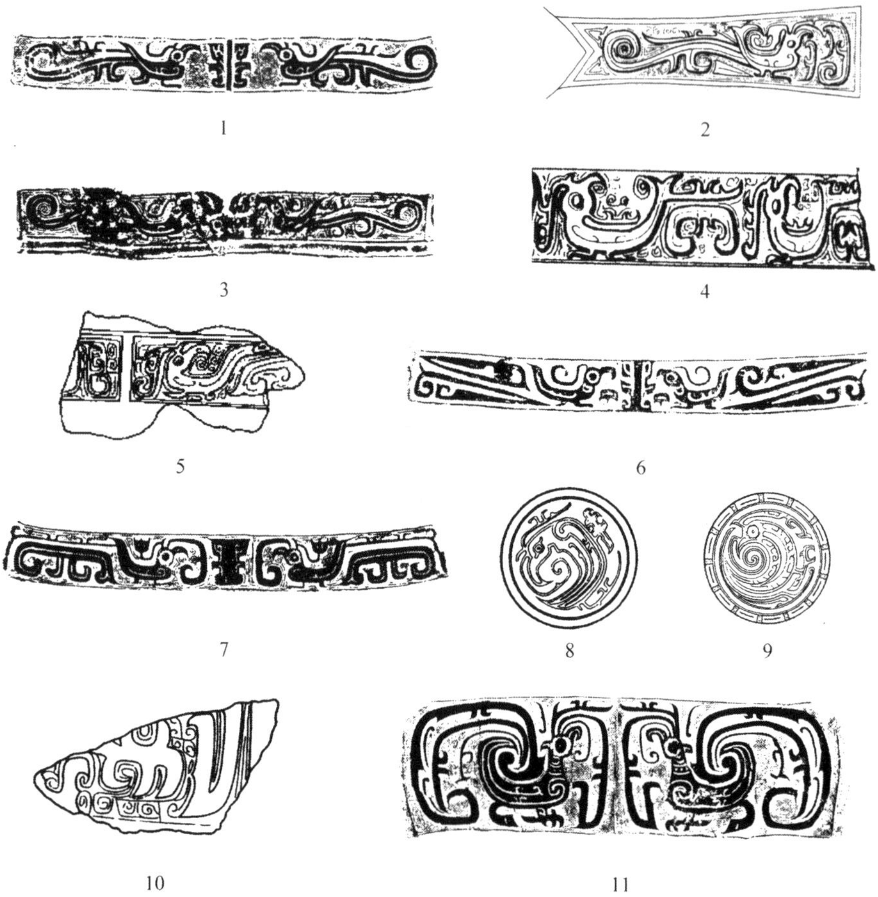

图6-20　B、C型鸟纹

1. Ba型Ⅰ式（M50：1匍盉颈部）　2. Ba型Ⅱ式（M86：0132匕柄）　3. Ba型Ⅲ式（M84：99爯尊颈部）4. Bb型Ⅰ式（保利艺术博物馆藏爯簋口下）5. Bb型Ⅱ式（M86：0230-1容器残片）　6. Bb型Ⅲ式（M84：68应侯爯盨盖缘）　7. Bc型（M210：3叟鼎上腹）　8、9. C型（M50：1匍盉盖顶、保利艺术博物馆藏应侯壶甲盖顶）　10、11. D型（M86：0230-2容器残片、扶风庄白76FZJ1：44丰卣腹）

下卷的横S形窃曲纹演变而来①。标本：M8：2盘腹部窃曲纹（图6-21，6）。本型窃曲纹还见于M8：6方彝。

Bb型　整体成横S形，兽鼻上卷。

Ⅰ式：兽目居中，边缘歧出的花瓣较多。标本一：M8：10、M8：3（图6-21，

① 兽鼻下卷的横S形窃曲纹即彭裕商先生划分的Ba型Ⅱ～Ⅳ式窃曲纹（参看彭裕商：《西周青铜器窃曲纹研究》，《考古学报》2002年第4期），这类窃曲纹并不见于目前所知应国青铜器，或可能存在于尚未发表的应国青铜器材料中，或可能Ba型窃曲纹乃直接从其他地区引入从而无法在应国青铜器上得见其完整的演变序列。究竟属于哪一种情况，只能待《平顶山应国墓地Ⅱ》出版后才能知晓。

图6-21　窃曲纹

1、2. Aa型Ⅰ式（M85：14鼎颈、保利艺术博物馆藏应侯盘腹）　3. Aa型Ⅱ式（M95公作敔鼎上腹）　4、5. Ab型（M8：36方彝上腹、M1：31鼎上腹）　6. Ba型（M8：2盘腹）　7、8. Bb型Ⅰ式（M8：3簋口缘、M1：82方壶盖缘）　9. Bb型Ⅱ式（M8：4鼎上腹）

7）、M8：1、M8：38簋口缘和腹部窃曲纹，只有一目。标本二：M1：82方壶盖缘窃曲纹，中间有两目（图6-21，8）。

Ⅱ式：兽目省略。标本：M8：4鼎上腹部窃曲纹（图6-21，9）。

**6. 环带纹**

环带纹，根据繁简差异分为四式。

Ⅰ式：构形稍简，波谷仅填羽鳞纹。标本：M84：68应侯爯盨圈足环带纹（图6-22，1），这是应国青铜礼器上最早的一例环带纹，由M86：4、M86：10车軎环带纹演变而来。

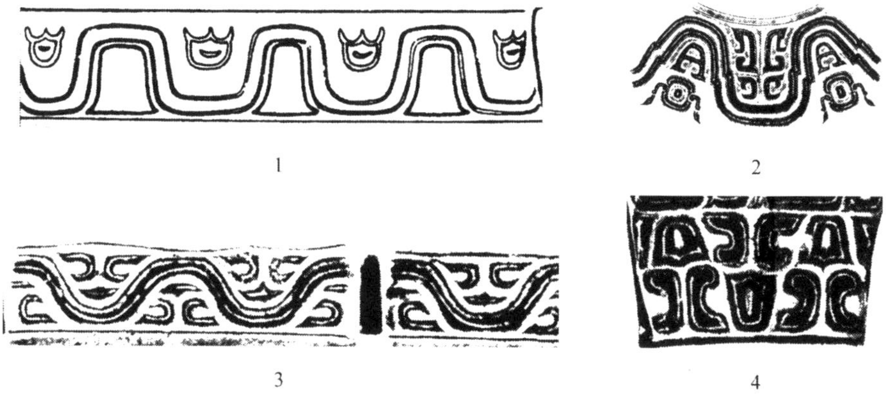


图6-22　环带纹

1. Ⅰ式（M84∶68应侯爯盨圈足）　2. Ⅱ式［保利艺术博物馆藏应侯壶甲下腹（《新收》0080）］　3. Ⅲ式（M8∶33应公鼎上腹）　4. Ⅳ式（M8∶36方甗甑腹）

Ⅱ式：构形较繁，环带分作平行的两股，波峰、波谷内填有简省兽纹或绶带璧纹。标本：保利艺术博物馆藏应侯壶甲（《新收》0080）下腹环带纹（图6-22，2），构形受M84∶5车軎环带纹的影响。M95公作敔鬲、公作敔簋腹部环带纹亦属于本式。

Ⅲ式：构形稍简化，环带仅一股，波峰、波谷内仅填简省兽纹且较Ⅰ式更简化。标本：M8∶33应公鼎上腹环带纹（图6-22，3）。M95出土应伯壶环带纹亦属本式。

Ⅳ式：构形简省，环带以空白表示。标本：M8∶36方甗甑腹部环带纹（图6-22，4）。

**7. 鳞纹**

根据构形和排列方向的不同分为三型。

A型　“D”形鳞纹，鳞片内部无阴线几何纹饰。标本：M85∶15盉盖之高浮雕盘龙躯干鳞纹（图6-23，1）。

B型　横鳞纹，学界或谓重环纹。鳞片由两条平行的闭合曲线构成，略成“回”形，首尾横向排列。分为二亚型。

Ba型　单列横鳞纹。标本：M8∶13匜口下鳞纹（图6-23，2）。西高皇XGH采∶11匜口下、应侯作姬原母簋圈足和耳（《考古图》3.15）、M13应侯鼎上腹、M13应侯匜口下、M1∶64簋盖缘和口下等皆饰本亚型横鳞纹。

Bb型　双列横鳞纹。标本：应侯作姬原母簋盖面和口下横鳞纹（图6-23，3）。

C型　垂鳞纹。鳞片外轮廓线不闭合，由口上尾下垂直排列。分为二亚型。

Ca型　单列垂鳞纹。标本：M8∶1簋圈足垂鳞纹（图6-23，4）。M8∶3、M8∶10、M8∶8簋圈足，M8∶9、M8∶16方壶圈足等皆饰本亚型垂鳞纹。

Cb型　多列垂鳞纹。标本：M8∶33应公鼎腹部垂鳞纹，共三列（图6-23，5）。

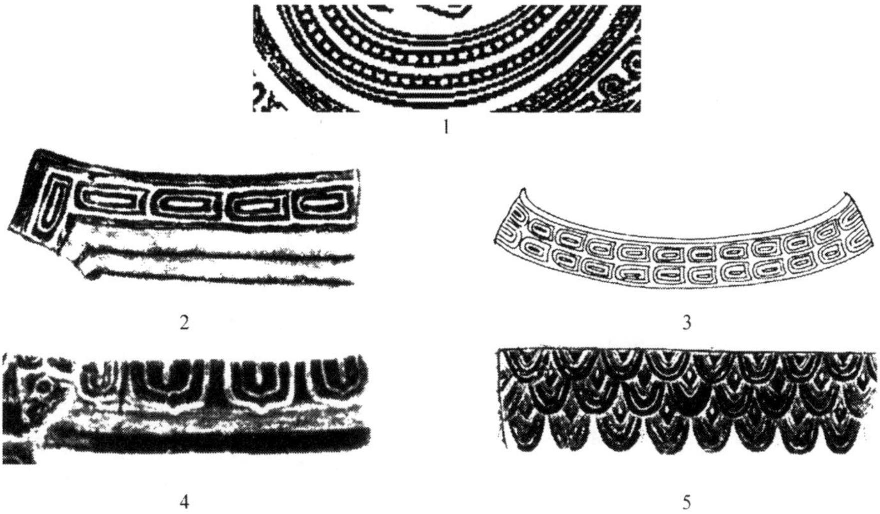

图6-23　鳞纹

1. A型（M85：15盉盖）　2. Ba型（M8：13匜口下）　3. Bb型应侯作姬原母簋口下（《考古图》3.15）　4. Ca型（M8：1簋圈足）　5. Cb型（M8：33应公鼎腹）

M8：9、M8：16方壶盖面和器腹，M1：31鼎腹、M1：82方壶腹部等皆饰本亚型垂鳞纹。

**8. 其他**

蝉纹，见于M84：103爯卣提梁（图6-24，1）。

“田”字络带纹，见于M13：00784应侯壶腹部（图6-24，2）、M95应伯壶。

四瓣目纹–圆涡纹，见于余干出土应监甗上腹部（图6-24，3）。

圆涡纹，见于M85：3灯形器柄底（图6-24，4）、M86：0230-4残卣。

绹索纹，见于M242：11无鼎耳（图6-24，5）。

云雷纹，形式多样。如M48：4姜壶腹部云雷纹（图6-24，6）、带鋬应公觯颈部云雷纹（图6-24，7）、M242：5带盖觯盖缘云雷纹（图6-24，8）、M229：2应事簋圈足斜角细云纹（图6-24，9）、M84：68应侯爯盨耳部勾云纹（图6-24，10）、M84：74鼎凸箍斜角云纹（图6-24，11）、M85：12鼎腹部双联斜角云纹（图6-24，12）。

斜角目纹，见于M85：15盉颈部（图6-24，13），属于目纹与云雷纹的结合形式。

几何纹。联L勾纹，仅见于M85：15盉盖与肩部，用作主纹界栏（图6-25，1）。瓦棱纹，见于西高皇XGH采：6应侯盨腹等（图6-25，2），西周中期后段及之后非常多见。直棱纹，仅见于保利艺术博物馆藏应侯见工簋盖面和器腹（图6-25，3）。梯形-弯钩几何纹，见于M1：49盉盖（图6-25，4）。双弦纹，见于M242：11无鼎上腹部（图6-25，5）。

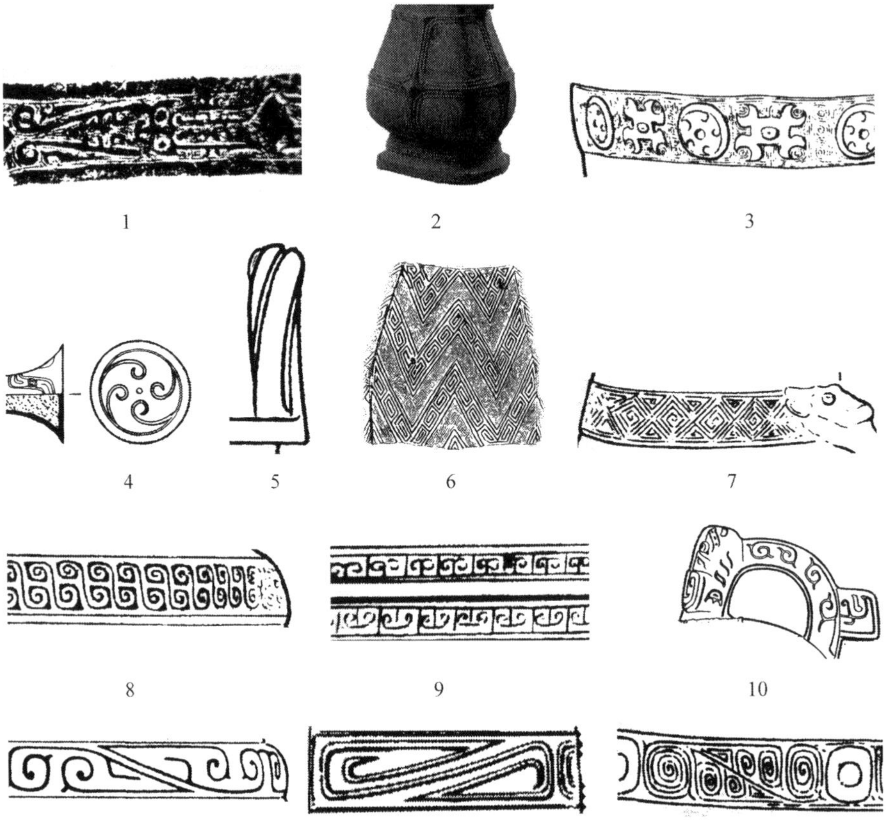

图6-24　蝉纹、圆涡纹、云雷纹、斜角目纹等

1. 蝉纹（M84：103爯卣提梁）　2. "田"字络带纹（M13：00784应侯壶腹）　3. 四瓣目纹-圆涡纹（余干出土应监甗甑部上腹）　4. 圆涡纹（M85：3灯形器柄底）　5. 绹索纹（M242：11无鼎耳）　6～12. 云雷纹（M48：4姜壶腹部、带鋬应公觯颈部、M242：5带盖觯盖缘、M229：2应事簋圈足、M84：68应侯爯盨耳、M84：74鼎凸箍、M85：12鼎腹）　13.斜角目纹（M85：15盉颈部）

# 二、纹饰种类构成及其变化特征

根据第三章青铜礼器的分期，我们分别考察各期乃至各阶段内纹饰的种类构成及其变化特征。

## （一）第一期

从类别来看，本期应国青铜礼器纹饰继承的几乎都是商代晚期已经出现的纹饰种类，故其商文化因素最为浓厚。唯独在本期后段，应国青铜器上出现了商代晚期所不

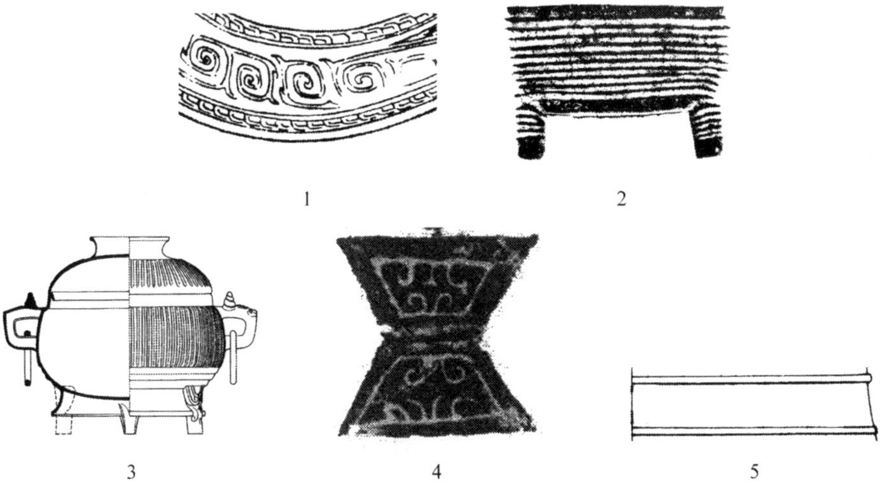

图6-25　几何纹

1. 联L勾纹（M85：15盉盖）　2. 瓦棱纹（西高皇XGH采：6应侯盨腹）　3. 直棱纹［保利艺术博物馆藏应侯见工簋（《新收》0078）］　4. 梯形-弯钩几何纹（M1：49盉盖）　5. 双弦纹（M242：11旡鼎上腹弦纹）

见的窃曲纹[①]、环带纹。

应国最早的窃曲纹——M85：14鼎Aa型Ⅰ式窃曲纹在整个西周时期并非最早的一例窃曲纹[②]，显然这类纹饰并非应国首创，而是从其他地区借鉴吸收而来。参考彭裕商先生对西周窃曲纹的研究，我们认为从兽面纹、龙纹向窃曲纹演化这一过程应发生在王畿地区，换言之，应国青铜器出现窃曲纹乃是受王畿青铜文化影响的结果。

应国青铜礼器上最早的环带纹——M84：68应侯爯盨圈足环带纹，我们在前文指出，它是由M86：4、M86：10车軎环带纹演变而来，后者年代约为穆王时期。梁彦民先生指出，环带纹的祖型是单首双身龙纹，这种龙纹向环带纹过渡的形式则是启尊、启卣上装饰的双身龙纹[③]。启尊、启卣从器形、铭文内容判断约为昭王末年[④]。启尊、启卣虽然出土于山东黄县，然铭文内容并未明确揭示器主的主要活动地域。仅从他“从王南征”一事推测可能是王畿地区之人，由此进一步推断环带纹最初出现地可能在王畿地区，应国青铜环带纹的出现是受这一地区的影响，当然这一推断是很有限度的，日后还需要更多材料来验证。

当然，商代晚期尚有多种纹饰并没有为应国青铜礼器纹饰所继承，如象纹、牛

---

① 见M85：14鼎颈部所饰Aa型Ⅰ式窃曲纹，年代约为共王时期。

② 排除从兽面纹、龙纹向窃曲纹演变的过渡形态，较早的成熟的窃曲纹可举长安普渡村长由墓002号作宝鼎窃曲纹、江陵万城北子墓出土北子冉鼎窃曲纹，年代不早于穆王，下限为共王初年。

③ 梁彦民：《殷周青铜器双身龙纹及相关问题》，《考古与文物》2006年第6期。

④ 齐文涛：《概述近年来山东出土的商周青铜器》，《文物》1972年第5期，5～7页。

纹、虎纹、龟纹等。西周时期（并含先周时期）新产生的纹饰种类，有一部分也未见于应国，典型之例为蜗身夔纹、象首麒麟纹等。要之，第一期应国青铜礼器纹饰种类构成主要是承自商代晚期的部分纹饰类别，西周时期新出现的纹饰种类很少而且并非应国的创造，与商或周王畿地区青铜礼器丰富的纹饰种类存在较大差距。

### （二）第二期

商代晚期以来流行的兽面纹、夔纹、鸟纹从主纹中退出，即使作为辅助纹饰也很少见，龙纹、云雷纹也很少以主纹形式出现。直棱纹是商代晚期已经出现的纹饰，但一直处于非主流纹饰的地位，本期前段尚见2例以直棱纹作主纹的器物（保利艺术博物馆藏应侯见工簋甲、乙）。本期应国青铜礼器主纹流行窃曲纹、环带纹、横鳞纹（重环纹）、垂鳞纹、瓦棱纹，跟西周前期及商代晚期主流纹饰相比，发生了根本性的改变。第二期应国青铜礼器主纹类别与同时期王畿地区的相比差别不大，反映了地处南土门户的应国与周王畿地区青铜礼器在纹饰类别上保持了高度的统一性。

## 三、纹饰类型的文化因素构成

### （一）第一期

第一期应国青铜礼器纹饰，从使用种类上决定了其中的商文化因素占主要地位，在此基础上我们根据纹饰中周文化或地方土著文化因素是否凸显分为三组。

甲组，商文化因素明显浓厚，包括的纹饰型式有①主纹：兽面纹A型Ⅰ式、B型Ⅰ式、C型Ⅰ式、E型，夔纹A型，龙纹Ab型、B型Ⅰ式，鸟纹Aa型Ⅰ式，圆涡纹-四瓣目纹；②辅纹：蝉纹、斜角目纹、圆涡纹、绹索纹。

乙组，周文化因素明显可见，包括的纹饰型式有①主纹：兽面纹C型Ⅱ式、D型，鸟纹Aa型Ⅱ～Ⅳ式、Ab型、Ba型Ⅰ～Ⅲ式、Bb型Ⅰ～Ⅲ式、Bc型、D型，环带纹Ⅰ式，双联斜角云纹；②辅纹：夔纹C型Ⅰ式，鸟纹C型。

丙组，地方土著因素相对明显，包括的纹饰型式有①主纹：兽面纹B型Ⅱ式，夔纹B型，M85：14鼎窃曲纹（Aa型Ⅰ式）；②辅纹：鳞纹A型（“D”形鳞片）、联L勾纹。

甲组纹饰相对普通，在同一时期中原其他地区比较多见，我们姑且不论。乙组纹饰中，Aa型Ⅱ式小鸟纹为鸟首龙尾，尾部为横S形顾首龙，Bc型长鸟纹尾部由两个中心对称的斜三角形几何纹构成，这两种鸟纹构形因素皆来自王畿地区，但组合之后式样则在目前所见西周青铜器中属于孤例或最早，或许这就是应国青铜礼器纹饰自身风格的表现。Ba型Ⅱ式长鸟纹下股尾羽窃曲纹化，这种式样在西周中期后段王畿地区比较多见，而应国的这两例则属于穆王时期，在目前来看应当是最早的，我们认为王畿地区尾羽窃曲化现象的出现乃是受应国影响的结果。Ab型小鸟纹头部有长象鼻，同样也是目前所见最早的这类小鸟纹式样[①]，故也不排除这种式样的小鸟纹起源于应国。

丙组中，B型夔纹、M85：14鼎窃曲纹（Aa型Ⅰ式），陈小三先生分析认为其构形特征受到长江中下游青铜文化因素的较大影响，与商周中原夔纹、窃曲纹构形特征有所区别[②]，近是。A型鳞纹、联L勾纹各仅有1例，皆装饰于M85：15盉，陈小三先生指出其属于吴越风格纹饰[③]。

B型Ⅱ式兽面纹，风格与Ⅰ式差异较大，二者之间应当并非属于自然演变。B型Ⅱ式上扬内卷大角兽面纹所见青铜器有2008年纽约苏富比春拍出现的传世应□方彝、应□方尊，1963年扶风齐家村窖藏出土的日己方尊、日己方彝、日己方觥[④]，山西绛县横水倗国墓地M1006出土覨方尊、覨方彝、覨方觥[⑤]，山西翼城县大河口霸国墓地M1017：10方鼎[⑥]，传出洛阳北窑西周墓地的季姬方尊[⑦]，传世作厥文祖方尊（《铭图》11793）[⑧]、马方彝（《铭图》13538）[⑨]、兽面纹方彝（《通考》287）[⑩]、作宗方彝（《宁寿》6.11）、戈方尊（《铭图续》0787）（图6-26）。从器形来看，前述6件方尊形制基本相同，日己方彝为盖和器壁均成直线，而应□方彝、覨方彝、马方彝、兽面纹方彝（《通考》287）盖和器壁均成弧线。从纹饰来看，应□方彝、应□方尊、作厥文祖方尊均施地纹，其余器物皆不施地纹，日己诸器除了装饰大兽角兽面纹外还装饰辅助的小鸟纹。日己方尊、覨方尊、应□方彝、应□方尊、作厥文祖方尊、马方彝都装饰型式相同的夔纹，但覨方尊、作厥文祖方尊还装饰另一种近乎窃曲化的S形单目夔纹，覨方彝和覨方觥圈足饰上述两种之外的单目夔纹。由此可见，这批器物整体风貌

---

① 类似头部夔化的小鸟纹见曩仲壶、叔虤簋，年代都不早于穆王（参见上海博物馆：《商周青铜器文饰》，文物出版社，1984年，202页）。

② 陈小三：《长江中下游周代前期青铜器对中原地区的影响》，《考古学报》2017年第2期。

③ 陈小三：《平顶山应国墓地新见铜盉与吴越地区西周铜器断代》，《考古》2015年第5期。

④ 曹玮：《周原出土青铜器》（第2卷），巴蜀书社，2005年，228～265页。

⑤ 山西省考古研究所等：《晋国雄风：山西出土两周文物精华》，万卷出版公司，2009年，58～62页。

⑥ 山西省考古研究所大河口墓地联合考古队：《山西翼城县大河口西周墓地》，《考古》2011年第7期。

⑦ 蔡运章、张应侨：《季姬方尊铭文及其重要价值》，《文物》2003年第9期；李学勤：《季姬方尊研究》，《中国史研究》2003年第4期。

⑧ 〔日〕梅原末治：《日本收储支那古铜精华》2.144，中山商会，1959～1964年。

⑨ Herbert Butz. Frühe Chinesische Bronzen aus der sammlung Klingenberg[G]. Berlin: Museum für Ostasiatische Kunst，1993.55、73.

⑩ 容庚：《商周彝器通考》下编附图二八七，上海人民出版社，2008年。按：《通考》原定名为“饕餮纹方簋”。

图6-26　B型Ⅱ式兽面纹

1. 应[illegible]方尊　2. 应[illegible]方彝　3. 大河口霸国M1017：10方鼎　4. 觀方尊　5. 觀方彝　6. 觀方觥　7. 戈方尊

7. 日己方尊　8. 日己方彝　9. 日己方觥　10. 季姬方尊　11. 作厥文祖方尊　12. 马方彝

13. 兽面纹方彝（《通考》287）　14. 作宗方彝（《宁寿》6.11）

相若，内部又存在一些细微的差异。作厥文祖方尊与覶方尊形制、纹饰基本相同，有可能为同批次铸造。

关于装饰B型Ⅱ式兽面纹的13件青铜器年代，日己诸器所饰小鸟纹被陈公柔、张长寿先生划分为鸟纹Ⅰ型4式（图谱145），排定为昭穆时期，又说日己诸器年代可能是西周中期[①]，日己诸器兽面纹被陈、张二位先生划分为兽面纹Ⅰ型10式，年代亦定为昭穆时期[②]。后来王世民、陈公柔、张长寿先生又将日己诸器年代改定为西周早期[③]，他们对日己诸器的年代判断或前或后，不能果断，其原因很可能在于日己诸器缺乏标准器可比。霸国M1017：10方鼎属于鼎Ⅰ型4式[④]，与㦰方鼎甲、伯䧅方鼎形制相似，但前者较后二器腹部显然更深，四腿亦较长，显示出较早的年代特征。实际上，霸国M1017：10方鼎与晋侯墓地M113：34方鼎[⑤]形制更为相似，我们认为其年代约为穆王初年，比所出墓葬年代更早。应□方彝、覶方彝、马方彝均属于方彝Ⅱ型[⑥]，与令方彝、折方彝形制相似。折方彝是昭王十九年的标准器，铭文字体尚有波磔体意味，但日己诸器、应□方彝、马方彝、作厥文祖方尊、戈方尊、季姬方尊铭文字体整体风格与丰尊、丰卣铭文相若，以此判断这批器物年代上限应当在穆王初年。其中，日己方尊、方彝、方觥与马方彝的“尊”字顶端横笔上方的两笔画已脱离本体，呈八字形，这种字形是在西周中期后段才出现的[⑦]，再联系前述四器均不施地纹的装饰特征，我们认为这四件器物的年代可能晚至穆共之际，但绝不可能早到穆王前期。应□方彝和应□方尊、作厥文祖方尊、戈方尊的年代应当比日己诸器和马方彝更早，可能属于穆王前期。由于作厥文祖方尊、戈方尊与覶方尊形制、纹饰极其相似，很可能是出自同一人之手（唯一的区别是后者不施地纹），因此覶方尊、覶方彝、覶方觥年代也大致为穆王前期。季姬方尊的年代，李学勤先生定为穆王时期，但该尊两侧设鋬，此种造型的方尊和方彝多见于共懿时期，如盠方尊、盠方彝、师遽方彝等，因此季姬方尊的年代最早也应该为穆王后期偏晚[⑧]。

---

① 陈公柔、张长寿：《殷周青铜容器上鸟纹的断代研究》，《考古学报》1984年第3期。

② 陈公柔、张长寿：《殷周青铜容器上兽面纹的断代研究》，《考古学报》1990年第2期。

③ 王世民、陈公柔、张长寿：《西周青铜器分期断代研究》，文物出版社，1999年，140、141页。

④ 王世民、陈公柔、张长寿：《西周青铜器分期断代研究》，文物出版社，1999年，16、17页。

⑤ 北京大学考古文博学院、山西省考古研究所：《天马-曲村遗址北赵晋侯墓地第六次发掘》，《文物》2001年第8期。

⑥ 王世民、陈公柔、张长寿：《西周青铜器分期断代研究》，文物出版社，1999年，141～143页。

⑦ 马承源：《中国青铜器》，上海古籍出版社，1988年，384～386页。

⑧ 关于应国青铜礼器B型Ⅱ式兽面纹这类纹样，最近两三年崎川隆先生有专文研究［参见崎川隆：《关于西周时期饰有“上卷角兽面纹”的青铜器》，《青铜器与金文》（第一辑），上海古籍出版社，2017年］，其分析过程甚为精细，读者自可参看。需要指出的是，崎川隆先生文中未使用季姬方尊材料，不知何故，因此我们这次修改仍大致保留2013年硕士学位论文中的分析内容。

上述青铜器相对年代比较清楚以后，我们可以发现，这种上扬内卷的大兽角兽面纹饰最早可能出现于晋南地区的霸国和倗国，然后传向王畿地区（周原和洛阳）和应国。

### （二）第二期

第二期青铜礼器纹饰，从使用种类上决定了其中的周文化因素占主要地位，在此基础上我们根据纹饰中商文化或地方土著文化因素是否凸显分为三组。

甲组，商文化因素明显可见，包括的纹饰型式有①主纹：直棱纹；②辅纹：兽面纹A型Ⅱ式、鸟纹C型。

乙组，周文化因素明显浓厚，包括的纹饰型式有①主纹：窃曲纹，环带纹Ⅱ～Ⅳ式，横鳞纹，垂鳞纹，瓦棱纹，龙纹Ac型、B型Ⅱ式、B型Ⅲ式，“田”字络带纹，梯形-弯钩几何纹；②辅纹：鸟纹C型。

丙组，地方土著因素相对明显，包括的纹饰型式：无。

本期应国青铜礼器纹饰类型及各式都见于王畿地区，无特殊性可言，但王畿地区一些纹饰并不见于应国，如西周晚期出现的绞龙纹，横S形双首共身龙纹等，一方面反映出这一阶段应国青铜礼器纹饰式样与王畿地区保持高度一致；另一方面反映出它的单调性，青铜文化底蕴不能与王畿地区相比。

## 第四节　铭　　文

第一阶段应国有铭文青铜器共108件[①]，全部为铸铭，铭文基本信息情况如附表三所示。这些器物中，具有应国标识者81件，其中4件乃邓公为应嫚毗所作媵簋，制作于应嫚毗出嫁应国之前，我们认为其不属于应国原有之物；未有应国标识者27件，其中，柞伯簋、冉父庚鼎、封虎鼎、[illegible]史簋（2件），明显为外来器物。要之，明确作为外来器的柞伯簋、冉父庚鼎、封虎鼎、邓公簋、[illegible]史簋铭文不作为应国青铜器铭文特征的考察对象。本节将从辞例、铭文排列与字体两个方面考察应国青铜器铭文特点。

## 一、辞　　例

### （一）嘏辞

整个西周与春秋早期，应国青铜器铭文篇幅普遍较短，多在4～16字，大部分铭文

① 应公壶尊（《缀遗》18.27.2）铭文疑伪，未计入。

均表示“某作器”“某作某人器”等，记事铭文只有11件套，其中篇幅最短者如旡鼎仅有24字，篇幅稍长者有匍盉、爯簋、应侯见工钟，但最多也不超过78字（含合文、重文符号）。根据应国青铜器铭文辞例根据嘏辞有无分为两类。

甲类：　非嘏辞类，可分三小类。

Ⅰ类：“某人”“某人某事”，有作器者名称或及相关事情，但无包括受器者名称在内的作器情况。本小类铭文2例，即带鋬应公觶和旡鼎，皆属于第一期前段，后者又属于记事铭文。

Ⅱ类：“某人作器”，标明作器者名称，但无受器者信息。如上海博物馆藏应公鼎铭文“应公作旅彝”。本类铭文凡39例，其中第一期28例，前段、后段分别有19例和9例；第二期11例，皆属于二期前段，第5组2例、第6组9例。

Ⅲ类：“某人作某人器”，标明作器者与受器者名称信息。如应事觶铭文“应事作父乙宝”。本类铭文凡2例，即应事爵、应事觶，皆属于第一期前段。

乙类：　嘏辞或与之辞例联系密切者，可分五小类①。

Ⅰ类：带有“永宝”“其永用”“其永宝用（享）”一类辞例。如M13应姚鬲：“应姚作叔诰父尊鬲，其永宝用享。”本类铭文凡6例，其中第一期后段有3例，第二期前段（第6组）亦有3例。4件邓公簋铭文也属于本小类。

Ⅱ类：带有“万年用”“其万年永宝（用）”“万年……永宝”一类辞例。如XGH：6应侯盨铭文“应侯作旅盨，其万年永宝”。本类铭文凡21例，其中第一期后段有2例，第二期前段有19例，后者第5组、第6组分别有8例和11例。

Ⅲ类：带有“子子孙孙其永宝用”“其万年子子孙孙永宝用”一类辞例。如应申姜鼎铭文“应申姜作宝鼎，其万年子子孙孙永宝用”。本小类铭文凡7例，其中第二期前段第6组有3例，第二期后段第7组亦有3例。

Ⅳ类：“用绥朋友，用宁多福……其万年永宝”一类嘏辞。目前仅有1例，即应侯爯盨，属于第一期后段。

Ⅴ类：带有“用赐眉寿永命，子子孙孙永宝（用、用享）”一类嘏辞。如公作敔鼎铭文“唯八月初吉丁丑，公作敔鼎，敔用锡眉寿永命，子子孙孙永宝用享”。本小类铭文凡16例，皆属于第二期前段，第5组有6例，第6组有10例。

以上辞例，甲类43例、乙类51例，二者之比为0.843：1。甲类铭文主要出现于第一期，占甲类铭文总和的74.419%。乙类铭文绝大部分都出现于第二期前段，其第5组、第6组都比较多，第二期后段相对较少，很可能是由于该阶段有铭文青铜器发现较少之故。应国青铜器嘏辞甲类大约发轫于穆王时期的乙Ⅰ、乙Ⅱ类辞例，如M50匍盉“……用作宝尊彝，其永用”，M210叟鼎“叟乍聽宝彝，万年用”等，都是嘏辞的原

① 金文嘏辞辞例特征参见徐中舒：《金文嘏辞释例》，《徐中舒历史论文选辑》，中华书局，1998年。

始形式[①]。应国青铜器铭文中最早的一例嘏辞即上文乙Ⅳ类，年代约为共王时期，应侯爯盨铭中言“用绥朋友，用宁多福”，大概是祭器、养器并用。乙Ⅴ类则是金文中成熟的、很常见的嘏辞，于应国青铜器铭文中的出现年代不早于懿王。乙Ⅴ类皆祈求长寿之辞，用词比较固定，绝大部分祝嘏动词用“锡”，只有1例用“祈锡”[②]，而整个西周金文中常见的祝嘏动词“匄”“绥”没有一例出现，这不能不说是应国青铜器铭文嘏辞的一大特色。

## （二）作器标识

上文已经涉及了非嘏辞类铭文所反映的作器标识，下面我们来分析应国青铜器铭文整体所反映的作器标识情况。

甲类：“某人”，即上文甲Ⅰ类，共2例。

乙类：①“某人作+器名”[③]，凡50例；②“某人用作+器名”，仅1例。

丙类：①“某人作某人+器名”，凡31例；②“某人用作某人+器名”，凡7例。

丁类：“作某人+器名”，无作器者名称，凡2例。

甲类铭辞不记作器情况，其中的人名即为器主[④]，乃是金文通例。乙类，“某人作器”或“某人用作+器名”，实际上就是器主自作该器，表现作器人对该器的拥有权。通观第一阶段应国青铜器铭文，皆无明言“自作”某器。应国之外，“自作”某器辞例在西周早期后段已经出现，如洛阳出土壨侯弟屠季簋（《集成》3668）：“壨侯弟屠季自作簋。”西周中期这种辞例开始流行于王畿地区。对比之下，应国青铜器铭文无“自作”某器辞例，显然属于自己的用词特色。

丙类，铭文中出现受器者，分为在生之人和已逝先祖考，受器者为生人的22件，受器者为已逝者的16件。

丁类，铭文中省去作器者信息，金文习见。作兽宫盉、作兽宫盘之“兽宫”，以考古报告编写者引唐兰之说解为宗庙名[⑤]，自兽簋（《铭图续》0437）出现后，“宗庙名”也只变得可备一说。我们认为“兽宫”之“兽”实为人名而非宗庙专名，此人也即兽簋之器主，“兽宫”即兽之宫室[⑥]。作兽宫盉、作兽宫盘的受器者为兽，但为什么

---

① 乙Ⅰ、乙Ⅱ、乙Ⅲ类并非嘏辞，但用辞与乙Ⅳ、乙Ⅴ类联系密切，故本书视为嘏辞的原始形式。

② 在所有祝嘏动词中，“祈锡”一词罕见，除了见于上博藏应侯见工鼎外，另外就是河南省三门峡市李家窑遗址M44出土的两件追夷簋（《新收》0053），后两器属于西周晚期。

③ 本处器名包括专名、大小共名。

④ 有多个人名时，由铭文叙述的事件及其中的人物关系可确定器主为谁，无鼎即典型之例。

⑤ 河南省文物考古研究所，平顶山市文物管理局：《平顶山应国墓地Ⅰ》，大象出版社，2012年，632、633页。

⑥ 关于兽簋、作兽宫盉、作兽宫盘铭文及器主关系，我们另有撰文探讨，兹不详述。

要省略作器者名？有三种可能：第一种，作器者为兽本人，因为“兽宫”一词本身即能标识器主身份，故“作”前面的器主名可以省去；第二种，“作”前面可能原有用毛笔书写的器主名，由于年代久远笔迹已经消失；第三种，作器者不是兽本人，但因为某种原因刻意省去作器者名。

## （三）器名

应国青铜器铭文的器名有宝（2次）、宝鼎（4次）、宝盘（2次）、宝盘盉（2次）、宝寝簋（2次）、宝彝（5次）、宝尊彝（13次）、宝尊齍（1次）、大林钟（1次）、壶（2次）、旅（2次）、旅鼎（1次）、旅簋（1次）、旅盨（4次）、旅壶（2次）、旅彝（5次）、鬻彝（1次）、兽宫彝（2次）、匜（1次）、用壶（1次）、尊鼎（5次）、尊鬲（13次）、尊簋（13次）、尊壶（2次）、尊彝（3次）、尊彝簟鼎（1次），共26种，各个自名出现频次如括弧中所示。

第一期与第二期之间的器名情况有所不同，如表6-2、表6-3所示。根据应国青铜器两期之间的器名是否共存，我们将其分为三组。

**表6-2　第一期器名表**

| 器名 | 鼎 | 甗 | 簋 | 盨 | 方彝 | 尊 | 卣 | 壶 | 爵 | 觯 | 盉 | 盘 | 钟 | 小计 |
|---|---|---|---|---|---|---|---|---|---|---|---|---|---|---|
| 宝 | | | | | | | | | 1 | 1 | | | | 2 |
| 宝鼎 | 1 | | | | | | | | | | | | | 1 |
| 宝彝 | 2 | | 1 | | | 1 | 1 | | | | | | | 5 |
| 宝尊彝 | 4 | 1 | | | 1 | 2 | 1 | 1 | | 1 | 1 | | | 12 |
| 宝尊齍 | 1 | | | | | | | | | | | | | 1 |
| 旅 | 2 | | | | | | | | | | | | | 2 |
| 旅鼎 | 1 | | | | | | | | | | | | | 1 |
| 旅簋 | | | 1 | | | | | | | | | | | 1 |
| 旅彝 | 2 | 1 | 2 | | | | | | | | | | | 5 |
| 彝 | | | | | | | | | | | 1 | 1 | | 2 |
| 用壶 | | | | | | | | 1 | | | | | | 1 |
| 尊彝 | | | 2 | 1 | | | | | | | | | | 3 |

**表6-3　第二期器名表**

| 器名 | 鼎 | 甗 | 鬲 | 簋 | 盨 | 壶 | 盉 | 匜 | 盘 | 钟 | 小计 |
|---|---|---|---|---|---|---|---|---|---|---|---|
| 宝鼎 | 3 | | | | | | | | | | 3 |
| 尊彝簟鼎 | 1 | | | | | | | | | | 1 |
| 宝盘 | | | | | | | | | 2 | | 2 |

续表

| 器名 | 鼎 | 甗 | 鬲 | 簋 | 盨 | 壶 | 盉 | 匜 | 盘 | 钟 | 小计 |
|---|---|---|---|---|---|---|---|---|---|---|---|
| 宝盘盉 | | | | | | | 1 | | 1 | | 2 |
| 宝寝簋 | | | | | 2 | | | | | | 2 |
| 宝尊彝 | | 1 | | | | | | | | | 1 |
| 壶 | | | | | | 2 | | | | | 2 |
| 旅盨 | | | | | 4 | | | | | | 4 |
| 旅壶 | | | | | | 2 | | | | | 2 |
| 鬻彝 | | | | 1 | | | | | | | 1 |
| 匜 | | | | | | | | 1 | | | 1 |
| 尊鼎 | 5 | | | | | | | | | | 5 |
| 尊鬲 | | | 13 | | | | | | | | 13 |
| 尊簋 | | | 13 | | | | | | | | 13 |
| 尊壶 | | | | | | 2 | | | | | 2 |
| 大林钟 | | | | | | | | | | 1 | 1 |

甲组，两期之间共同存在的器名：宝尊彝、宝鼎。

乙组，第一期存在、第二期无的器名：宝、宝彝、旅彝、彝、旅、尊彝、宝尊齍、旅鼎、旅簋、用壶。

丙组，第一期无、第二期存在的器名：鬻彝、宝盘、宝盘盉、宝寝簋、壶、旅盨、旅壶、匜、尊鼎、尊鬲、尊簋、尊壶、尊彝簟鼎、大林钟。

不难看出，第一、二期之间共有的器名仅有2个，相异的器名非常多，足见两期之间器名情况差异较大。第一期应国青铜器器名中，“共名”相对较多，共7个，“自名”则有5个，“共名”与“自名”数量虽然相差不大，但在使用频次上，“共名”有31次，“自名”为5次，前者为后者6倍有余。要之，第一期应国青铜器器名主要是使用“共名”。“共名”形式中，“宝尊彝”出现频次最高，占共名总频次的38.71%，其次为“宝彝”“旅彝”，各占共名总频次的16.129%。

第二期应国青铜器器名中，“共名”数量大为减少，仅剩下2个，“自名”则增加至14个，前者只有后者数量的1/6。使用频次上，“共名”有2次，“自名”为53次，二者之间的对比更为悬殊。“自名”形式中，“尊+专名”出现次数明显较多，共31次，占“自名”总频次的60.784%。

通过上述分析不难知道，应国青铜器器名形式的变化实际上可与第一、二期之间青铜器形制、纹饰、组合的剧烈变化相对应。第一期总体上强调器物的共名，第二期总体上强调各类器物的自名，或许预示着前、后期青铜器的使用方式发生了某种重大改变，换言之也反映了西周前后期之交礼制方面的变化。关于周王畿青铜器器名形式是否有这种现象，目前还不得而知，暂不能做对比研究。

## 二、铭文排列与字体

第二章第二节，我们对应国青铜器铭文“宝”“尊”“彝”“公”“永”字体做了型式分析和排队，可以感受到字体沿着时间轴一直属于渐变之中。下面，我们主要分析一下应国青铜器铭文整体的排列与字体风格。

### （一）排列

应国青铜器铭文排列，受铭文所在器物形制、具体附着部位的影响，篇铭外轮廓形状分为三类：

甲类：方块形。除了鬲外，其他任何有铭文的应国青铜器类皆采用这类排列方式。本类排列外形，又分为纵向长方形（图6-27，1）、横向长方形（图6-27，2）两种，除了应叔鼒（《集成》2172）采用横向长方形排列外，其余均采用纵向长方形排列。

乙类：圆周形。这种排列形状仅见于鬲，受限于字数，或接近一圆周，或接近半周。铭文排列采用顺时针（图6-28，1）、逆时针两种款式（图6-28，2）。这两种款式在同时期其他地区青铜鬲上也普遍存在。

丙类：倒“山”形。这种排列形状仅见于甬钟（图6-29）。

上述三类中，甲类排列方式的青铜器铭文共79篇，占应国青铜器铭文总篇数的79.798%，这些篇铭排列皆采用竖款，各列（竖行）从上往下书写。首起方式分为两种：第一种是首列右起，其余各列再向左渐次排布[①]。这种方式不但在应国，在其他地区青铜器上也最为普遍。第二种是首列左起，剩下各列再向右排布，应国青铜器中仅有2例——M95：83应伯盘、M13：00782应姚盘铭文采用这种方式，这是应国青铜器铭文中西周晚期存在的少有现象。第二种排列首起方式在同时期王畿或其他地区亦存在，也属于少见现象。

甲类排列方式中，工匠在铭文范的长方框内尽可能地填满文字，末列尾部几乎不留空白，同时受制于各个字本身的长短特征，使得各列字数不完全相同，进而造成各行文字不完全整齐划一。如M242：11旡鼎铭文（图6-30，1），共24字，分作5列：

旡拜稽首，/皇兄考（孝）于公，/室卒（厥）事。弟不/敢不择衣，/夙夜用占䵼公。

假使旡鼎铭文各行、列文字皆对齐，前四列应安排5个字，最后一列末尾应有1字

① 应国青铜钟之钲部铭文行款亦属于这种方式。

1　　2

图6-27　甲类铭文排列

1. M229：4应事觯　2. 应叔鼒（《集成》2172）

1　　2

图6-28　乙类铭文排列

1. 侯氏鬲（《铭图》2857）　2. M13：00759应姚鬲

图6-29　丙类铭文排列应侯见工钟甲（《集成》0107）

空白。可能当时没有各行、列文字严格讲求对齐工整的风气，受制于末尾不留空白、每个字有其自身的长短特征，铸造者显然没有做出从首列到末列5、5、5、5、4个这样的字数安排，各列实际字数分别是4、5、5、4、6个。其中，倒数第二个“鬻”字拉得较长，故给末字“公”留下的空间很小，故“公”字被有意缩小，且所处位置较其他各列最末一字明显靠下，即使这样，铭文铸造者也不愿另起一列。其他应国青铜器铭文行、列对齐"混乱"的情况虽不如无鼎的严重，但为了"填满"，有时仍然要牺牲行铭的对齐情况，直到两周之际也是如此，如M8：33应公鼎铭文（图6-30，2），共15字（重文2）分作4列，每列字数分别为4、3、5、3个，第2列末尾存在小的空白。要之，应国青铜器铸造者在一个固定大小的铭文范内，每列铭文字数安排上通常事先经过规划，最后一列末尾不留空白是他们遵守的规则，一般情况下他们会注意每行文字对齐工整，但如果妨碍前面的规则时，则不讲求行间文字对齐。

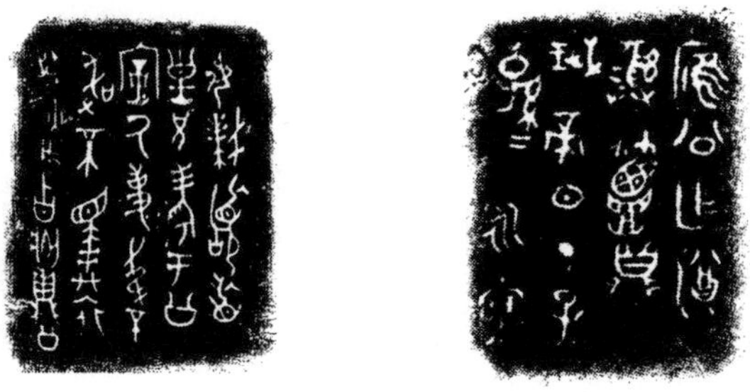

1　2

图6-30　甲类铭文排列方式

1. M242：11无鼎　2. M8：33应公鼎

当然，西周中期及其以后，应国青铜器铭文排列上盛行强调行间对齐的风气，篇铭中即使各列不能平均分配字数，但多数列的字数往往相同，故各列每个字的长度安排不如西周早期那样随性发挥，较长的字往往缩短，如"彝"字即典型之例。西周晚期，篇铭行间对齐的风气进一步加强，铭文书写之前，事先规划字格，这种现象存在于M95应伯盨、M13应侯壶上，但这在整个西周晚期应国青铜器铭文中仍属于少见的现象。

## （二）字形书体

第一期前段。字形普遍瘦长，笔画中端较粗，首尾出锋，捺笔肥厚，转笔锐利，文字苍劲有力，波磔体意味较浓厚。铭文中的反书现象大多集中在这一阶段，如哥伦比亚大学藏十六字应公鼎铭文（图6-31，1）。

第一期后段。字形由原来的瘦长普遍变短，不同字之间大小趋向均匀，笔画普遍较细，肥笔和出锋的现象较少，字体基本上扫除了波磔体痕迹。当然，部分器物铭文转笔仍然比较锐利，如M84：103爯卣铭文（图6-31，2）。

第二期前段。字形长宽比例进一步缩小，转笔逐渐变得圆滑，不同字之间大小趋向均匀，如应侯见工簋甲铭文（图6-31，3）。

第二期后段。大多数字形大小相近，笔画粗细基本如一，转笔圆润，折笔现象少，即所谓的"玉箸体"，如M95：？应伯盨铭文（图6-31，4）、M13：00782应姚盘铭文（图6-31，5）。

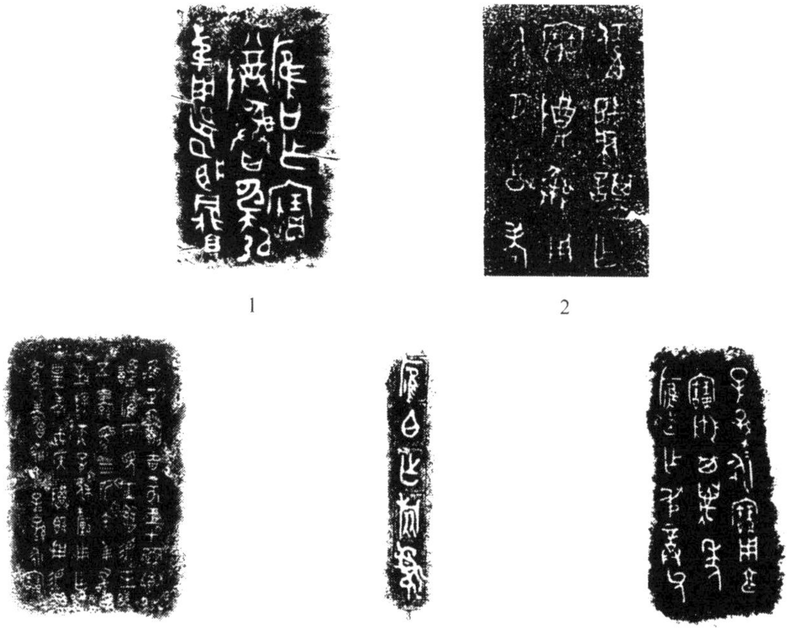

1　2　3　4　5

图6-31　字形书体

1. 应公鼎（《集成》2553）　2 M84：103爯卣底　3. 应侯见工簋甲（《新收》0778）　4. M95：? 应伯盨　5. M13：00782应姚盘

从上述分析来看，应国青铜器铭文字形书体风格的时代变化与王畿地区基本保持一致。但是，各阶段应国青铜器铭字形书体风格与同时期王畿地区主流相比，普遍不如后者凝练、整饬，与周原出土微氏家族铜器铭文、眉县杨家村出土单氏家族铜器铭文等对比后便一目了然。另外，应国青铜器铭文反书现象相对多见，如十六字应公鼎（《集成》2553）、应公壶（《集成》5220）、M48：1伯鼎、M84：76应侯鼎。要之，从铭文字形书体风格上可以看出，应国的文化艺术深受王畿地区的影响，但它作为一个偏南的小诸侯国，文化艺术底蕴一直低于王畿地区却是不争的事实。

# 第七章　应侯世系复原及相关问题

应侯世系不见于史籍，但应国青铜器上包含许多有关应侯家族人物的文字材料，结合平顶山应国墓地每座应侯及夫人墓的认定、排序与应国青铜礼器年代学框架，第一阶段应国的君主世系及各应侯在位时间、部分应侯夫人大体是可以复原的。由于带铭文应国青铜器传世品和其他非墓葬出土品甚多，其中尤以不带私名的应侯（应公）器较多，要达到前述目标并不容易。因此，我们首先要解决这些应侯（应公）器各自对应哪一座应侯墓墓主，其次再根据器物排队等推定各个应侯的在位年代。据此，本章研究具体分三步进行，第一步是根据平顶山应国墓地发掘出土材料厘清相关应侯及其夫人的具体身份、主要生活年代；第二步是分析传世或其他非墓葬发掘出土应侯器与相关应侯墓墓主的对应关系；第三步是分析每一位应侯在位时间。

## 第一节　墓葬材料显示历代应侯及其夫人

关于平顶山应国墓地的应侯及其夫人墓，发掘者已先行做了认定、排序及墓主具体身份信息的复原工作①，现将他们的研究结果列入表7-1。

**表7-1　以往应侯世系研究表**

| 应侯世系 | 亲属关系 | 应侯墓 | 侯墓年代 | 应侯年龄 | 应侯称谓 | 夫人墓 | 夫人称谓 | 夫人墓年代 | 夫人年龄 |
|---|---|---|---|---|---|---|---|---|---|
| 第一代 | 始祖 | M232 | 康王偏晚 | ? | 应叔/应监/应公 | ? | —— | —— | —— |
| 第二代 | 子 | M230 | 昭晚或昭穆之际 | 55 | —— | ? | —— | —— | —— |
| 第三代 | 子 | M86 | 穆晚与穆共之际 | 45 ~ 50 | 𩰫公 | M49 | —— | 早于M86 | ? |
| 第四代 | 子 | M84 | 共王 | 35 ~ 40 | 应侯爯/武侯 | M85 | —— | 懿王 | 20 ~ 30 |
| 第五代 | 子 | M87 | 孝夷 | 45 ~ 50 | 应侯见工 | M88 | —— | 厉王 | |
| 第六代 | 子 | M104 | 厉王早期 | | —- | M105 | 应嫚毗 | 厉王早期 | |

① 河南省文物考古研究所、平顶山市文物管理局：《平顶山应国墓地Ⅰ》，大象出版社，2012年，762～769、875页；王龙正：《古应国访问记》，中国国际广播出版社，2010年，58～64页。

续表

| 应侯世系 | 亲属关系 | 应侯墓 | 侯墓年代 | 应侯年龄 | 应侯称谓 | 夫人墓 | 夫人称谓 | 夫人墓年代 | 夫人年龄 |
|---|---|---|---|---|---|---|---|---|---|
| 第七代 | 子 | M95 | 厉王 | | 敔/应伯/侯氏/惠公 | M96 | 应姚/姚氏 | 厉王 | |
| 第八代 | 子 | M38 | | 25 | —— | ? | —— | | |
| 第九代 | 弟 | M13 | | | 应侯/叔诰父/应公? | ? | —— | | |
| 第十代 | 子 | M8 | | | —— | ? | —— | | |
| 第十一代 | 子 | M6 | | | —— | M7 | 应申姜 | 春秋早期 | |
| 第十二代 | 子 | M1 | | | —— | M2 | —— | 春秋早期 | |

注："——"表示无相关信息；"？"表示不存在或相关材料缺乏不能判断；空白表示尚未分析

对于以往拟定的应侯及夫人墓早晚排序与相应的应侯及夫人世系、具体称谓，我们认为基本上不存在疑问，这也是本书对应侯及夫人世系复原工作的基础之一。当然，《平顶山应国墓地Ⅰ》指出M230和M86间距较大，中间或许还存在一座应侯墓，由于墓葬缘故没有进行发掘，所以目前尚不能确定[①]，对此我们也只能期待这一区块的后续发掘工作展开后再探讨此问题。

对于以往的复原工作，有几个突出的问题值得注意：①称谓方面。第二代应侯的称谓内容，《平顶山应国墓地Ⅰ》虽未明言，但明确指出不可能是"应公"，进而认定传世应公器器主皆为第一代应侯。从M8出土两周之际的应公鼎来看，应国国君始祖以下的仍然存在"应公"称谓的情况，而且在金文中属于生称[②]，故不应排除第二代甚至第三代应侯有"应公"称谓的可能，实际情况应依据传世应公器的排序与年代进行推断。②墓葬断代方面。根据残存的人骨检测死亡年龄，应侯爯夫人年寿明显小于应侯爯，而《平顶山应国墓地Ⅰ》断定的M85应侯爯夫人墓年代却明显晚于M84应侯爯墓，这明显存在矛盾，但《平顶山应国墓地Ⅰ》未解释原因。M87和M88，报告明言二墓尚未发掘，然做出M88应侯见工夫人墓晚于M87应侯见工墓的判断，臆测成分过大。③应侯年寿推断。M87并未发掘，《平顶山应国墓地Ⅰ》却做出此人年寿为45～50岁的估定，臆测成分也过大。④应侯夫人墓的认定。《平顶山应国墓地Ⅰ》明言M49尚

① 河南省文物考古研究所、平顶山市文物管理局：《平顶山应国墓地Ⅰ》，大象出版社，2012年，875页。

② 《平顶山应国墓地Ⅰ》认为，M8出土应公鼎铭文中的"应公"称谓属于西周晚期宗法制度松动背景下的诸侯"僭越"情况，我们认为不应将这一问题简单化。

未发掘，又其位置在M86以南较远处[①]，却认为该墓为M86墓主应侯鳌公之夫人墓且年代早于M86，臆测成分也过大。当然，之前的复原工作还有其他许多细小问题，本书不再一一罗列。要之，应侯及夫人世系复原工作还存在进一步细化和进一步探讨的空间。

## 第二节　非墓葬发掘出土应国青铜器分组

传世西周和春秋早期的应侯家族青铜器共有38件，如果加上平顶山西高皇采集的3件带铭文青铜器[②]、陕西省蓝田出土的1件应侯见工钟，总计有42件不是平顶山应国墓地发掘出土的应侯家族青铜器。另外，江西余干出土的1件西周早期应监甗和某私人收藏的1件西周晚期应监甗，器主是否属于应侯家族尚未定论，故这两件甗未包含于前述42件器物之内。我们对其分组的根本原则是“器主同人”。其中，器主私名相同的器物自然归为一个最小的组别。对于器主称谓全部或部分相同却无私名的器物，首先，根据铭文内容是否相同划分大组；其次，根据铭文字形书体特征分辨其铸造批次的异同，进而划分最小的组别；再次，根据最小组别之间的年代或结合铭文字形书体特征相合程度进行归并，这种归并或在同一大组内进行，或夸大组进行，总之尽量做到同人之器归并为同一组。据此，我们将传世应国青铜器分为5个大组[③]。

### 一、应　公　组

共有14件器物，其中有3件器影不详。根据铭文内容相同的原则先分为5个小组，各组器物典型铭文字形书体如表7-2所示。

**1. 应公作旅彝组**

包含C型Ⅰ式应公鼎（《夏商周》198）1、五字应公鼎（《缀遗》4.22.1）1、A型Ⅱ式应公簋2（图7-1）。四器铭文行款相同，字形如表7-1所示。其中二鼎铭文皆见著于《缀遗》[④]，行款与铭文字形书体几乎相同，为“应公作/旅彝”其中，C型Ⅰ式应公鼎近年来重新面世，入藏于上海博物馆。另一件应公鼎（《缀遗》4.22.1），据方

---

① 平顶山应国墓地应侯与夫人墓的位置规律是夫妇墓并列，其中应侯墓在西，夫人墓在东，这种规律是从M84与M85应侯爯夫妇墓开始明显体现出来的，之前的情况则不明了。

② 其中1件鼎不确定为应侯器，但无疑属于应侯家族成员的，另外2件盨为应侯器。

③ 为便于分析，器主有应侯称谓且带私名的应侯器归入“应侯组”内，其他器主无应侯称谓而有私名的器物统一归入“其他带私名组”内。

④ 见《缀遗》4.21、《缀遗》4.22.1。

澹益言，原为潘祖荫收藏，现今已下落不明，未知其形制。这两件应公鼎显然为同人之器，而且应当是同一批次铸造的。两件应公簋铭文字形书体基本相同，唯有“公”字下半部的构形略有差异，但这微小差异并不妨碍二簋为同人之器的认定。本组鼎与簋之间，字形书体存在差异，鼎的铭文字形整体上较粗短、笔画较厚，簋的铭文字形整体上比较瘦长、笔画较细。另外，鼎、簋各个相同字的笔画也有差异，如“应”字，鼎上的鸟尾向右下斜出两支羽毛，簋上的斜出一支羽毛；“公”字，鼎上的上半部两笔皆竖直，簋上的相向内弧；“作”字，鼎上的外框横笔较长且向上提，簋上的较短且向下倾斜。如此，可以判定本组的鼎、簋很可能并非同一批次铸造。那么，本组的鼎、簋有无可能分属于两位不同的应公？我们认为这种可能性较小。首先，从形制、纹饰上看不出鼎、簋年代差距较大的特征，它们都应属于西周早期前段；其次，铭文字形书体上没有显示出鼎、簋年代差距较大的特征，反而呈现出年代相近的一些因素，如“旅”字均从车旁。要之，我们认为本组四器皆为同人之器，不必再细分组别。

1　　2　　3　　4

图7-1　应公作旅彝组铭文

1、2. 应公鼎（《夏商周》198、《缀遗》4.22.1）　3、4. 应公簋（《集成》3477、《集成》3478）

**2. 应公作宝彝组**

包含A型Ⅰ式应公簋（《铭图续》0328）1、A型Ⅱ式应公卣（《西清》16.1）1、应公壶尊（《缀遗》18.27.2）1，各器字形对比如表7-1所示。其中，簋与卣器铭文行款相同，皆为“应公作/宝彝”，卣盖与“尊壶”铭文皆为1行（图7-2）。三器之间，铭文字形书体差异较大，三者或两两之间不存在同一批次铸造的可能。本组应公簋耳下无垂珥，表明其年代可能偏早，铭文字形书体方面也没有呈现明显偏晚的迹象，应属于西周早期前段。应公卣器影及铭文皆为摹本，见著于《西清》16.1，我们据此只可判断其属于西周早期，更具体的年代则不宜定论。要之，我们不能确切判断本组应公卣与应公簋是否为同人之器。应公壶尊器影不详，铭文摹本见著于《缀遗》18.27.2，然许多大型金文著录不收此条铭文，或疑伪之故，本书亦姑且存疑。

1　2　3

图7-2　应公作宝彝组

1. A型Ⅰ式应公簋（《铭图续》0328）　2. A型Ⅱ式应公卣（《西清》16.1）　3. 应公壶尊（《缀遗》18.27.2）

根据上文分析，我们将“应公作宝彝组”应公器再细分为三个小组。

（1）应公作宝彝组A：A型Ⅰ式簋1。

（2）应公作宝彝组B：Ⅱ式卣1。

（3）应公作宝彝组C：壶尊1。

**3. 应公作宝尊彝组**

包含D型应公方鼎甲、乙（《集成》2150、2151）2、A型Ⅱ式应公壶（《集成》5220）1、B型Ⅰ式应公觯（《集成》6174）1，各器字形对比见表7-2。四器铭文行款相同，皆为“应公作/宝尊彝”（图7-3）。两件应公方鼎字形书体基本相同，显然是同人之器，而且器物形制、纹饰非常接近，应当是同一批次铸造。本组应公壶的铭文字形书体与应公方鼎差异较大，除了“作”字外，其余5字构形差异尤其明显，二者之间不是同一批次铸造的可能性很大。同理，应公壶与应公觯亦非同一批次铸造。应公觯与应公方鼎铭文之间，除了“公”字外，其余5字字形形似，不过书体方面仍有较大差异，即应公觯的笔画较粗、捺笔肥厚，应公方鼎的笔画相对纤细，捺笔肥厚度明显减弱，二者很可能并非同一批次铸造。年代方面，应公觯相对较早，形制和铭文字形书体都显示其属于西周早期前段。应公方鼎和应公壶形制显示其年代都相对较晚，与铭文字形书体特征契合。

根据上文分析，我们认为本组的应公觯与应公方鼎、应公壶可能分属于两个不同的应公，进而本组可在细分为两个小组。

（1）应公作宝尊彝组A：B型Ⅰ式觯1。

（2）应公作宝尊彝组B：D型鼎2、A型Ⅱ式壶1。

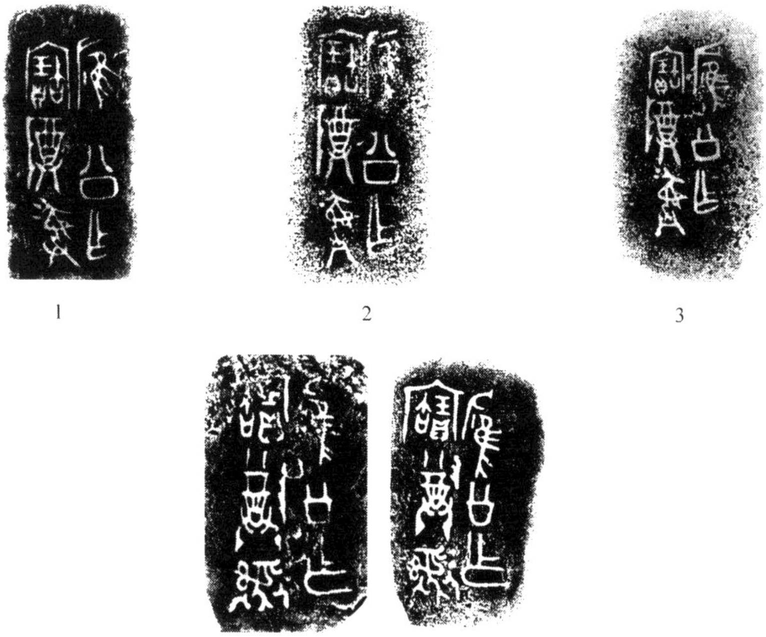

图7-3　应公作宝尊彝组铭文

1. 应公方鼎甲（《集成》2150）　2. 应公方鼎乙（《集成》2151）　3. 应公觯（《集成》6174）　4. 应公壶（《集成》5220，左盖右器）

**4. 应公作宝尊彝（16字）组**

包含瞿世瑛旧藏应公鼎（《集成》2554）1、哥伦比亚大学藏C型Ⅱ式应公鼎（《集成》2553），铭文内容相同。瞿氏旧藏应公鼎器影不详，铭文拓本最初见著于《敬吾》上26前，分作4行（图7-4，1）；哥伦比亚大学藏C型Ⅱ式应公鼎铭文分作3行（图7-4，2）。后者铭文为“应公作宝/尊彝，曰：‘奄以乃/弟用夙夕鬻享’。”尽管二器铭文行款有别，但对于这样相同内容的“长篇”铭文且含有多个相同的人名称谓，显然可以判断二者为同人之器。形制上，C型Ⅱ式应公鼎很可能晚于C型Ⅰ式应公鼎，又本组器“尊”字顶端横笔上方有略成八字形的“竖笔”，是年代较晚的表现，属于西周早期后段。

**5. 应公（2字）组**

本组仅有1件C型Ⅲ式觯，器腹设一鋬，铭文为“应公”（图7-4，3），字形书体跟其他应公器均有或多或少的差异。从形制判断，这件觯约属于西周早期后段，“公”字属于Ba型Ⅱ式，与应公方鼎的大略相似，我们认为这件应公觯与应公方鼎器主可能是同一个人。

1　　2　　3

图7-4　应公作宝尊彝（16字）组、应公（2字）组铭文

1. 应公鼎（《集成》2554）　2. 应公鼎（《集成》2553）　3. 应公觯

根据上文分析，各组或小组应公器还可以进一步归并两个大组，很可能分别代表前后两个应公（应国君主）。

应公组Ⅰ：包含应公作宝彝组A、应公作旅彝组、应公作宝尊彝组A。器影可知的器物有应公作旅彝鼎（《夏商周》198）、应公作旅彝簋（《西清12.18》）、故宫博物院藏应公作旅彝簋（报告彩版四九·3）、应公作宝彝簋（《铭图续》0328）、山东师范大学藏应公作宝尊彝觯（报告彩版五〇·2）

应公组Ⅱ：包含应公作宝彝组B、应公作宝彝曰……（16字）组、应公作宝尊彝组B、应公（2字）组。器影可知的器物有应公作宝尊彝方鼎（《周金》2.55.3）、应公作宝尊彝方鼎（报告彩版四八·3）、哥伦比亚大学藏应公作宝尊彝分裆鼎（报告彩版四八·1）、台北“故宫博物院”藏应公作宝尊彝壶（报告彩版五〇·1）、带鋬应公觯［《西周铜器断代》（下）56·B］

分组存疑的器物有2件，分别为应公作宝彝卣（《西清》16.1）、应公壶尊（《缀遗》18.27.2）。其中，应公壶尊器影不详，姑且不论；应公作宝彝卣，根据器物排队，我们在第三章将其归入应公组Ⅱ，也仅仅是一个暂定方案。

表7-2　应公组典型铭文字形表

| 分组 | 器名 | 应 | 公 | 作 | 宝 | 旅/尊 | 彝 |
|---|---|---|---|---|---|---|---|
| 应公作旅彝组 | 夔纹应公簋 |  |  |  | |  |  |
| | 故博双弦纹应公簋 |  |  |  | |  |  |

续表

| 分组 | 器名 | 应 | 公 | 作 | 宝 | 旅/尊 | 彝 |
|---|---|---|---|---|---|---|---|
| 应公作旅彝组 | 上博应公鼎 | 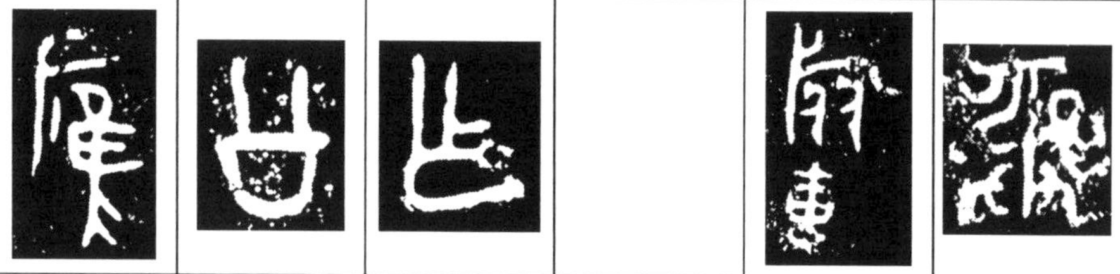 | | | | | |
| | 应公鼎（无器影） | 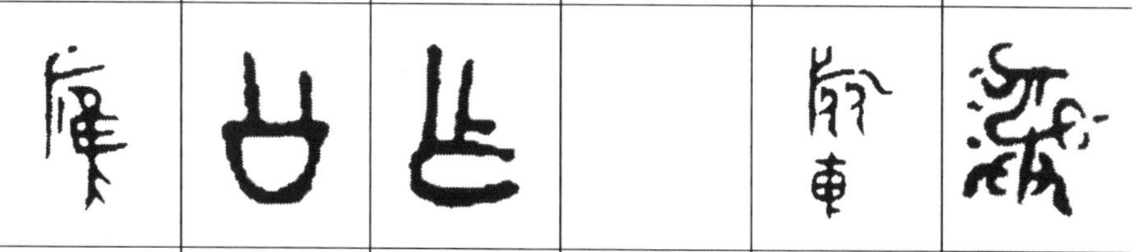 | | | | | |
| 应公作宝彝组A | 单弦纹应公簋 | 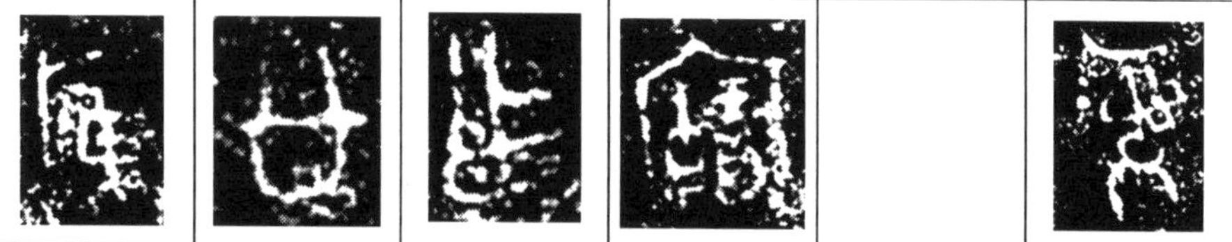 | | | | | |
| 应公作宝彝组B | 应公卣盖 | 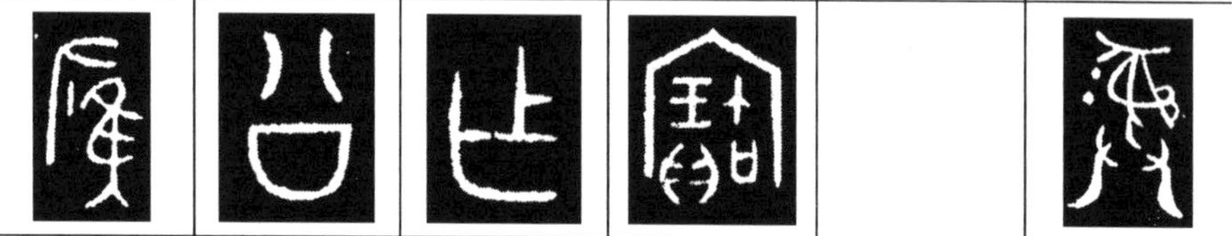 | | | | | |
| | 应公卣器 | 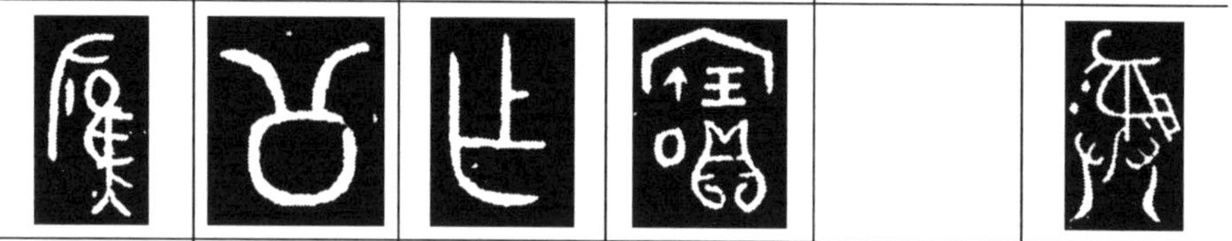 | | | | | |
| 应公作宝彝组C | 应公壶尊 |  | | | | | |
| 应公作宝尊彝组A | 兽面纹应公觯 |  | | | | | |
| 应公作宝尊彝组B | 应公方鼎甲 | 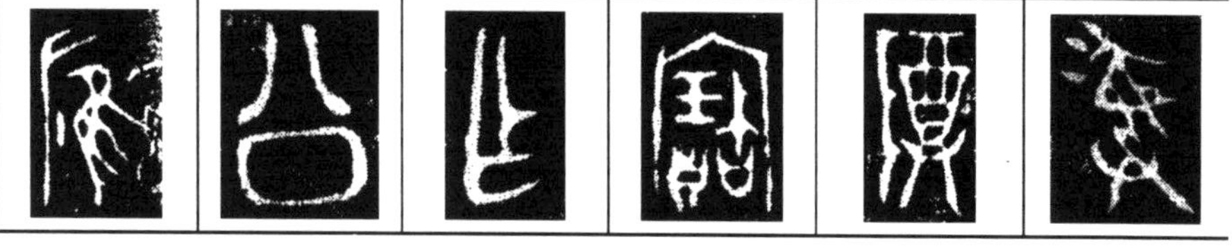 | | | | | |

续表

| 分组 | 器名 | 应 | 公 | 作 | 宝 | 旅/尊 | 彝 |
|---|---|---|---|---|---|---|---|
| 应公作宝尊彝组B | 故博应公方鼎乙 |  |  |  |  |  |  |
| | 应公壶盖 |  | 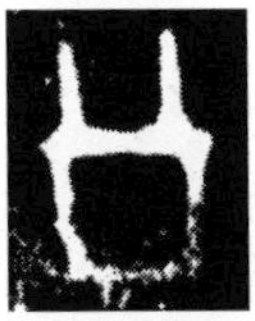 |  |  |  |  |
| | 应公壶器 |  |  |  |  |  |  |
| 应公作宝尊彝（16字）组 | 十六字应公鼎甲 |  |  |  |  |  |  |
| | 十六字应公鼎乙 |  |  |  |  |  |  |
| 应公（2字）组 | 带鋬应公觯 |  | 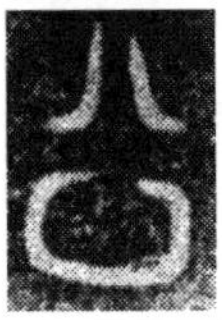 | | | | |

## 二、应　侯　组

根据铭文内容相同的原则分为8组，各组器物典型铭文字形书体如表7-3所示。

### 1. 应侯作宝彝组

仅有A型Ⅱ式应侯尊（《铭图续》0772）1件，铭文2行5字，为“应侯作/宝彝”（图7-5，1）。从形制、铭文字形书体判断（表7-3），此应侯尊属于西周中期前段，约为穆王时期。由于该应侯尊年代明显早于M84出土应侯（爯）器，我们认为本组应侯不是应侯爯。

1　　2　　3

图7-5　应侯作宝彝组、应侯作宝盘盉组铭文

1. 应侯尊（《铭图续》0772）　2. 应侯盘（《新收》0077）　3. 应侯盉（《铭图续》0967）

**2. 应侯作宝盘盉组**

包含A型Ⅱ式应侯盘（《新收》0077）1（图7-5，2）、A型应侯盉（《铭图续》0967）1（图7-5，3）。两器铭文行款相同，为“应侯作/宝盘盉”，字形书体比较接近（表7-3），应当是同人之器，而且很可能是同一批次铸造的。其中，盘所饰窃曲纹属于彭裕商先生划分的Aa型Ⅰ式，其流行于穆共时期，下限为西周中期后段[①]，参考该盘自身形制，年代上限为共王时期。应侯盉的形制在整个西周中期罕见，颈部所饰龙纹属于彭裕商先生划分的D型Ⅳ式[②]，其流行于西周晚期，上限为西周中期后段。综合判断，本组应侯盘与盉的年代约为西周中期后段。与本组年代接近的应侯器及其他相关器物有应侯作宝彝尊、M84出土应侯器（鼎、甗、盨、尊、卣）、保利艺术博物馆藏爯簋、M104和M105出土邓公作应嫚毗簋、传世和出土应侯见工器，其中，与本组铭文字形书体相对接近的只有应侯作宝彝尊、保利艺术博物馆藏应侯见工簋甲和乙、传世及出土应侯见工钟[③]。从年代上，我们可以排除本组应侯为应侯作宝彝组的应侯或应侯爯，那么本组的应侯很可能是应侯见工。

**3. 应侯见工组**

包含的器物有上海博物馆藏应侯见工鼎（《夏商周》363）（图7-6，3）、保利艺术博物馆藏应侯见工簋甲和乙（《新收》0078和0079）（图7-6，1）、首阳斋藏应侯见工簋盖（《资料库》NB1305）（图7-6，4）、蓝田出土应侯见工钟甲（《青全》6：95）、日本书道博物馆藏应侯见工钟丁（《集成》0108）（图7-6，2）、保利艺术博物馆藏应侯见工钟乙和丙（《新收》0082和0083）。从铭文字形书体来看，本组器物

① 彭裕商：《西周青铜器窃曲纹研究》，《考古学报》2002年第4期。

② 彭裕商：《西周青铜器年代综合研究》，巴蜀书社，2003年，536、538页。

③ 目前所见应侯见工器，从铭文字形书体判断，至少分前、后两批铸造，详下文。

至少分两个批次铸造：4件应侯见工钟和保利艺术博物馆藏应公见工簋属于同一批次，我们称为应侯见工组A；上海博物馆藏应侯见工鼎和首阳斋藏应侯见工簋盖属于另外一个批次，我们称为应侯见工组B。A组“宝”字属于A型Ⅴ式，B组“宝”字属于Da型Ⅱ式，这是A、B组之间年代差异最明显的标志，即A组早于B组。

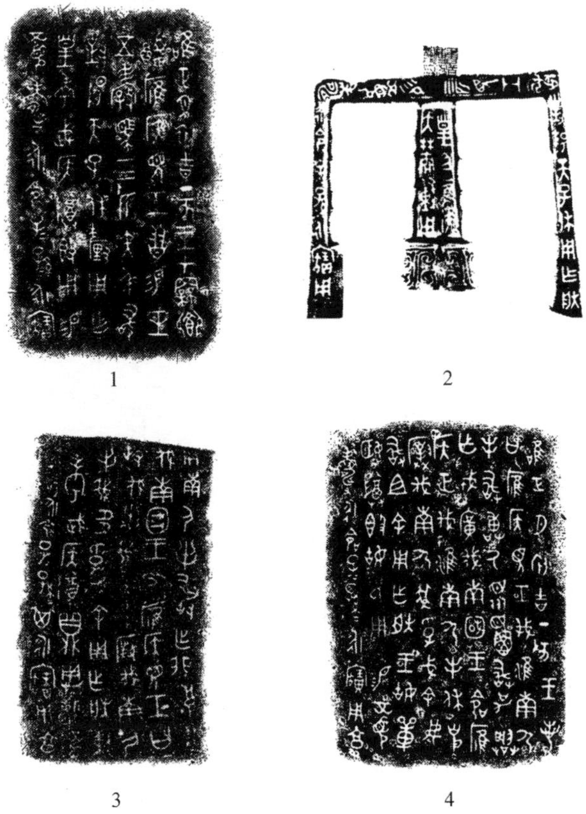


图7-6　应侯见工组铭文

1. 应侯见工簋甲（《新收》0778，器铭）　2. 应侯见工钟丁（《集成》0108）　3. 应侯见工鼎（《夏商周》363）　4. 应侯见工簋盖（《资料库》NB1305）

#### 4. 应侯作旅盨组

包含B型盨2件，采集自平顶山西高皇鱼塘。二盨大小略异，形制、纹饰、铭文相同（图7-7，1），为同批次铸造之器，年代为西周中期后段。本组铭文字形书体与应侯见工组的最为接近（表7-3），其中，“宝”字与应侯见工组B的非常接近，“作”“永”二字与应侯见工组A的非常接近，虽然不能确定本组与应侯见工组A或B是否存在同一批次铸造的可能，但器主应当是同一个人，与考古报告的结论相同。

### 5. 应侯作旅壶组

包含A型Ⅲ式应侯壶甲、乙（《新收》0080、0081）2件。二器形制、纹饰、铭文相同（图7-7，2、3），原本为配套的一对，显然为同人之器并且属于同一批次铸造。从形制、纹饰判断，二器年代约为西周中期后段，下限为西周晚期初年。本组铭文字体风格有年代偏晚的特征，但篇铭没有每横行字完全对齐以及书写前设置小方格的现象，而明显属于西周晚期的M95出土应伯器开始出现书写前设置小方格的现象，故可以排除本组应侯与M95应伯为同一人的可能[1]。那么，与本组器年代相对接近的实际只有应侯见工组B、M104和M105出土邓公作应嫚毗篤，报告编写者认为本组应侯乃应侯见工，是有可能的，不过还存在另一种可能，即应嫚毗之夫——M104墓主之应侯，我们倾向于后一种可能性。

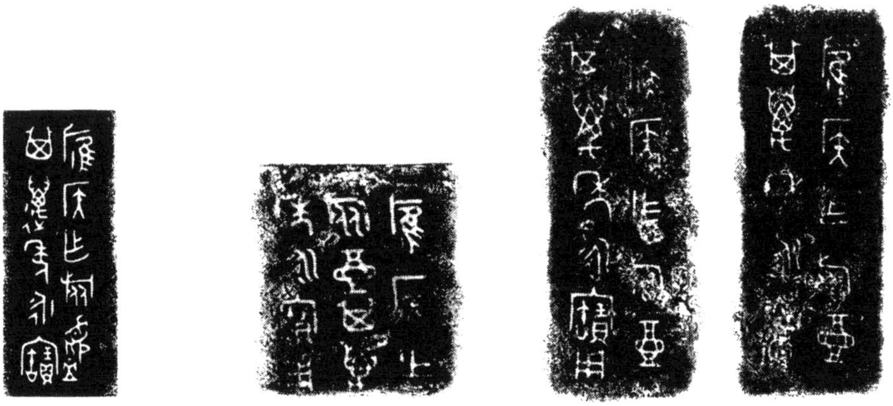

1　　2　　3

图7-7　应侯作旅盨组、应侯作旅壶组铭文

1. 西高皇XGH采：6应侯盨（《平顶山应国墓地Ⅰ》734页）　2. 应侯壶甲（《新收》0080，左盖右器）　3. 应侯壶乙（《新收》0081）

### 6. 应侯作姬原母（14字）组

包含Bb型Ⅰ式簋（《考古图》3.15）1[2]、Bb型Ⅰ式应侯作姬原母簋器（《平顶山应国墓地Ⅰ》758页）1（图7-8）。二器铭文行款、字形书体基本相同，显然为同人之器。这两件簋中，其中一件盖、器俱全，见著于《考古图》等；另一件原为首阳斋所藏，仅有器身，与应公见工簋盖套合在一起，是近年出现的。应侯作姬原母簋形制、

① M95出土显示墓主身份的带铭文青铜器有三组：其一为公作敔器，其二为应伯器，其三为侯氏器。前两者乃墓主即位之前所作，侯氏器乃墓主即位后所作。

② 此簋流传下来相对较好的盖、器铭文摹本见录于《啸堂》60（图7-8，1），又为《集成》3860.1、2与《铭图》4711所采用。

纹饰与元年师兑簋、三年师兑簋、十二年大簋盖相似[①]，也与M257出土的⿰丬丁史簋比较相似（器耳除外），年代约为厉王时期，与铭文字形书体时代特征相合。与本组年代接近其他应侯器或相关器物有应侯见工组B、M104和M105邓公作应嫚䖸簋、M95应伯器与侯氏器，从铭文字形书体来看，不能确切判断其中任何一组与本组器物为同一批次铸造。那么，本组应侯的身份有三种可能：其一为应侯见工，其二为M104墓主，其三为M95出土青铜器铭文中的应伯/侯氏（敔）。

首先，第三种可能性最小，因为M95墓主即位之后所作器物年代明显偏晚，可能不早于宣王时期，与本组年代差距相对较大。对于第一种可能性，如果上海博物馆藏应侯见工鼎、首阳斋所藏应侯见工簋盖与应侯作姬原母簋器不伪的话，这种可能性较大[②]。对于第二种可能性，由于M104和M105均遭破坏（最早破坏年代不详），至今未发现确切属于M104墓主即位后所作之器，但其年代可以通过应侯见工组与M95侯氏组的年代差推定出来，大约为厉王时期[③]，与应侯作姬原母组铜器年代最为契合。因此，不能完全排除第二种可能性，我们倾向于本组应侯为M104墓主。

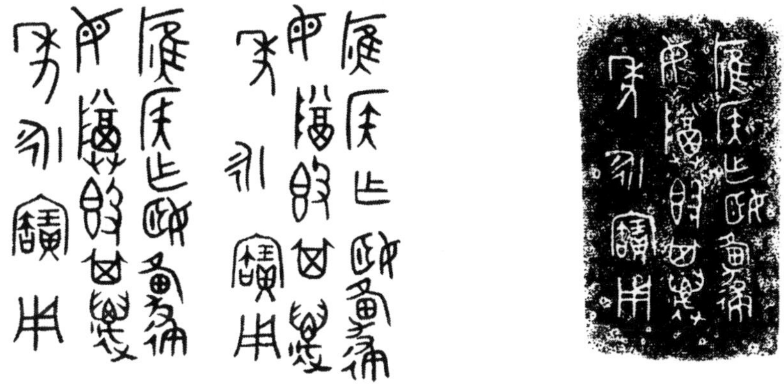

1　　2

图7-8　应侯作姬原母（14字）组铭文

1. 应侯作姬原母簋（《啸堂》60）　2. 应侯作姬原母簋器（《平顶山应国墓地Ⅰ》758页）

### 7. 应侯作生杙姜（25字）组

仅有1件，器影不详，铭文4行25字（图7-9，1）。该器铭文字形书体显示其年代明显晚于应侯见工组，与M95应伯组、侯氏组的相关字比较接近，其中“作”“宝”

① 王世民、陈公柔、张长寿：《西周青铜器分期断代研究》，文物出版社，1999年，93、96、97页，

② 有学者疑伪，参见黄益飞：《应国具铭铜器研究》第二章第二节，中央民族大学硕士学位论文，2010年。

③ 《平顶山应国墓地Ⅰ》编写者认为应侯见工为M87墓主，我们赞同其说。

二字与应伯组、侯氏组的都比较接近，“尊”字上半、“永”字与侯氏组的比较接近。我们认为，本组应侯即M95墓主应侯敔。

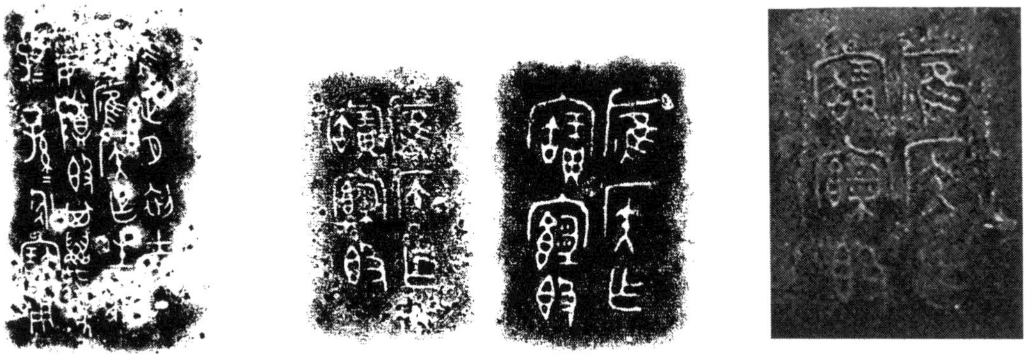

1　　2　　3

图7-9　应侯作生栿姜（25字）组、应侯乍宝□簋组铭文

1.应侯作生栿姜（《集成》4045）　2.应侯乍宝□簋盨（《夏商周》398，左盖右器）　3.应侯乍宝□簋盨盖（《平顶山应国墓地Ⅰ》彩版一〇二 · 2）

### 8. 应侯乍宝□簋组

包含A型Ⅲ式盨2件，其中1件仅有盖。两件盨的盖形制、纹饰相同，又铭文内容、行款、字形书体基本相同（图7-9，2、3），显然为同人之器。根据第二章的器物排队，本组应侯盨相对晚于M95出土的应伯盨。由于“应伯”并非M95墓主即位后带“爵秩”的称谓，故本组应侯盨可能是M95墓主之器。另外，相对晚于M95的M13年代上大体与本组应侯盨年代契合，后者随葬器物遭受盗掘流散，追缴回来的器物中未发现盨，故本组盨不排除为M13墓主之器的可能。

**表7-3　应侯组典型铭文字形表**

| 器物 | 铭文字形 | | | | | | |
|---|---|---|---|---|---|---|---|
| 应侯尊（《铭图续》0772） |  |  |  |  | |  | |
| 保利藏应侯盘 |  |  |  |  | |  |  |

续表

| 器物 | 铭文字形 |
| --- | --- |
| 应侯盉（《铭图续》0967） |  |
| 保利藏侯见工簋甲盖 |  |
| 保利藏侯见工簋甲器 |  |
| 保利藏侯见工簋乙盖 | 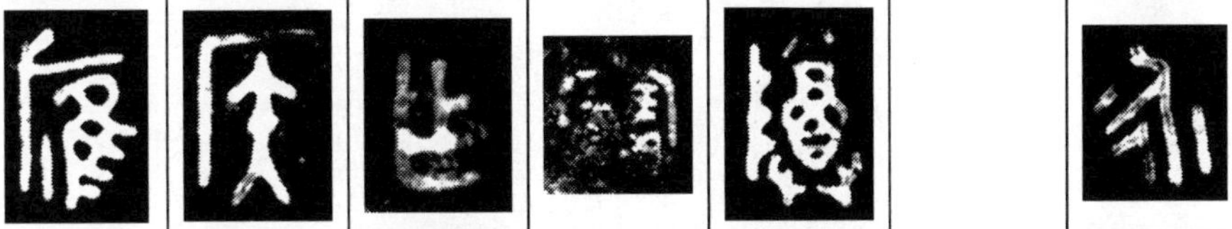 |
| 保利藏侯见工簋乙器 |  |
| 蓝田应侯见工钟甲 |  |
| 保利应侯见工钟乙 | 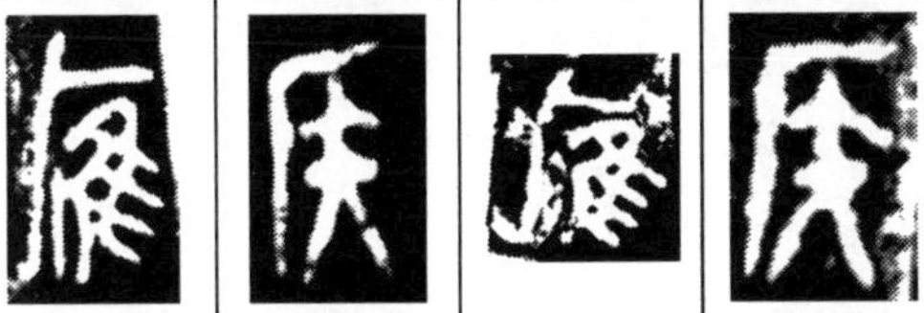 |
| 保利应侯见工钟丙 | 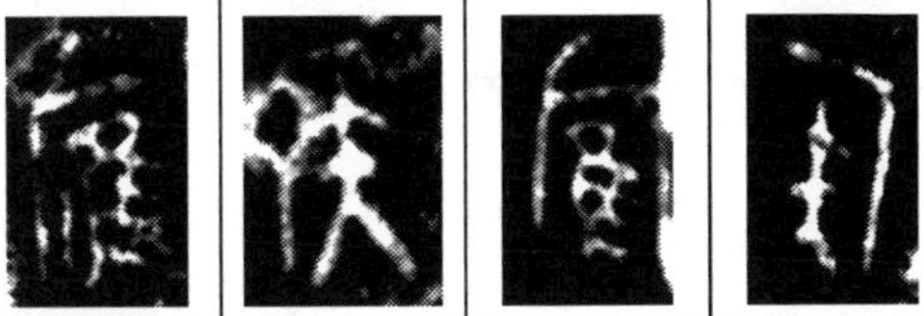 |
| 书道应侯见工钟丁 |  |

续表

| 器物 | 铭文字形 |
|---|---|
| 上博应侯见工鼎 |  |
| 首阳斋应侯见工簋盖 |  |
| 应侯作姬原母簋 · 1 |  |
| 应侯作姬原母簋 · 2 |  |
| 首阳斋应侯作姬原母簋器 |  |
| 应侯作生杙姜簋 |  |
| 上博应侯盨盖 | 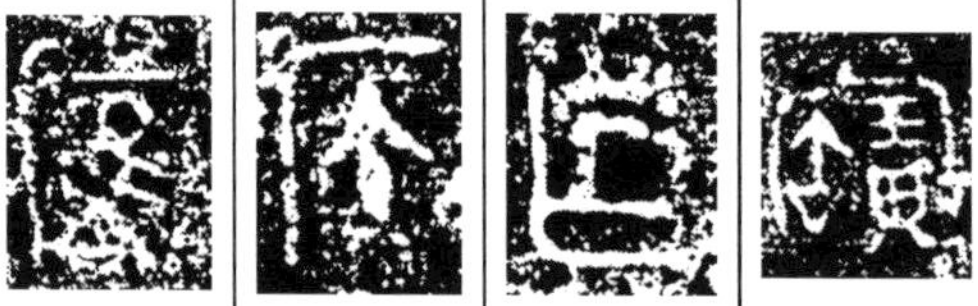 |
| 上博应侯盨器 | 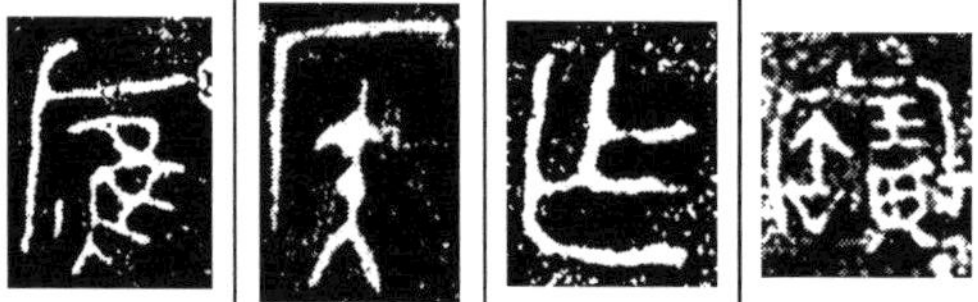 |
| 美籍华人藏应侯盨盖 | 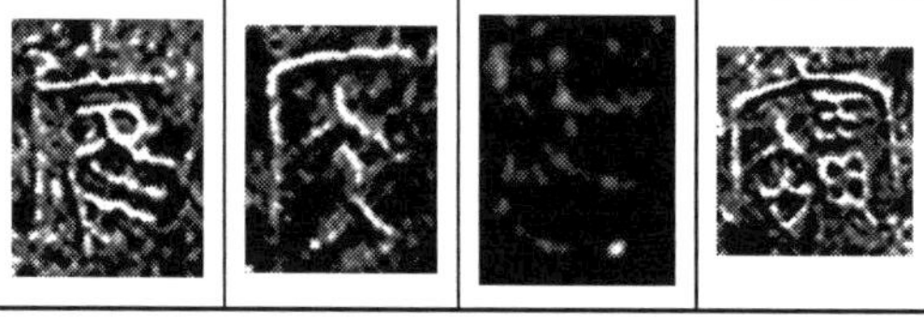 |

续表

| 器物 | 铭文字形 |
| --- | --- |
| 保利应侯壶甲盖 |  |
| 保利应侯壶甲器 |  |
| 保利应侯壶乙器 |  — |
| XGH采：1应□□鼎 |  |
| XGH采：6应侯盨 |  |
| XGH采：7应侯盨 | 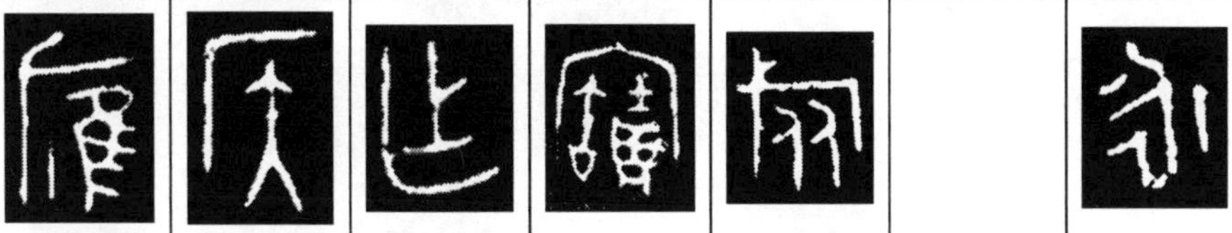 |
| M84：76应侯鼎 |  |
| M84：89应侯甗 |  |
| M84：68应侯爯盨盖 | 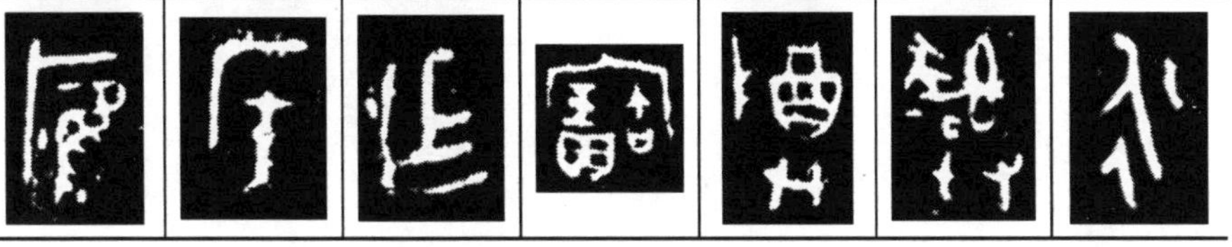 |

续表

| 器物 | 铭文字形 | | | | | | |
|---|---|---|---|---|---|---|---|
| M84：68应侯爯盨器 |  |  |  |  |  |  |  |
| M84：99爯尊 | | |  |  |  |  | |
| M84：103爯卣盖 | | |  |  |  |  | |
| M84：103爯卣器 | | |  |  |  |  | |
| 保利爯簋盖 |  | |  |  |  |  |  |
| 保利爯簋器 | 泐 | |  |  | 泐 | 泐 |  |
| M95：? 应伯盨 |  | |  | |  | | |
| M95：81应伯盨 |  | | 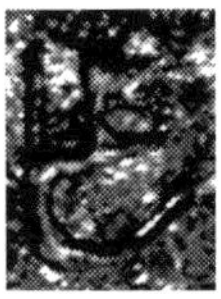 | |  | |  |
| M95：83应伯盘 |  | |  |  | | |  |

续表

| 器物 | 铭文字形 |
| --- | --- |
| 侯氏鬲（《铭图》2857） | 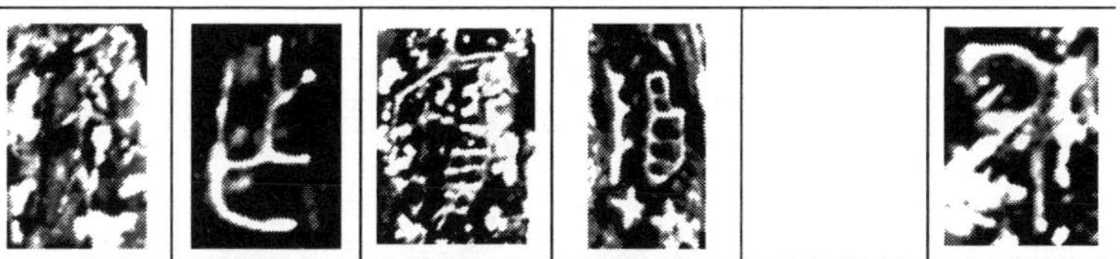 |
| M95：100公作敔簋盖 |  |
| M95：100公作敔簋器 | 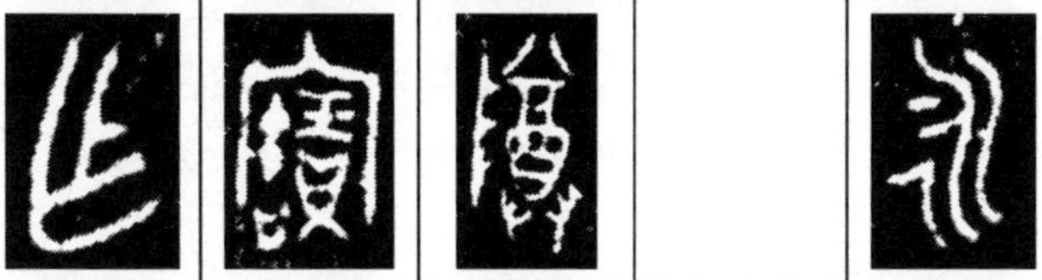 |
| M95：120公作敔簋 | 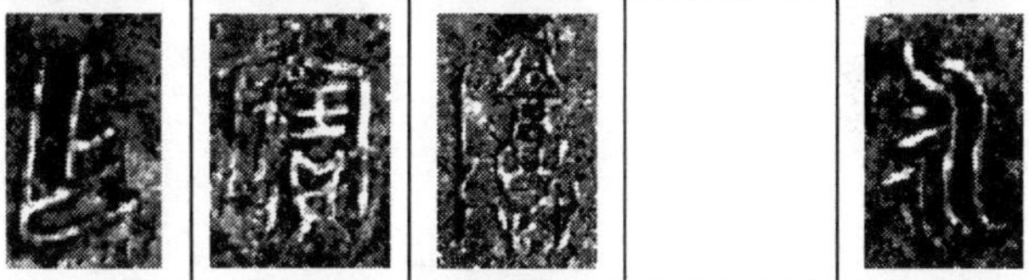 |
| M95：102公作敔鼎 |  |
| M13：00759应姚鬲 |  |
| M13：00779应姚簋 |  |
| M13：00778应姚簋 | 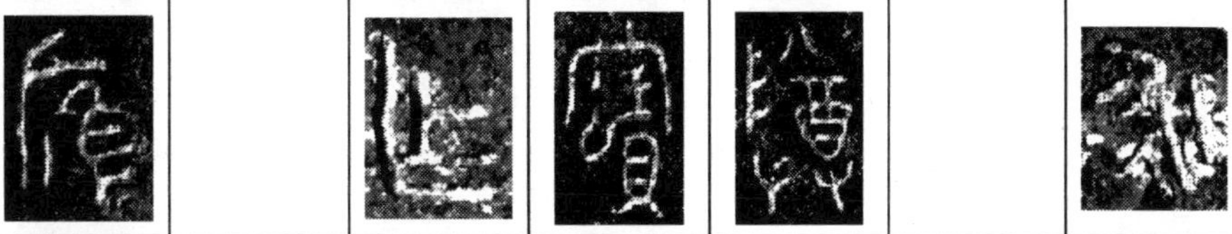 |
| M13：00782应姚盘 |  |

续表

| 器物 | 铭文字形 | | | | | | |
|---|---|---|---|---|---|---|---|
| M13：00792<br>应侯匜 |  |  |  |  | | | 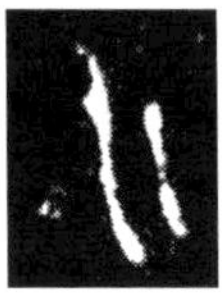 |
| M1：00795<br>应侯鼎 |  |  |  | |  | | |

## 三、应　监　组

包含A型Ⅰ式应监甗（《铭图》3268）1件（图7-10，1）1、A型Ⅳ式甗（《铭图》3329）1件（图7-10，2）1，典型铭文字形对比如表7-4所示。本组二器年代分别属于西周早期前段和西周晚期，器主显然并非同一人，故分为两个小组。

应监组Ⅰ：余干出土应监甗（A型Ⅰ式）。

应监组Ⅱ：私人收藏应监甗（A型Ⅳ式）。

1　　2　　3

图7-10　应监组、应叔组铭文

1、2. 应监甗（《铭图》3268、3329）　3. 应叔鼎（《集成》2172）

## 四、应　叔　组

仅有应叔鼎（《集成》2172）1件，瞿世瑛旧藏，形制不详，铭文为“应叔/作宝/尊齍”（图7-10，3）。铭文字形如表7-4所示，从铭文字形书体判断，属于西周早期前段。

# 五、其他带私名组

共有6件，典型铭文字形如表7-4所示，依据私名的不同分为5个小组。

**1.应□组**

仅有鼎（《集成》1975）1件（图7-11，1），形制不详，私名“□”字未识。从铭文字形书体判断，应□鼎属于西周早期。

1　　　　2

图7-11　应□组、应叔豕组铭文

1.应□鼎（《集成》1975）　2.应叔豕方鼎（《铭图》1600）

**2. 应叔豕组**

仅有方鼎（《铭图》1600）1件（图7-11，2）。该器年代为昭王前后，器主与第二代应公（详后文）生活时代大致相当，从称谓判断此人不是应国君主，很可能是第二代应公之弟。

**3. 应□组**

包含应□方尊、应□方彝各1件。从铭文内容、器物装饰风格来看，二器显然是同人之器，年代为西周中期前段。本组器物铸工精良，在西周前期应国青铜容器中罕见，不排除器主应□为某一位应侯的可能，准此，器主最有可能是M86墓主。

**4. 爯组**

仅有保利艺术博物馆藏爯簋（《新收》1601）1件，盖、器铭文皆6行57字（图7-12）。典型铭文字形见表7-3。据李家浩先生的研究，器主即M84墓主应侯爯[①]，此说至确。

① 李家浩：《应国爯簋铭文考释》，《文物》1999年第9期。

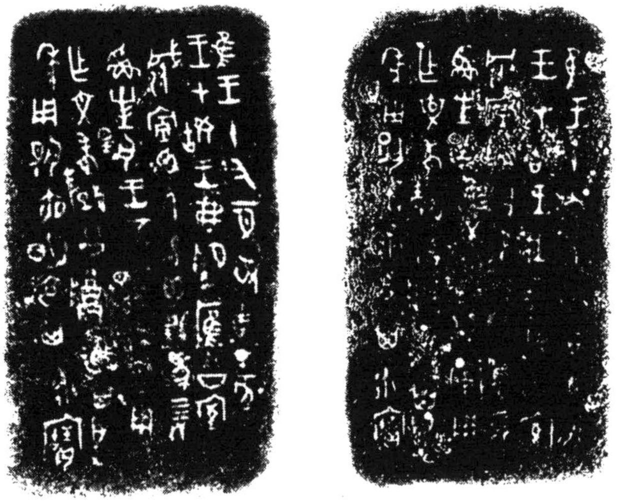

1　　2

图7-12　爯簋（《新收》1601）

1. 盖　2. 器

### 5. 兽组

仅有兽簋（《铭图续》0437）1件，器主即M84出土作兽宫盉（图7-13，2）、作兽宫盘之“兽”（图7-13，1）。兽簋为兽自作之器，年代比作兽宫盉、盘明显较晚。由于作兽宫盉、盘出现在M84应侯爯墓中，不排除兽为应侯家族成员的可能。

1　　2

图7-13　兽组铭文

1. 兽簋（《铭图续》0437）　2. M84：28作兽宫盉盖

**表7-4　应监组、应叔组、其他带私名组典型铭文字形表**

| 器物名 | 铭文字形 |
|---|---|
| 余干应监甗 |  |
| 应监甗（《铭图》3329） | 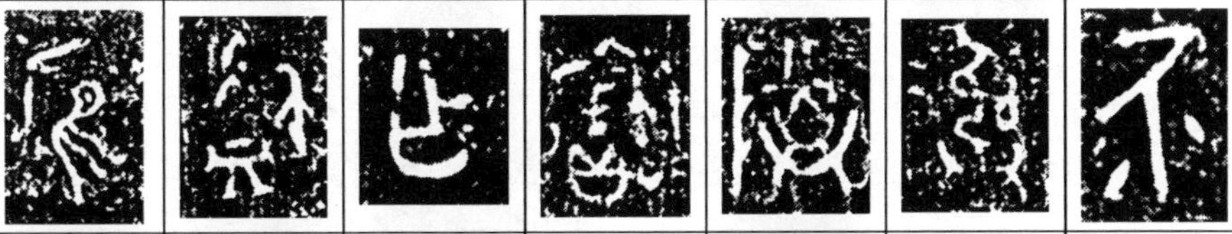 |
| 应□组 | 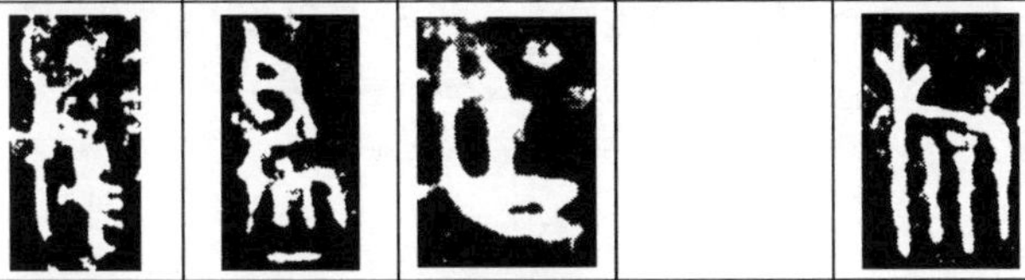 |
| 应叔鼎 | 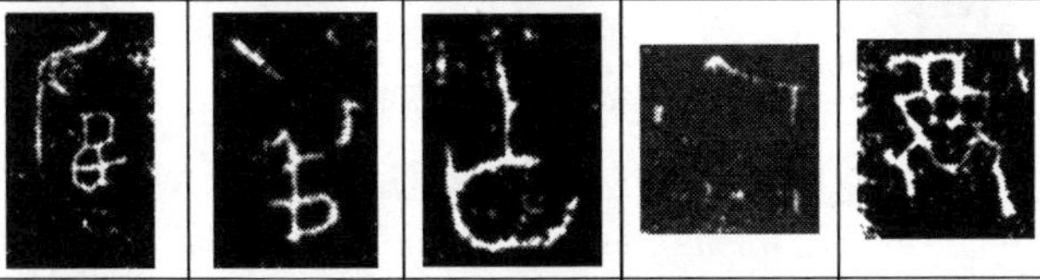 |
| 应叔豖鼎 |  |
| M84：28作兽宫盉盖 |  |
| M84：50作兽宫盘 |  |
| 兽簋（《铭图续》0437） |  |
| 应□方彝 | 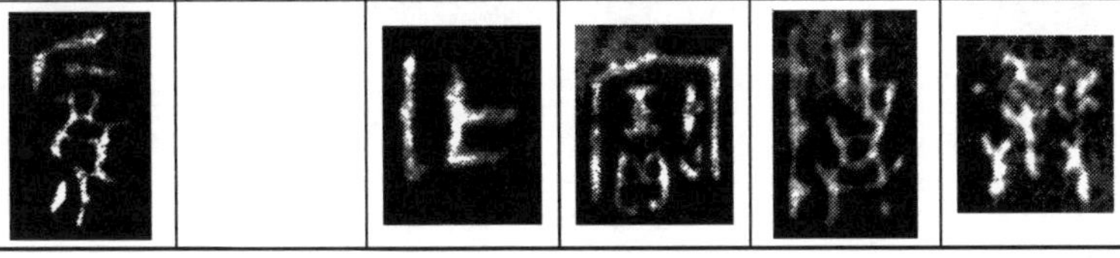 |

# 第三节 应侯世系及部分夫人信息的推断

**第一代应侯**

北宋《博古图》卷十七·一〇《周雁侯敦》曰："周室武王第四子曰雁侯，其后乃有雁姓。"南宋郑樵《通志略·氏族略二》曰："应氏，侯爵，武王第四子。今汝州叶县故应城是也。"应国始封君为周武王第四子之说仅见于此二著作，作者有何依凭已不可考，由于这是两条晚出的孤立材料，此说姑且存疑。应国始封君非武王嫡长子，援引周初曹叔、滕叔、康叔、唐叔等诸侯始封君称谓之例，其有"应叔"之称。瞿世瑛旧藏应叔鼎（《攈古》1.3.40）一件，器影不详，自名"鼐"。用此自名的两周青铜器一般为鼎（以方鼎居多），另外还有一些鬲[①]。著录应叔鼎的金石著作中，《攈古》1.3.40、《缀遗》4.24.1、《敬吾》上28.1皆定名为鼎，而《从古》7.25称为"鬲"，又《从古》器目中鼎、鬲分设，故不排除《从古》编著者徐同柏见过原器的可能，即该器可能是鬲。"应叔鼎"到底是鼎或是鬲，姑且存疑，本书从主流定名称为"鼎"是权宜的办法。应叔鼎年代大约为西周早期前段，这仅仅是根据铭文字形书体判断得出，其实晚至西周早期后段也不是没有可能，进而器主与生活于昭王时期的应叔豖（见应叔豖方鼎）存在同一人的可能。要之，由于器影不详，应叔鼎年代无法进行更精确的判断，故此应叔为应国始封君的观点，只可备一说，而本书选择存疑。

关于江西余干出土应监甗器主与应侯家族的关系。最初，郭沫若先生认为应监是中央派往应国的监国者[②]，换言之此人与应侯家族并无血缘继嗣关系。此后，有学者包括报告编写者提出另一类解释，概括起来即应监是周王朝中央设在应地之监，监视殷遗或其他异姓诸侯，而当时应地可能并未封邦建国，后来因形势、职责变化，才由应监转变为应侯，称为诸侯国君。换言之，先前的应监与后来的应侯实属于一系家族[③]。近年来，随着西周晚期应监甗（《铭图》3329）、西周早期噩监甗（《铭图》4441）的出现，证明郭沫若先生之说比较合理[④]。要之，应监与应国始封君显然不是同一人或存在血缘继嗣关系，应国始封君没有所谓"应监"之称。

根据平顶山应国墓地墓葬排列规律并结合墓葬年代，M232墓主显然是应国始封

① 乔美美：《商周青铜鬲研究》第一章《定名》，陕西师范大学硕士学位论文，2008年。

② 郭沫若：《释应监甗》，《考古学报》1960年第1期。

③ 由应监转变为应侯，究竟是在最初前两代人内完成，还是在最初的第一代人内完成，可能因为材料缺乏，学者并未详加分析。根据考古报告观点，应监转变为应侯是在第一代人内完成的，第一代应国国君担任周王朝卿士后称为"应公"，故应国始封君前后经历了应叔、应监、应公三种称谓。

④ 田率：《新见噩监簋与西周监国制度》，《江汉考古》2015年第1期。

君[①]。M232随葬青铜礼器历次遭受盗掘而不存，传世应国青铜器中，从年代、身份称谓的契合度来看，应公组Ⅰ应即该墓墓主之器，墓主称谓中只有“应公”是相对确切的。关于应国始封时间上限，《逸周书·王会解》云：“成周之会……内台西面者，正北方应侯、曹叔、伯舅、仲舅比服次之……”《左传·僖公二十四年》曰：“昔周公吊二叔之不咸，故封建亲戚以蕃屏周。管、蔡、郕、霍、鲁、卫、毛、聃、郜、雍、曹、滕、毕、原、酆、郇，文之昭也；邘、晋、应、韩，武之穆也；凡、蒋、邢、茅、胙、祭，周公之胤也。”据此，我们认为应国始封时间上限可能在成王初年。第一代应侯（应公）在位年代下限的判断依据有两条：其一为应公组Ⅱ的年代上限；其二是M242出土之旡鼎年代。应公组Ⅱ，我们认为是第二代应侯之器（详后文），其中年代明显较早者为哥伦比亚大学藏十六字应公鼎，从铭文字形书体尤其是“尊”字形体判断，该器年代上限约为康王末年。M242旡鼎铭文曰：“旡拜稽首/皇兄考（孝）于公/室厥事弟不/敢不择衣/夙夜用占鬻公。”报告认为旡鼎乃M242墓主之器，铭文内容显示了旡为新死之“公（应公）”择服祭祀，“皇兄”为“公”之嫡长子，旡是为“皇兄”之弟[②]。准此，参合M242东侧紧邻M232墓道，M232北侧为M230的情况，可以推断M242墓主不为M232墓主之孙而必定是其庶子，故旡鼎之“公”当是M232墓主——第一代应侯（应公），“皇兄”当是M230墓主——第二代应侯。那么，旡鼎年代可以作为第一代应侯在位年代下限的判断依据，此器年代为西周早期后段，上限在康王后期。要之，第一代应侯（应公）在位年代下限约为康王后期偏早[③]。

### 第二代应侯

即M230之墓主，M230青铜礼器被盗掘无存，传世应国青铜器中，应公组Ⅱ应当是墓主之器。据前文分析，应公组Ⅱ年代上限为康王末年，本组器物中年代特征鲜明且较晚的是应公方鼎甲、乙，年代下限约为昭穆之际。我们由此推断第二代应侯在位

---

① 如果应国始封君死后返葬于周，则M232必然是第二代应国国君墓。这个假设面临两个障碍：一是M230墓主年寿约55岁，墓葬年代下限为穆王初年，他作为应国始封君嫡长孙的可能性较小；二是M232既然非始封君墓葬，那么它与M230之间异常大的规格差距无法得到合理解释。由于M232年代为康王时期，应国始封君与成王为同辈兄弟，理论而言前者很有可能活到康王朝，加之M232墓葬规模很大，故我们认为将M232判定为应国始封君墓葬是一种稳妥的办法。

② 河南省文物考古研究所，平顶山市文物管理局：《平顶山应国墓地Ⅰ》，大象出版社，2012年，150页。

③ 据黄益飞先生对旡鼎铭文的训释，“皇兄”无子、亲弟和庶弟，旡乃是小宗而入继大宗宗子者（参见黄益飞：《平顶山应国墓地出土“旡”鼎铭文研究》，《考古》2015年第4期）。按：若旡鼎确为墓主之器，则黄氏之论与M242位置排列、墓葬规格均不契合；若黄氏之论成立，则旡鼎必不为墓主之器，而是存在属于第二代应侯（应公）器或其他诸侯国器的可能。无论属于前述哪一种情况，都不影响我们对第一代应侯在位年代下限的判断。另外，若黄氏之论果真成立，我们再欲辨析旡是否为第二代应侯（应公），无论得出哪种一种结论，所凭证据皆不坚实，故此问题宜留待将来。

年代约为康王末年至穆王初年，前后大约30年时间。根据M230残存的一枚牙齿推断，M230墓主年龄约55岁，即位时年龄约25岁。

**第三代应侯**

即M86之墓主，M86青铜礼器被盗掘无存，传世应国青铜其中，应侯作宝彝尊（《铭图续》772）很可能是墓主之器[①]。近年来，保利艺术博物馆入藏一件爯簋，前文已说明器主即应侯爯。爯簋铭文记载周王赏赐爯，器主称谓为“爯”而不为“应侯爯”，又曰“用作文考釐公尊簋”。关于第三代应侯称谓，据日本东京书道博物馆藏应侯见工钟、应侯尊（《铭图续》772）、保利艺术博物馆藏爯簋铭文，有“应侯”“釐公”两种[②]。其中，釐公属于谥称，应侯既用作生称，也用作死称。自本代应侯开始，应国君主罕有“应公”称谓，无论生称还是死称。由爯簋铭文可知，上一代应侯新死，爯尚未即应侯位，因受王赏赐而为其父制作了这件祭器，制作时间与第三代应侯死亡时间相隔较近，可以作为第三代应侯在位的下限。关于爯簋的年代，李家浩先生推定为穆王时期，本书第三章推定为穆王晚期。要之，第三代应侯在位年代约穆王初至穆王晚期偏早。

**第四代应侯**

即M84墓主。据器主名是否带有私名，该墓出土应侯器可分三组：其一是应侯组，不带私名，有鼎1、甗1；其二是应侯爯组，有盨1；其三是爯组，无“应侯”称谓，有尊1、卣1。由此可知，第四代应侯的私名为“爯”，参合传世器铭文，其无“应公”称谓。从青铜礼器排队、纹饰和铭文字形书体风格的演变均可推知应侯爯的下一代应侯当是应侯见工，他们应该是父子关系。保利艺术博物馆藏一对应侯见工簋铭曰“作皇考武侯尊簋”，是知应侯爯还有“武侯”之谥号。在位年代方面，从目前的应侯见工诸器及相关资料来看，尚缺乏类似于保利艺术博物馆藏爯簋这样的可以划定上一代应侯年代下限的标尺。考古报告结合M84的器物断代与M86、M84墓主牙齿测定的年龄数据之间的制衡关系，推断M84的年代为共王前、后期之际，本书赞同之。那么，应侯爯的在位年代应当是穆王晚期偏晚至共王前后期之际。

**第五代应侯**

目前所知的应侯见工诸器皆非发掘品，关于它们的年代推定主要有三种意见，

---

① 应侯作宝彝尊年代约为穆王前期，与M84出土之应侯（爯）器年代差距较大，故排除器主为应侯爯的可能。

② 书道博物馆藏应侯见工钟铭文曰：“作朕皇祖应侯大𬭚钟。”应侯见工即M87之墓主，为M86墓主之孙（参见后文分析）。

即恭懿时期、孝夷时期、夷厉之际。这三种意见之间，年代最晚的和最早的相差约20年，大致相当于一代应侯的在位时间。从M84往北至M95，中间排列的M87和M104最有可能是应侯墓，但是M87及并列的M88均未发掘，M104及并列的M105早年毁坏严重，墓室大小不详。那么应侯见工究竟是其中哪一座墓的墓主，客观上讲尚不能做切确定论。本书先拟出四种假设方案：方案一，M87墓主为应侯见工，M104墓主即应嫚毗之夫也是一代应侯；方案二，M87墓主为应侯见工，M104不是应侯墓；方案三，M87是未知的应侯墓，M104墓主为应侯见工，亦即应嫚毗之夫；方案四，M87不是应侯墓，M104墓主为应侯见工。

方案一，基本上顺理成章。M87墓主为应侯见工， M104墓主为应嫚毗之夫，再往北的M95墓主为应侯敔，从墓葬位置排列、器物和铭文字体排队，三座墓葬器物的早晚逻辑关系非常明确。关于应侯见工在位年代下限，尚需要仔细斟酌。邓公作应嫚毗簋A、B、C、D制作于应嫚毗出嫁之际，此时应侯见工或许在世，准此，部分应侯见工器尤其是应侯见工B组的年代即便晚于邓公作应嫚毗簋亦于理可通，当然应侯见工组A很可能不晚于后者（详后文）。本书第三章推定邓公作应嫚毗簋年代约为懿孝时期，应侯见工B组的上海博物馆藏应侯见工鼎形制、纹饰与西高皇XGH采：1残鼎（B型Ⅰ式）、首都师范大学历史博物馆藏利鼎（《集成》2804）相似，年代亦约为懿孝时期。要之，应侯见工B组的年代下限很可能不晚于夷王，应侯见工的在位年代约为共王末至夷王前期。

方案二，M87墓主为应侯见工，M104不是应侯墓。本方案的相关青铜器早晚关系与方案一情况相同。在本方案中，应侯见工在位年代下限应当晚至M95出土公作敔鼎、公作敔簋、应伯盨、应伯壶、应伯盘的制作时间，如此则应侯见工在位时间当从共王后期一直持续到厉王时期，保守估计约有50年，似乎不太可能。此外，排除M104作为应侯墓也违背应国墓地侯墓的排列规律。

方案三，M87是一代未知应侯墓，M104墓主为应侯见工，夫人是应嫚毗。M104和M105所出四件簋是邓公为其女应毗嫚出嫁时制作的媵器，M95出土的公作敔鼎、公作敔簋是应侯见工为其子应侯敔所作。此处存在一个问题，应嫚毗出嫁时间是在应侯见工即位之前，还是应侯见工即位之后？在这里，四件邓公作应嫚毗簋可以作为一把判断的标尺。应侯见工若是在应嫚毗出嫁之前即位，那么应侯见工诸器年代范围可以覆盖四件邓公作应嫚毗簋的年代；若是应嫚毗出嫁之后即位，那么应侯见工诸器年代必定晚于四件邓公作应嫚毗簋的年代。从西周中晚期应国青铜器铭文字形书体排列来看，应侯见工诸器“宝”“尊”在序列上均排在邓公簋之前或同一位置，又排在爯盨之后，其字形演变关系相当明显。从器形演变趋势来看，保利艺术博物馆藏应侯见工簋也早于邓公作应嫚毗簋。由此可以推断，一部分应侯见工诸器（A组）年代早于邓公作应嫚毗簋，也就证明应侯见工不可能在应嫚毗出嫁之后即位，而必定在其之前。因为应侯爯与应侯见工之间还隔有一位应侯，所以M84出土铜器与应侯见工铜器之间必须存在一定的时间差。但实际上保利艺术博物馆藏应侯见工簋等可早到懿孝时期，与应侯爯盨等年代衔接比较紧密，而且应侯见工诸器为什么都集中在这位应侯娶妻之前或娶妻之际制作也殊为可疑，这只能说明方案二的假设比较脆弱。

方案四，M87不是应侯墓，M104墓主为应侯见工。本方案中，应侯见工之父为应侯爯，其子为应侯敔。如此，应侯见工在位时间与方案二的情况相似，即从共王后期一直持续到厉王时期，学术界所持应侯见工诸器年代无论为共懿时期还是夷厉时期皆可通。但这个方案会面临更严重的疑问：其一是排除M87为应侯墓有违应国墓地侯墓排列规律；其二是应侯见工诸器制器时间为什么会奇怪地集中在器主娶妻之前或娶妻之际；其三是应侯见工娶妻时间为何如此之晚。总之，这说明方案三的假设同样比较脆弱。

对于以上四种方案，方案一成立的可能性最大，方案二次之，方案三和方案四可能性最小。需要指出的是，方案一虽然是本书的倾向性选择，但在在M87、M88发掘并证明相关问题之前，方案二不能绝对排除。其他传世与采集应侯器中，应侯作旅盨组（西高皇采集）、应侯作宝盘盉组（传世）年代约为西周中期后段[①]，与应侯见工组年代最为接近，我们认为器主应当是应侯见工。

**第六代应侯**

即M104墓主，这位应侯是暂时虚拟的，以上述方案一成立为前提，就目前材料来看，这个应侯私名、谥号不详。M104和M105出土四件邓公作应嫚毗簋，铭文曰：“邓公作应嫚毗媵簋……”考古报告认为应嫚毗即M105应侯夫人墓之墓主，M104墓主为应嫚毗之夫，本书赞同。另外，M95出公作敔器之“公”与传世应侯作姬原母簋、应侯作旅壶组器主很可能是M104墓主。关于应侯作姬原母簋、应侯作旅壶的年代，本书第三章推定为厉王初年和夷厉之际。M95出土公作敔鼎、公作敔簋[②]、应伯盨、应伯壶、应伯盘制作年代在下一代应侯即位之前，可作为本代应侯在位年代下限的参考。公作敔鼎、公作敔簋年代，本书第三章推定为厉王时期；应伯壶形制除耳部形态外与北赵晋侯墓地M64：103壶[③]相似，仅从形制判断，年代约为宣王时期。参照前文对应侯见工在位年代的推断，第六代应侯在位时间约为夷王后期至厉王前期。

---

① 西高皇采集应侯作旅盨年代分析见第三章，应侯作宝盘盉组年代分析见本章前文。

② 从器物年代来看，公作敔鼎、公作敔簋之“公”当不是应侯见工。如果公作敔鼎、簋铭文内容是以敔的口吻来叙述的，则公不应排除为敔之父，《广雅·释亲》：“公，父也。”（又见本文第三章第二节·七）

③ 山西省考古研究所、北京大学考古学系：《天马-曲村遗址北赵晋侯墓地第四次发掘》，《文物》1994年第8期。

### 第七代应侯

即M95墓主。一般认为，M95出公作敔鼎、公作敔簋铭中之“敔”为墓主私名，本书赞同。据《古应国访问记》介绍，应侯敔夫人墓M96和下一代应侯墓 M38共出土6件应姚作惠公鬲，故“惠公”显然为应姚丈夫之谥号。M95墓主所作之器中，只有侯氏鬲可确定为应侯敔即位后所作，但其年代无标准器可对比推断，另外其铭文拓本也未发表，无法依据字形书体进行相对精确的断代。应姚作惠公鬲按理可以作为应侯敔在位时间的下限的参照，惜其资料尚未发表。M13出土应姚作叔诰父簋、鬲、盘及应侯鼎、应侯盨，可推知应姚作叔诰父器当在叔诰父即位之前，可能在M38墓主在位之时，抑或应侯敔在位之时。王龙正先生在《古应国访问记》中介绍M38墓主年龄偏小，可能属于早殇，在位时间不长，所以应姚作叔诰父器的时间应当接近应侯敔在位年代的下限。应姚簋形制属于彭裕商先生划分的Ea型Ⅴ式簋[①]，其盖缘和口下施Ab型Ⅴ式窃曲纹[②]，同样的窃曲纹也见于应姚盘，应姚盘形制、纹饰与北赵晋侯墓地M93：44窃曲纹盘[③]相似，又应姚作叔诰父器“尊”字形体与函皇父鼎（《集成2548》）的比较相似，综合推断其年代约为宣王时期。宣王在位时间很长，考虑应姚作叔诰父器年代稍早于同墓所出应侯组器，而后者年代约为宣幽之际（见后文），故推断前者年代下限约为宣王中、晚叶之交。要之，应侯敔在位年代约为厉王后期至宣王早叶。传世应国青铜器中，应侯作生杙姜簋、应侯乍宝[illegible]簋盨器主很可能为应侯敔。

### 第八代应侯

M38墓主，私名、谥号不详。王龙正先生在《古应国访问记》介绍，M38出土实用甚少，只有2件应姚作惠公鬲，无墓主自作之器。据残存墓主骨骼推测，该墓主年龄约25岁，很可能即位时间很短，故死前尚未来得及制作自己的礼器。本位应侯在位年代约为宣王早、中叶之交两三年内。

### 第九代应侯

即M13墓主。该墓出土青铜器近300件，目前仅公布带铭文铜器8件，按作器者不同分为两组：其一为应姚作叔诰父组，有簋3、鬲2、盘1；其二为应侯组，有鼎1、壶1。王龙正先生在《古应国访问记》中认为叔诰父即M13墓主，本书赞同。“诰父”为本代应侯之字，私名、谥号不详。M13出土应侯鼎、应侯壶当为应侯叔诰父自作之

---

① 彭裕商：《西周铜簋年代研究》，《考古学报》2001年第1期。

② 彭裕商：《西周青铜器窃曲纹研究》，《考古学报》2002年第4期。

③ 北京大学考古学系、山西省考古研究所：《天马-曲村遗址北赵晋侯墓地第五次发掘》，《文物》1995年第7期。

器，我们在第三章推断其年为宣幽之际。要之，应侯叔诰父在位年代大约为宣王中期至幽王时期。

**第十代应侯**

即M8墓主，私名、谥号不详。从出土青铜器来看，墓葬年代已经进入春秋早期。该墓出土1件应公鼎，有学者认为该鼎年代可早至宣王时期[①]，我们在第三章从形制、纹饰推断其为宣幽之际。实际上，应公鼎铭文字体具有春秋早期的特点，朱凤瀚先生也指出应公鼎腹部极浅，通体扁宽，他将该墓出土其他铜器一起归入春秋青铜器第一期Ⅰ段[②]，诚如我们在第三章分析的，应公鼎年代上限很可能为幽王。总体来看，这个应侯在位年代约为幽王至平王早期。至于朱凤瀚先生指出该墓鼎、簋数量不符合应侯之制，应公鼎可能是某位应侯赐给M8墓主之论，我们不赞同。我们认为，这件应公鼎的器主——“应公”当为M8墓主，且M8墓室面积达38平方米，甚至超过第一代应侯（应公）墓M232，其规格符合作为周王朝卿士的身份和地位。

**第十一代应侯**

即M6墓主，私名、谥号不详。M6出土5件列鼎，其中3件有铭文，铭文内容相同，器主为应申姜，王龙正先生在《古应国访问记》中认为此应申姜当为M6墓主之妻，我们赞同。从器物排队来看，M6出土青铜礼器明显晚于M8出土青铜礼器，尤其是应申姜鼎年代，我们在第三章推定为春秋早期前、后段之交，如果说应申姜为M6墓主之母似乎不太可能。除了应申姜鼎，M6出土其他青铜礼器年代也属于春秋早期前段。由此，本书推断第十一代应侯在位年代大约为周平王中晚期。

**第十二代应侯**

即M1墓主，是第一阶段应国的最后一代应侯，私名、谥号不详。本书第三章推断该墓出土青铜年代下限为春秋早期后段偏早。平顶山滍阳岭南区北段M24、M25、M10、M11四座春秋中期的墓葬从M95以北穿插于西周晚期和春秋早期墓葬之间，有的甚至打破后者。据报道，这四座为楚系墓葬，故第一阶段的应国很有可能为楚国所灭[③]。周平王东迁之后，南方的楚国迅速崛起，其向中原和江淮扩张基本上是渐次进行的，应国在方城之外，若为楚所灭，按理很可能在楚灭申、邓之后，至早不会在灭申之前。据《左传·庄公六年》载，鲁庄公六年（公元前688年），楚文王伐申，鲁庄公

---

① 李学勤：《新出应公鼎释读》，《通向文明之路》，商务印书馆，2010年，146～149页。

② 朱凤瀚：《中国青铜器综论》（下），上海古籍出版社，2009年，1555、1556页。

③ 春秋晚期，应国复国后的青铜礼器皆为楚系特色，由此推测应之复国实由楚所为，进而亦可旁证应国原本为楚所灭。

七年，楚文王伐邓，鲁庄公十六年（公元前678年），楚文王灭邓。《春秋·庄公十六年》《左传·庄公十六年》皆载鲁庄公十六年秋楚人伐郑，说明此时应国很可能已为楚所灭。当然，应国灭亡时应当是第十三代应侯在位之时，故M1墓主在位年代下限约为公元前688～前678年。要之，本代应侯在位年代约周桓王、庄王之世。

平顶山应国墓地中，能确定为第一阶段应侯夫人墓的，从早到晚依次有M85、M88、M105、M96、M7、M2，关于墓主与相关应侯的夫妻关系、称谓情况，上文在分析应侯世系过程中已有介绍，其中，M85、M88、M2墓主名称不详。M85应侯夫人的死亡年代，据随葬青铜礼器尤其是A型Ⅱ式尊判断，应不晚于M84墓主应侯爯的死亡年代，大约也在共王时期。M105墓主应嫚妣、M7墓主应申姜的死亡年代，据随葬青铜礼器无法判断其早于或晚于丈夫的死亡年代，其中应申姜的死亡年代下限当在M1墓主在位时期。M96墓主应姚，其所作之器也见于M13，即应姚作叔诰父器，很可能死亡于M13墓主应侯叔诰父在位时期。M88尚未发掘、M2资料尚未发表，墓主死亡年代暂不详。

根据上文分析，我们将第一阶段的应侯世系及部分夫人信息制成表7-5。

**表7-5　应侯世系及部分夫人信息表**

| 世系 | 亲属关系 | 应侯墓 | 在位年代 | 应侯年龄 | 应侯名称 | 夫人墓 | 夫人名称 | 夫人年龄 |
|---|---|---|---|---|---|---|---|---|
| 第一代 | 始祖 | M232 | 成王初—康王后期偏早 | ? | 应公 | ? | —— | —— |
| 第二代 | 子 | M230 | 康王末—穆王初 | 55 | —— | ? | —— | —— |
| 第三代 | 子 | M86 | 穆王早期偏晚与晚期偏早 | 45～50 | 釐公 | ? | —— | —— |
| 第四代 | 子 | M84 | 穆王晚期偏晚—共王中期 | 35～40 | 应侯爯/武侯 | M85 | —— | 20～30 |
| 第五代 | 子 | M87 | 共王末—夷王前期 | ? | 应侯见工 | M88 | —— | ? |
| 第六代 | 子 | M104 | 夷王后期—厉王前期 | ? | —— | M105 | 应嫚妣 | ? |
| 第七代 | 子 | M95 | 厉王后期—宣王早期 | ? | 敔/应伯/侯氏/惠公 | M96 | 应姚/姚氏 | ? |
| 第八代 | 子 | M38 | 宣王早中期之交 | 25 | —— | ? | —— | ? |
| 第九代 | 弟 | M13 | 宣王中期—幽王 | ? | 应侯/叔诰父 | ? | —— | ? |
| 第十代 | 子 | M8 | 幽王末—平王早期 | ? | 应公 | ? | —— | ? |
| 第十一代 | 子 | M6 | 平王中晚期 | ? | —— | M7 | 应申姜 | ? |
| 第十二代 | 子 | M1 | 桓王—庄王 | ? | —— | M2 | —— | ? |

注：“——”表示无相关信息；“？”表示不存在或相关材料缺乏不能判断

# 第八章　结　　语

周代应国是一个位于今河南平顶山市附近的小诸侯国，文献记载它乃周武王之子（第四子）所封。从地理来看，应国位于成周之南，是进入周王朝南土的门户；从族属来看，应国是一个典型的姬姓周人诸侯国。中国古代青铜文化面貌复杂，早在二里头文化时期，中国境内开始形成数个青铜文化区，这些文化区随着时间推移也进行着复杂的变化，但是无论怎样变化，应国所在的地理位置总是属于中原文化区的范围。从地理、族属、文化传统等因素来看，应国青铜礼器到底具有什么样的特征和什么样的地位?

根据本书的研究，应国在青铜礼器类别使用上前后都具有较强的“重食”特性，尤其第二期的“重食”特性甚为显著，在整个商、周青铜文化体系中，它的周文化属性更为强烈，这与应国族属具有内在的联系。另外，应国对周王朝青铜礼器品类没有创新贡献，在吸纳新器类的过程中行动稍显迟钝，而使用的全部器类只是王畿地区的一部分。

器形方面。应国青铜礼器形制大部分都因袭商、周王畿主流形制，创新之处较少，目前可举的有应事簋、应事爵、带鋬应公觯、M210：5长鼻状双鋬卣、M50：1匍盉。前述所举器物的构件文化因素来源，大凡都可以追溯到王畿地区或其他地区，没有应国自身的创造发明。前述器物中，除了应事簋外，其他器物形制未能在整个周王朝流行起来，足见应国青铜文化对王畿地区影响力有限。

纹饰方面。如同器类情况，应国在青铜礼器纹饰种类上没有创新贡献。纹饰的具体构形上，大部分都从属于王畿地区，有几种纹样可能是应国自身创造，即Aa型Ⅱ式小鸟纹、Ab型小鸟纹、Ba型Ⅱ式长鸟纹、Bc型长鸟纹。一方面，除了Ba型Ⅱ式长鸟纹外，其余三种纹样在王畿或其他地区未能流行起来；另一方面，如果将前述四种纹样进一步拆解，其纹样构件因素仍然来自王畿地区或其他地区，没有应国的独创。要之，从纹饰的角度也反映出，应国青铜文化对王畿地区影响力很有限。

铭文方面。应国青铜器铭文固定辞例显然不如王畿地区的丰富，其特色之处不在于它具有某一种独特性辞例，而是在于王畿地区或整个周王朝较流行的辞例不见于同时期的应国，如作器动词“自作”、祝嘏动词“匄”与“绥”。铭文字形书体上，应国青铜器铭文的时代变化风格与王畿地区基本保持一致，但整体上不如王畿地区的凝重、整饬。

从器类、器形、纹饰、铭文字体创新和使用角度来看，应国青铜礼乐文化远不能与王畿地区发达的礼乐文化相匹，折射出应国相对较低的文化底蕴，这与它作为南土门户的小诸侯国身份似乎很贴切。另外，虽然应国青铜文化总体上受商、周王畿地区青铜文化所支配，但得益于应地处周王朝南土门户的独特地理位置，其青铜文化明显受到了南方尤其是长江中下游土著文化的影响，在器形、纹饰上皆有体现。器形如Ac型鼎（M84：74箍棱鼎、M85：14窃曲纹鼎）、Ab型Ⅰ式鼎（包括M242：13素面鼎、PY采：0764夔龙纹鼎）、M85：15蟠龙盖盉，纹饰如B型夔纹、Aa型Ⅰ式窃曲纹、A型鳞纹、联L勾纹，都具有浓厚的南方青铜文化因素。此外，应国青铜文化还受到王畿之外或仅见于王畿边缘的青铜文化的影响，如应国墓地M85：3灯形器可能受到宝鸡强国的影响、M85：9三足附耳盘受到山东地区青铜文化的影响、B型Ⅱ式兽面纹可能受到晋南地区青铜文化的影响。

应国青铜器第一、二期之间，器类、器形、组合、纹饰、固定辞例（嘏辞、器物自名）都发生了很大变化。第一期，器类上基本延续使用商代晚期以来的传统器类，其中包含的酒器种类较多；器形、组合、纹饰丰富多样，但其共同点是在商代晚期基础上进一步发展、改造，没有多少本质上的变化；辞例方面，成熟的嘏辞没有出现，器物名称多用“共名”。第二期，商代晚期以来的酒器除了壶被保留下来外，其余全被淘汰，大量使用新器类如盨、簠、甬钟等；各器类中，传统器形被淘汰的较多，又涌现了一部分新器形[①]，总体上器形相对单调，但又呈现规范化；组合上，以鼎、簋为核心的列器制度出现；纹饰上，商代晚期以来的兽面纹、夔纹、鸟纹大量被淘汰，流行窃曲纹、环带纹、垂鳞纹、横鳞纹等简化朴素的纹饰；辞例上，成熟的嘏辞流行起来，器物名称多用“自名”。应国青铜器第一、二期之间发生了很大变化，第二期青铜礼器上的周文化特征完全确立起来，然这表面上的变化是以一场西周中期的礼制改革为背景的。应国的礼制改革时间与王畿地区同步，显示出西周中期的礼制改革来自周王朝内部，是自上而下、疾风骤雨式地进行的，改革的力度非常大，以至于地方诸侯也不得不顺从。青铜礼器的使用在这场改革中变得制度化，表现为器类、形制、纹饰呈现统一和规范化，鼎、簋等器物的使用数量与使用者的身份等级严格相配。第二期青铜礼器名称绝大多数使用“自名”，这种现象与器物的规范使用密切相关。在礼制统一、规范的背景下，一个特定的礼仪场合应该使用哪些礼器品类当有严格规定，过去的器类“共名”显然变得不合时宜[②]，故各种器类必须“自名”，以表明自身能出现在哪些礼仪场合及其在这些礼仪场合中所扮演的特定“角色”。

---

① 以鼎类为例，传统的分裆鼎、方鼎在第二期已被淘汰，仅保留了传统的盆腹鼎，第二期比较流行的另一种鼎型是半球腹鼎，它是第二期新出现的。

② “共名”礼器，即使品类不同，但功用存在共同之处，故可以“共名”。在礼制不统一、不规范的背景下，这些品类不同但功用存在共同之处的器物在某个具体的礼仪场合中很可能可以互换，以致使用相对随意。在礼制统一、规范的背景下，一个具体的礼仪场合中过去那种器类使用的相对随意性则被打破。

周王朝的礼制改革使得王畿与畿外诸侯国上层社会礼制文化高度统一、规范起来，其作用有积极与消极两个方面。积极方面，首先，改革对社会等级秩序进行重组，维护了当时的社会稳定；其次，改革加强了地方诸侯对中央王朝的文化认同，由文化认同促进民族认同，从而加速了周人与异姓民族的融合，把地方诸侯的离心倾向降到最低程度①。消极方面，改革削弱了王畿与地方诸侯国在青铜文化上的创造动力，使得商周青铜文化进入一个中衰期。周王朝发动礼制改革，时值国家由强盛进入衰弱时期，王朝内部矛盾、危机重重，其外对地方诸侯控驭能力下降，又兼东面淮夷不时入侵，可谓内忧外患，故我们认为周王朝中央发动礼制改革的直接目的应当是维护其统治，改革中蕴含的政治色彩不言而喻，而促进文化认同、民族融合则是连接改革措施与直接目的之间的桥梁，当然也是改革的副产品。单就应对西周中期王朝内外危机而言，这场礼制改革无疑是成功的。

关于应国始封地的问题，本书倾向于现今的河南平顶山市附近。根据墓葬和青铜器铭文，本书初步拟定出了第一阶段的12位11世应侯的在位时间。其中，西周阶段有10位9世，参考周王世系（12位11世），应侯平均在位时长超过周天子在位时长较多，中间可能有缺环，报告提及M230和M86之间或许还存在一位应侯墓，不排除有这种可能，但从目前的青铜器资料来看，还不能区分出来。

① 周平王东迁洛邑，王室即已衰微。但从考古材料来看，春秋早期各诸侯国或地区的青铜文化仍然保持了很强的统一性，直到春秋中期，地方青铜文化才逐渐兴盛起来。从这一点可以说明，西周中期的礼制改革确实对地方诸侯对于王畿礼乐文化的认同形成了很强的影响。春秋时期“华夏”观念的出现与这场礼制改革恐怕不无关系。

# 附　　表

**附表一　应国墓地出土青铜礼器表**

| 单位 | 分组 | 年代 | 墓室大小<br>（长、宽、深）/米 | 方向/° | 棺椁 | 青铜礼器 | 兵器 | 组合完整度 | 文献来源 |
|---|---|---|---|---|---|---|---|---|---|
| M232 | 一组 | 西早前段 | 口7、4.4<br>底6.36、3.9、11　有墓道 | 172 | 椁、棺 | 匕2、残片2 | 戈4、矛3、剑1、盾钖10 | Ⅴ | 《平顶山应国墓地Ⅰ》18～67页 |
| M231 | 一组 | 西早后段 | 口3.18～3.04、1.98～1.9、1.2 | 7 | 一棺 | 锡器：觯1 | 无 | Ⅰ | 《平顶山应国墓地Ⅰ》92～128页 |
| M242 | 二组 | 西早后段 | 口2.95、1.8<br>底3.2、2、5.6 | 2 | 两棺 | AaⅠ鼎1、AbⅠ鼎1、AⅠ簋、柞伯簋1、AⅠ尊1、Ⅰ卣1、AⅠ爵1、Ab觯1、BⅡ觯1 | 戈2、盾钖2<br>明器：戈2 | Ⅰ | 《平顶山应国墓地Ⅰ》144～169页 |
| M230 | 二组 | 西早后段 | 口5.06、3.8<br>底4.3、3、6 | 0 | 一椁两棺 | 残片1 | 戈2、矛2、盾钖7 | Ⅴ | 《平顶山应国墓地Ⅰ》218～263页 |
| M229 | 二组 | 西早 | 口3.7、1.66 | 头北 | 一棺 | AaⅠ鼎1、BaⅠ簋1、B爵1、AaⅠ觯1 | 戈2、盾钖2 | Ⅲ | 《平顶山应国墓地Ⅰ》188～203页 |
| M48 | 三组 | 西早偏晚 | —— | —— | —— | AbⅡ鼎1、CⅡ鼎1、AⅢ簋1、AⅠ壶1 | —— | Ⅲ | 《平顶山应国墓地Ⅰ》280～284页 |
| M50 | 三组 | 西中 | 口3.12、1.52<br>底3、1.4、3.1 | 356 | 一棺 | AaⅡ鼎1、A盉1<br>锡器：卣1、残器5 | 戈2<br>锡器：盾钖1 | Ⅰ | 《平顶山应国墓地Ⅰ》346～366页 |
| M213 | 三组 | 西中 | 口底相同<br>2.9、1.4、1.5 | 359 | 一棺 | AaⅡ鼎1<br>锡器：鬲2、簋1、方尊1、卣1、爵1、觯1 | 戈2、盾钖1 | Ⅰ | 《平顶山应国墓地Ⅰ》378～398页 |
| M210 | 三组 | 西中 | 口底相同<br>3、1.36、距地表深3.18 | 356 | 一椁一棺 | AaⅡ鼎1<br>明器：A簋1、AⅢ尊1、卣1、爵1、AaⅠ觯1；锡容器2 | 戈1 | Ⅰ | 《平顶山应国墓地Ⅰ》399～440页 |

续表

| 单位 | 分组 | 年代 | 墓室大小（长、宽、深）/米 | 方向/° | 棺椁 | 青铜礼器 | 兵器 | 组合完整度 | 文献来源 |
|---|---|---|---|---|---|---|---|---|---|
| M86 | 三组 | 西中 | 口底相同<br>5.6、3.8、8.3 | 2 | 一椁一棺 | 鼎、簋、卣、爵残件若干；匕2；铃8（其中3件仅剩铃舌） | 戈5、盾钖1 | Ⅴ | 《平顶山应国墓地Ⅰ》440～532页 |
| M84 | 四组 | 西中前段 | 口底略同<br>4、2.65、1.8 | 6 | 一椁一棺 | AaⅢ鼎1、Ac鼎1、AⅡ甗1、AⅠ盨1、AⅢ尊1、Ⅲ卣1、AⅡ爵1、AaⅡ觯1、AⅠ盘1、BⅡ盉1 | 戈1 | Ⅱ | 《平顶山应国墓地Ⅰ》564～654页 |
| M85 | 四组 | 西中前段 | 口底相同<br>3.96、2.64、约5.2 | 10 | 一椁一棺 | AaⅢ鼎2、Ac鼎1、AⅣ簋4、CⅡ簋1、C觯1、AⅡ盘1、BⅠ盉1+豆形器1<br>明器：AⅡ尊1、盘1、盉1 | 无 | Ⅱ | 《平顶山应国墓地Ⅰ》655～708页 |
| M105 | 五组 | 西晚前段 | 暂不明 | 北向 | —— | BaⅢ簋2 | —— | Ⅳ | 《河南平顶山市发现西周铜簋》，《考古》1981年第4期；《河南平顶山市又出土一件邓公簋》，《考古与文物》1983年第1期 |
| M104 | 五组 | 西晚前段 | 暂不明 | 北向 | —— | AaⅣ鼎1、BaⅢ簋2 | —— | Ⅳ | 《平顶山市出土周代青铜器》，《考古》1985年第3期 |
| M95 | 六组 | 西晚后段 | 口5.2、3.9<br>底4.8、3.24、5.1<br>单墓道 | 9 | 一椁一棺 | AaⅤ鼎3、AⅢ甗1、Ⅰ鬲4、AⅤ簋4、AⅡ盨2、BaⅠ壶2、AⅡ盘1、Ⅱ匜1；Ⅱ甬钟7、编铃9<br>明器：B鼎2、Bb簋2、盨1、AⅢ尊1、盘1、匜1 | 戈1 | Ⅰ | 《平顶山应国墓地九十五号墓的发掘》，《华夏考古》1992年第3期 |

续表

| 单位 | 分组 | 年代 | 墓室大小（长、宽、深）/米 | 方向/° | 棺椁 | 青铜礼器 | 兵器 | 组合完整度 | 文献来源 |
|---|---|---|---|---|---|---|---|---|---|
| M257 | 六组 | 西晚后段 | 2.7、1.44、3.5 | 12 | 一椁一棺 | BⅠ鼎1、BaⅣ簋2 | 戈1 | Ⅰ | 《河南平顶山应国墓地M257发掘简报》，《华夏考古》2015年第3期 |
| M13（PY临M1） | 六组 | 西晚后段 | —— | 北向 | —— | BⅡ鼎1、甗1、Ⅱ鬲2、BbⅠ簋3、盨2、BaⅡ壶2、AⅡ盘1、Ⅱ匜1、编钟<br>明器：尊、爵、觯、方彝、盉 | 暂不明 | Ⅲ | 《河南平顶山市出土的应国青铜器》，《考古》2003第3期 |
| M8 | 七组 | 春早前段 | 口7.8、4.9<br>底4.5、2.9、距地表深4<br>单墓道 | 10 | 一椁一棺 | AaⅥ鼎1、BⅢ鼎3、B鼎1、BbⅡ簋4、BⅠ甗1、Bb壶2、AⅢ盘1、Ⅲ匜1；铃1<br>明器：Bb簋1、方彝2、A尊1、B尊1、爵1、盘1、盉1 | 戈6、镞6、盾钖30 | Ⅰ | 《河南平顶山应国墓地八号墓发掘简报》，《华夏考古》2007第1期 |
| M6 | 七组 | 春早前段 | 甲字形大墓 | 北向 | 暂不明 | BⅣ鼎5、Ⅱ鬲4、BⅡ甗1、BbⅢ簋4、AⅣ壶2、AⅢ盘1、CⅠ盉1<br>明器：方彝1、B尊1、AⅡ爵1、AⅡ觯1 | √ | Ⅰ | 《中原文化大典·文物典·青铜器》、《古应国访问记》59、81页 |
| M7 | 七组 | 春早前段 | 暂不明 | 北向 | 暂不明 | BⅣ鼎3、BbⅢ簋4、Ⅱ鬲4、AⅢ盘1、CⅠ盉1<br>明器：方觯2 | 无 | Ⅱ | 《古应国访问记》64页 |
| M1 | 八组 | 春早后段 | 口4.65、3.1<br>底4.55、3、残3.1 | 4 | 一椁一棺 | BⅣ鼎1、AⅣ盘1<br>明器：BⅣ鼎4、BbⅣ簋6、BⅢ甗1、方彝1、BaⅢ壶2、CⅡ盉1 | 戈1盾钖9 | Ⅱ | 《平顶山市北滍村两周墓地一号墓发掘简报》，《华夏考古》1988年第1期 |

## 附表二　采集应国青铜礼器表

| 编号 | 型式 | 分组 | 年代 | 文献来源 | 编号 | 型式 | 分组 | 年代 | 文献来源 |
|---|---|---|---|---|---|---|---|---|---|
| PY采：00764 | Ab Ⅰ 鼎 | 1-2组 | 西早 | 《平顶山应国墓地Ⅰ》296、297页 | 西高皇XGH采：5 | B Ⅰ 鼎 | 5组 | 西中后段 | 《平顶山应国墓地Ⅰ》730页 |
| PY采：00505 | Ab Ⅱ 鼎 | 2组 | 西早后段 | 《平顶山应国墓地Ⅰ》296、297页 | 西高皇XGH采：6 | B盨 | 5组 | 西中后段 | 《平顶山应国墓地Ⅰ》730～734页 |
| PY采：00510 | A Ⅰ 簋 | 1-2组 | 西早 | 《平顶山应国墓地Ⅰ》297页 | 西高皇XGH采：7 | B盨 | 5组 | 西中后段 | 《平顶山应国墓地Ⅰ》730～734页 |
| PY采：00507 | A Ⅰ 簋 | 1-2组 | 西早 | 《平顶山应国墓地Ⅰ》297页 | 西高皇XGH采：8 | B盨 | 5组 | 西中后段 | 《平顶山应国墓地Ⅰ》730～734页 |
| 西高皇XGH采：1 | B Ⅰ 鼎 | 5组 | 西中后段 | 《平顶山应国墓地Ⅰ》729～732页 | 西高皇XGH采：9 | B盨 | 5组 | 西中后段 | 《平顶山应国墓地Ⅰ》730～734页 |
| 西高皇XGH采：2 | B Ⅰ 鼎 | 5组 | 西中后段 | 《平顶山应国墓地Ⅰ》730、731页 | 西高皇XGH采：10 | B盘 | 5组 | 西中后段 | 《平顶山应国墓地Ⅰ》732、735页 |
| 西高皇XGH采：3 | B Ⅰ 鼎 | 5组 | 西中后段 | 《平顶山应国墓地Ⅰ》730、731页 | 西高皇XGH采：11 | Ⅰ 匜 | 5组 | 西中后段 | 《平顶山应国墓地Ⅰ》732、735页 |
| 西高皇XGH采：4 | B Ⅰ 鼎 | 5组 | 西中后段 | 《平顶山应国墓地Ⅰ》730页 | | | | | |

## 附表三 应国青铜器铭文信息表

| 器名 | 来源 | 型式 | 年代 | 字数 | 铭文位置 | 铭文内容 | 行款特征 | 著录 |
|---|---|---|---|---|---|---|---|---|
| 应公鼎 | 传世 | CⅠ鼎 | 西早前段 | 2行5字 | 腹壁 | 应公作/肇（旅）彝 | 竖款 | 《新收》1438、《夏商周》198 |
| 应公鼎 | 传世 | —— | 西早前段 | 2行5字 | | 应公作/肇（旅）彝 | 竖款 | 《缀遗》4.22.1、《三代》2.48.8 |
| 夔龙纹应公簋 | 传世：清宫旧藏 | AⅡ簋 | 西早前段 | 2行5字 | | 应公作/肇（旅）彝 | 竖款 | 《集成》03477；《平顶山应国墓地Ⅰ》315、317页 |
| 双弦纹应公簋 | 传世：故宫博物院 | AⅡ簋 | 西早前段 | 2行5字 | 器底 | 应公作/肇（旅）彝 | 竖款 | 《集成》03478；《平顶山应国墓地Ⅰ》315、317页 |
| 应公簋 | 传世 | AⅠ簋 | 西早前段 | 2行5字 | 器底 | 应公作/宝彝 | 竖款 | 《铭图续》0328 |
| 兽面纹应公觯 | 传世：山东师范大学 | BⅠ觯 | 西早前段 | 2行6字 | 腹壁 | 应公作/宝尊彝 | 竖款 | 《集成》05841；《平顶山应国墓地Ⅰ》318、319页 |
| 应叔鼎 | 传世 | —— | 西早前段 | 3行6字 | | 应叔/作宝/尊齍 | 竖款 | 《集成》02172；《平顶山应国墓地Ⅰ》321、322页 |
| 应监甗 | 江西余干出土 | AⅠ甗 | 西早前段 | 2行6字 | 甑腹壁 | 应监作/宝尊彝 | 竖款 | 《集成》00883；《考古学报》1960年第1期，7、8页 |
| 应公方鼎甲 | 传世 | D鼎 | 西早后段 | 2行6字 | 腹壁 | 应公作宝尊彝 | 竖款 | 《集成》02150；《平顶山应国墓地Ⅰ》313页 |
| 应公方鼎乙 | 传世：故宫博物院 | D鼎 | 西早后段 | 2行6字 | 腹壁 | 应公作宝尊彝 | 竖款 | 《集成》02151；《平顶山应国墓地Ⅰ》313、315页 |
| 十六字应公鼎甲 | 传世：美国哥伦比亚大学 | CⅡ鼎 | 西早后段 | 3行16字 | 腹壁 | 应公作宝/尊彝曰："奄，以乃/弟用夙夕黱享。" | 竖款。"用"、"夙"、"夕"、"黱"字反书 | 《集成》02553；《平顶山应国墓地Ⅰ》313、315页 |
| 十六字应公鼎乙 | 传世 | —— | 西早后段 | 4行16字 | | 应公作宝/尊彝曰："奄，/以乃弟用/夙夕黱享。" | 竖款 | 《集成》02554 |

续表

| 器名 | 来源 | 型式 | 年代 | 字数 | 铭文位置 | 铭文内容 | 行款特征 | 著录 |
|---|---|---|---|---|---|---|---|---|
| 应公卣 | 传世 | Ⅱ卣 | 西早后段 | 盖：2行5字<br>器：1行5字 | 盖、底 | 盖：应公作/宝彝<br>器：应公作宝彝 | 竖款 | 《集成》05177；《平顶山应国墓地Ⅰ》319、321页 |
| 应公壶 | 传世 | AⅡ壶 | 西早后段 | 2行6字 | 盖、底 | 应公作/宝尊彝 | 竖款；盖和器的“尊”“彝”字反书 | 《集成》05220；《平顶山应国墓地Ⅰ》318、319页 |
| 带鋬应公觯 | 传世 | BⅢ觯 | 西早后段 | 1行2字 | 器底 | 应公 | 竖款；“公”字下半部不封口 | 《集成》06174；《平顶山应国墓地Ⅰ》319、320页 |
| 应叔豖方鼎 | 传世 | D鼎 | 西早后段 | 2行6字 | 腹壁 | 应叔豖/作宝鼎 | 竖款 | 《铭图》1600 |
| 应□鼎 | 传世 | —— | 西中前段 | 2行4字 |  | 应□/作/旅 | 竖款 | 《集成》01975 |
| 应侯尊 | 传世 | AⅡ尊 | 西中前段 | 2行5字 | 器底 | 应侯作/宝彝 | 竖款 | 《铭图续》0772 |
| 应□方尊 | 传世 | B尊 | 西中前段 | ？行7字 |  | 应□作宗宝尊彝 |  | 《青铜器与金文》（第一辑） |
| 应□方彝 | 传世 | —— | 西中前段 | 2行7字 |  | 应□作/宗宝尊彝 | 竖款 | 《青铜器与金文》（第一辑） |
| 爯簋 | 传世：保利艺术博物馆 | Bc簋 | 西中前段 | 6行57字 | 盖、底 | 隹（唯）王十又一月初吉丁亥，/王才（在）姑，王弗望（忘）应公室，/溅宖爯身，易（锡）贝卅朋、马四匹，/爯对扬王不（丕）显休宖，用/作文考釐公尊彝，其万/年用夙夜明享，其永宝 | 竖款 | 《新收》1606；《平顶山应国墓地Ⅰ》710～712页 |

续表

| 器名 | 来源 | 型式 | 年代 | 字数 | 铭文位置 | 铭文内容 | 行款特征 | 著录 |
|---|---|---|---|---|---|---|---|---|
| 应侯见工钟甲 | 蓝田县红星公社出土 | Ⅰ钟 | 西中后段 | 39字，合文2 | 两栾、钲间、钟眉 | 眉右侧：隹（唯）正二月初<br>右栾：吉，王归自成周，应侯见工<br>钲间：遗王于周。辛/未，王各（格）于康，<br>眉左侧：荣白（伯）内（入）右应<br>左栾：侯见工，易（锡）彤弓一、彤矢百、马 | 横/竖款；“彤弓”“彤矢”为合文，“康”后漏“宫”字 | 《集成》0107；《文物》1975年第10期，68、69页 |
| 应侯见工钟乙 | 传世：保利艺术博物馆藏 | Ⅰ钟 | 西中后段 | 39字，合文2 | 两栾、钲间、钟眉 | 眉右侧：隹（唯）正二初吉，王<br>右栾：归自成周，应侯见工<br>钲间：遗王于周。辛/未，王各（格）于康宫，<br>眉左侧：荣白（伯）内（入）右应<br>左栾：侯见工，易（锡）彤弓一、彤矢百、马 | 横/竖款；“彤弓”“彤矢”为合文，首句漏“月”字 | 《新收》0082；《平顶山应国墓地Ⅰ》743、745、746页 |
| 应侯见工钟丙 | 传世：保利艺术博物馆藏 | Ⅰ钟 | 西中后段 | 40字，合文2 | 两栾、钲间、钟眉 | 眉右侧：隹（唯）正二月初吉，<br>右栾：王归自成周。应侯见工<br>钲间：遗王于周。辛/未王各（格）于康宫，<br>眉左侧：荣白（伯）内（入）右应<br>左栾：侯见工，易彤弓一、彤矢百、马 | 横/竖款；“彤弓”“彤矢”为合文 | 《新收》0083；《平顶山应国墓地Ⅰ》743、747、748页 |
| 应侯见工钟丁 | 传世：日本书道博物馆藏 | Ⅰ钟 | 西中后段 | 30字，重文2，合文1 | 两栾、钲间、钟眉 | 眉右侧：四匹。见工敢<br>右栾：对扬天子休，用作朕<br>钲间：皇祖应侯/大林钟，用<br>眉左侧：易（锡）眉寿<br>左栾：永令（命），子=孙=永宝用 | 横/竖款；“四匹”为合文 | 《集成》0108；《平顶山应国墓地Ⅰ》743、749页 |
| 应侯见工簋甲 | 传世：保利艺术博物馆藏 | BaⅡ簋 | 西中后段 | 6行51字，重文2，合文1 | 盖、底 | 唯正月初吉丁亥，王在▓，鄉/醴。应侯见工友（宥），易（锡）玉/五瑴、马四匹、矢三千。敢/对扬天子休釐，用作/皇考武侯尊簋，用易（锡）/眉寿永令（命），子=孙=永宝 | 竖款；“三千”为合文 | 《新收》0078；《平顶山应国墓地Ⅰ》737、738页 |

续表

| 器名 | 来源 | 型式 | 年代 | 字数 | 铭文位置 | 铭文内容 | 行款特征 | 著录 |
|---|---|---|---|---|---|---|---|---|
| 应侯见工簋乙 | 传世：保利艺术博物馆藏 | BaⅡ簋 | 西中后段 | 6行51字，重文2，合文1 | 盖、底 | 唯正月初吉丁亥，王在■，鄉/醴。应侯见工友（侑），易（锡）玉/五瑴、马四匹、矢三千。敢/对扬天子休釐，用作/皇考武侯尊簋，用易（锡）/眉寿永令（命），子=孙=永宝 | 竖款；“三千”为合文 | 《新收》0079；《平顶山应国墓地Ⅰ》737、740页 |
| 应侯见工鼎 | 传世：上海博物馆藏 | BⅠ鼎 | 西中后段 | 6行58字，重文2 | 腹壁 | 用南夷毛，敢作非良，广/伐南国。王令（命）应侯见工曰：/政（征）伐毛！我□令（命）扑伐南夷/毛，我多孚（俘）戈。余用作朕剌（烈）/考武侯尊鼎，用旛（祈）賜（锡）眉/寿永令（命），子=孙=其永宝用享 | 竖款 | 《新收》1456；《夏商周》363 |
| 应侯见工簋盖 | 传世：首阳斋 | BbⅠ簋 | 西中后段 | 9行80字，重文2 | 盖 | 唯正月初吉丁亥，王若/曰：应侯见工，伐淮南夷/毛，敢摶氒（厥）众■，敢加兴/作戎，广伐南国。王命应/侯正（征）伐淮南夷毛，休克；/扑伐南夷，我孚（俘）戈。余弗/敢且，余用作朕王姑单/姬尊簋，姑氏用易（锡）眉/寿永命，子=孙=永宝用享 | 竖款 | 《首阳吉金》109；《平顶山应国墓地Ⅰ》756、757页 |
| 应侯作姬原母簋器 | 传世：首阳斋 | BbⅠ簋 | 西中晚之际 | 3行14字 | 底 | 应侯作姬原/母尊簋，其迈（万）/年永宝用 | 竖款 | 《首阳吉金》109；《平顶山应国墓地Ⅰ》756、757页 |
| 应侯作姬原母簋 | 传世 | BbⅠ簋 | 西中晚之际 | 3行14字 | 盖、器 | 应侯作姬原/母尊簋，其迈（万）/年永宝用 | 竖款 | 《集成》03860；《考古图》3.17 |
| 应□□□鼎 | XGH采：1 | BⅠ鼎 | 西中后段 | 4行 | 腹壁 | ……吉丁卯应/……剌（烈）且（祖）釐/……眉寿/……其永宝用 | 竖款 | 《平顶山应国墓地Ⅰ》729～732页 |
| 应侯盨 | XGH采：6 | B盨 | 西中后段 | 2行10字 | 器底 | 应侯作旅盨，/其迈（万）年永宝 | 竖款 | 《平顶山应国墓地Ⅰ》730～734页 |
| 应侯盨 | XGH采：7 | B盨 | 西中后段 | 2行10字 | 器底 | 应侯作旅盨，/其迈（万）年永宝 | 竖款 | 《平顶山应国墓地Ⅰ》730～734页 |
| 应侯盉 | 传世 | A盉 | 西中后段 | 2行6字 | 盖 | 应侯作/宝般（盘）盉 | 竖款 | 《铭图续》0967 |

续表

| 器名 | 来源 | 型式 | 年代 | 字数 | 铭文位置 | 铭文内容 | 行款特征 | 著录 |
|---|---|---|---|---|---|---|---|---|
| 应侯盘 | 传世：保利艺术博物馆藏 | AⅡ盘 | 西中后段 | 2行6字 | 内底 | 应侯作/宝盘盉 | 竖款 | 《新收》0077；《平顶山应国墓地Ⅰ》721、722页 |
| 甾簋 | 传世 | CⅡ簋 | 西中后段 | 5行39字 | 器底 | 隹（唯）九月初吉庚午，应/侯命甾曰：司朕走马、/驭。甾敢对扬皇君/䚄（景）令，用作朕剌（烈）考䵼/彝，甾其迈（万）年永宝用 | 竖款 | 《铭图续》0437 |
| 应监甗 | 传世 | AⅣ甗 | 西中后段 | 3行11字 | 甑腹壁 | 应监作宝/尊彝，其厉（万）/年永用 | 竖款 | 《铭图》03329 |
| 应侯壶甲 | 传世：保利艺术博物馆藏 | AⅢ壶 | 西晚前段 | 盖：3行11字 器：2行11字 | 盖、颈 | 盖：应侯作/旅壶，其万/年永宝用<br>颈：应侯作旅壶，/其万年永宝用 | 竖款 | 《新收》0080；《平顶山应国墓地Ⅰ》750～754页 |
| 应侯壶乙 | 传世：保利艺术博物馆藏 | AⅢ壶 | 西晚前段 | 2行11字 | 颈 | 应侯作旅壶，/其万年永宝用 | 竖款 | 《新收》0081；《平顶山应国墓地Ⅰ》750～754页 |
| 应侯作生杙姜簋 | 传世 | —— | 西晚前段 | 4行23字 | 盖、器 | 隹（唯）正月初吉丁/亥，应侯作生杙/姜尊簋，其迈（万）年/子=孙=永宝用 | 竖款 | 《集成》04045；《平顶山应国墓地Ⅰ》715～717页 |
| 应侯盨 | 传世：美国 | AⅢ盨 | 西晚后段 | 2行6字 | 盖、器 | 应侯作/宝[illegible]簋 | 竖款 | 《平顶山应国墓地Ⅰ》718、719页 |
| 应侯盨 | 传世：上海博物馆藏 | AⅢ盨 | 西晚后段 | 2行6字 | 盖、器内底 | 应侯作/宝[illegible]簋 | 竖款 | 《新收》1458；《夏商周》398页 |
| 旡鼎 | M242：11 | AaⅠ鼎 | 西早后段 | 5行24字 | 腹壁 | 旡拜稽首，/皇兄考（孝）于公，/宧乎（厥）事。弟不/敢不择衣，/夙夜用占䵼公 | 竖款 | 《平顶山应国墓地Ⅰ》149～151页 |

续表

| 器名 | 来源 | 型式 | 年代 | 字数 | 铭文位置 | 铭文内容 | 行款特征 | 著录 |
| --- | --- | --- | --- | --- | --- | --- | --- | --- |
| 柞伯簋 | M242：12 | 未分型 | 西早后段 | 8行74字 | 器底 | 隹（唯）八月辰才（在）庚申，王大射/才（在）周。王令（命）南宫（率）王多/士，师䲨父逨（率）小臣。王遟/赤金十反（钣），王曰："小子、小臣，/敬又（有）𢀛（贤）隻（获），则取。"柞（胙）白（伯）十/爯（称）弓，无灋（废）矢，王则畀柞（胙）白（伯）/白（伯）赤金十反（钣），诞易（锡）柷（柷）见。/柞（胙）白（伯）用作周公宝尊彝 | 竖款 | 《平顶山应国墓地Ⅰ》151～154页 |
| 应事鼎 | M229：1 | AaⅠ鼎 | 西早后段 | 1行5字 | 腹内壁 | 应事作䡒（旅）鼎 | 竖款 | 《平顶山应国墓地Ⅰ》189、190、191页 |
| 应事簋 | M229：2 | BaⅠ簋 | 西早后段 | 1行5字 | 盖、底 | 应事作䡒（旅）簋 | 竖款 | 《平顶山应国墓地Ⅰ》190、192、193页 |
| 应事爵 | M229：3 | B爵 | 西早后段 | 1行6字 | 腹壁 | 应事作父乙宝 | 竖款 | 《平顶山应国墓地Ⅰ》190、191、194页 |
| 应事觯 | M229：4 | AaⅠ觯 | 西早后段 | 2行6字 | 器底 | 应事作/父乙宝 | 竖款 | 《平顶山应国墓地Ⅰ》191、194页 |
| 伯鼎 | M48：1 | CⅡ鼎 | 西早后段 | 2行4字 | 腹壁 | 伯作/宝彝 | 竖款；"作"字反书 | 《平顶山应国墓地Ⅰ》280～282页 |
| 伯律簋 | M48：3 | AⅢ簋 | 西中前段 | 1行 | 器底 | 伯律□尊彝 | 竖款 | 《平顶山应国墓地Ⅰ》282、284、285页 |
| 少姓壶 | M48：4 | AⅠ壶 | 西早后段 | 1行4字，合文1 | 盖 | 少姓作用壶 | 竖款；"少姓"合文 | 《平顶山应国墓地Ⅰ》282、285～287页 |

续表

| 器名 | 来源 | 型式 | 年代 | 字数 | 铭文位置 | 铭文内容 | 行款特征 | 著录 |
|---|---|---|---|---|---|---|---|---|
| 匍盉 | M50：1 | A盉 | 西中前段 | 5行45字 | 盖 | 隹（唯）三月既生霸戊申，匍/即于氐，青公事（使）司史兒/曾（赠）匍于柬（束）麀贲、韦两、赤/金一匀（钧）。匍敢对扬应公休，/用作宝尊彝，其永用 | 竖款 | 《平顶山应国墓地Ⅰ》350～355页 |
| 叟鼎 | M210：3 | AaⅡ鼎 | 西中前段 | 2行8字 | 腹壁 | 叟作聽宝/彝，万年用 | 竖款 | 《平顶山应国墓地Ⅰ》405、406、407页 |
| 冉父庚鼎 | M213：8 | AaⅠ鼎 | 西中前段 | 3字 | 腹壁 | 冉。父庚 | 竖款 | 《平顶山应国墓地Ⅰ》381、382、383页 |
| 应侯鼎 | M84：76 | AaⅢ鼎 | 西中前段 | 1行4字 | 腹壁 | 应侯作旅 | 竖款，“作”字反书 | 《平顶山应国墓地Ⅰ》572、573、574页 |
| 应侯甗 | M84：89 | AⅡ甗 | 西中前段 | 2行5字 | 甑腹壁 | 应侯作/旅彝 | 竖款 | 《平顶山应国墓地Ⅰ》573、574、575页 |
| 应侯爯盨 | M84：68 | AⅠ盨 | 西中前段 | 4行28字 | 盖、底 | 应侯爯肇乍（作）氒（厥）不（丕）/显文考釐公尊彝，/用妥（绥）倗（朋）友，用宁多/福。爯其迈（万）年永宝 | 竖款 | 《平顶山应国墓地Ⅰ》574、576～579页 |
| 爯尊 | M84：99 | AⅢ尊 | 西中前段 | 3行12字 | 器底 | 爯肇諆作/宝尊彝，用/夙夕享考（孝） | 竖款 | 《平顶山应国墓地Ⅰ》580～583页 |
| 爯卣 | M84：103 | Ⅲ卣 | 西中前段 | 3行12字 | 盖、底 | 爯肇諆作/宝尊彝，用/夙夕享考（孝） | 竖款 | 《平顶山应国墓地Ⅰ》581～586页 |
| 兽宫盉 | M84：28 | BⅡ盉 | 西中前段 | 2行6字 | 盖 | 作兽宫/彝，永宝 | 竖款 | 《平顶山应国墓地Ⅰ》580、581、582页 |
| 兽宫盘 | M84：50 | AⅠ盘 | 西中前段 | 2行6字 | 底 | 作兽宫/彝，永宝 | 竖款 | 《平顶山应国墓地Ⅰ》580、581、582页 |
| 邓公簋A | M105 | BaⅢ簋 | 西中晚之际 | 3行12字 | 器底 | 邓公作应/嫚毗朕（媵）簋/其永宝用 | 竖款 | 《考古》1981年第4期，370、314页 |

续表

| 器名 | 来源 | 型式 | 年代 | 字数 | 铭文位置 | 铭文内容 | 行款特征 | 著录 |
| --- | --- | --- | --- | --- | --- | --- | --- | --- |
| 邓公簋B | M105 | BaⅢ簋 | 西中晚之际 | 3行12字 | 器底 | 邓公作应/嫚毗朕（媵）簋/其永宝用 | 竖款 | 《考古与文物》1983年第 1 期 |
| 邓公簋C | M104 | BaⅢ簋 | 西中晚之际 | 3行12字 | 盖、底 | 邓公作应/嫚毗朕（媵）簋/其永宝用 | 竖款 | 《考古》1985年第3期，284～286页 |
| 邓公簋D | M104 | BaⅢ簋 | 西中晚之际 | 3行12字 | 盖、底 | 邓公作应/嫚毗朕（媵）簋/其永宝用 | 竖款 | 《考古》1985年第3期，284～286页 |
| 封虎鼎 | M104 | AaⅣ鼎 | 西晚前段 | 3行11字 | 腹壁 | 封虎作飤/鼎，其万/年永宝用 | 竖款；“永”字反书 | 《考古》1985年第3期，284～286页 |
| 公作敔鼎 | M95：102 | AaⅤ鼎 | 西晚前段 | 4行25字，重文1 | 腹壁 | 唯八月初吉丁丑，/公作敔尊鼎，敔/用易（锡）眉寿永/命，子=孙永宝用享 | 竖款 | 《华夏考古》1992年第3期，92～103页 |
| 公作敔鼎 | M95：94 | AaⅤ鼎 | 西晚前段 | 4行24字，重文1 | 腹壁 | 唯八月初吉丁丑，/公作敔鼎，敔/用易（锡）眉寿永/命，子=孙=永宝用享 | 竖款 | 《华夏考古》1992年第3期，92～103页 |
| 公作敔鼎 | M95：？ | AaⅤ鼎 | 西晚前段 | 4行24字，重文1 | 腹壁 | 唯八月初吉丁丑，/公作敔鼎，敔/用易（锡）眉寿永/命，子=孙=永宝用享 | 竖款 | 《华夏考古》1992年第3期，92～103页 |
| 公作敔簋 | M95：100 | BcⅡ簋 | 西晚前段 | 5行25字，重文2 | 盖、底 | 唯八月初吉/丁丑，公作敔/尊簋，敔用易（锡）/眉寿永命，子=/孙=永宝用享 | 竖款 | 《华夏考古》1992年第3期，92～103页 |
| 公作敔簋 | M95：120 | BcⅡ簋 | 西晚前段 | 5行25字，重文2 | 盖、底 | 唯八月初吉/丁丑，公作敔/尊簋，敔用易（锡）/眉寿永命，子=/孙=永宝用享 | 竖款 | 《华夏考古》1992年第3期，92～103页 |

续表

| 器名 | 来源 | 型式 | 年代 | 字数 | 铭文位置 | 铭文内容 | 行款特征 | 著录 |
|---|---|---|---|---|---|---|---|---|
| 公作敔簋 | M95：? | BcⅡ簋 | 西晚前段 | 5行24字，重文2 | 盖、底 | 唯八月初吉/丁丑，公作敔/尊簋，敔用易（锡）/眉寿永命，子=/孙=永宝用享 | 竖款 | 《华夏考古》1992年第3期，92～103页 |
| 公作敔簋 | M95：? | BcⅡ簋 | 西晚前段 | 5行25字，重文2 | 盖、底 | 唯八月初吉/丁丑，公作敔/尊簋，敔用易/眉寿永命，子=/孙=永宝用享 | 竖款 | 《华夏考古》1992年第3期，92～103页 |
| 侯氏鬲 | M95 | Ⅰ鬲 | 西晚前段 | 1圈12字 | 口沿 | 侯氏作姚氏尊鬲，其迈（万）年永宝 | 顺时针 | 《铭图》2854 |
| 侯氏鬲 | M95 | Ⅰ鬲 | 西晚前段 | 1圈12字 | 口沿 | 侯氏作姚氏尊鬲，其迈（万）年永宝 | 顺时针 | 《铭图》2855 |
| 侯氏鬲 | M95 | Ⅰ鬲 | 西晚前段 | 1圈12字 | 口沿 | 侯氏作姚氏尊鬲，其迈（万）年永宝 | 顺时针 | 《铭图》2856 |
| 侯氏鬲 | M95 | Ⅰ鬲 | 西晚前段 | 1圈12字 | 口沿 | 侯氏作姚氏尊鬲，其迈（万）年永宝 | 顺时针 | 《铭图》2857 |
| 应伯盨 | M95：81 | AⅡ盨 | 西晚前段 | 1行5字 | 盖、底 | 应伯作旅盨 | 竖款，有字格 | 《铭图》5538 |
| 应伯盨 | M95：? | AⅡ盨 | 西晚前段 | 1行5字 | 盖、底 | 应伯作旅盨 | 竖款，有字格 | 《中原文物》2008年第4期，65图六·3 |
| 应伯壶 | M95：77 | BaⅠ壶 | 西晚前段 | 3行5字 | 盖 | 应伯/作尊/壶 | 竖款 | 《华夏考古》1992年第3期，92～103页 |
| 应伯壶 | M95：? | BaⅠ壶 | 西晚前段 | 3行5字 | 盖 | 应伯/作尊/壶 | 竖款 | 《华夏考古》1992年第3期，92～103页 |
| 应伯盘 | M95：83 | AⅡ盘 | 西晚前段 | 2行10字 | 底 | 应伯作宝盘，/其万年永宝 | 竖款，左起 | 《铭图》14411 |
| 应姚作惠公鬲 | M96 |  | 西晚后段 | 13字 |  | 应姚作惠应公尊鬲，其万年永宝 |  | 《古应国访问记》62页 |
| 应姚作惠公鬲 | M96 |  | 西晚后段 | 13字 |  | 应姚作惠应公尊鬲，其万年永宝 |  | 《古应国访问记》62页 |

续表

| 器名 | 来源 | 型式 | 年代 | 字数 | 铭文位置 | 铭文内容 | 行款特征 | 著录 |
|---|---|---|---|---|---|---|---|---|
| 应姚作惠公鬲 | M96 | | 西晚后段 | 13字 | | 应姚作惠应公尊鬲，其万年永宝 | | 《古应国访问记》62页 |
| 应姚作惠公鬲 | M96 | | 西晚后段 | 13字 | | 应姚作惠应公尊鬲，其万年永宝 | | 《古应国访问记》62页 |
| 应姚作惠公鬲 | M38 | | 西晚后段 | 13字 | | 应姚作惠应公尊鬲，其万年永宝 | | 《古应国访问记》62页 |
| 应姚作惠公鬲 | M38 | | 西晚后段 | 13字 | | 应姚作惠应公尊鬲，其万年永宝 | | 《古应国访问记》62页 |
| [illegible]史簋 | M257：1 | BaⅣ簋 | 西晚前段 | 4行29字，重文2 | 盖、底 | 唯十月初吉丁卯，[illegible]/史作寧似（姒）媵簋，用/祈眉寿永命，子=孙=/其迈（万）年永宝用享 | 竖款 | 《华夏考古》2015年第3期，9～21页 |
| [illegible]史簋 | M257：2 | BaⅣ簋 | 西晚前段 | 4行29字，重文2 | 盖、底 | 唯十月初吉丁卯，[illegible]/史作寧似（姒）媵簋，用/祈眉寿永命，子=孙=/其迈（万）年永宝用享 | 竖款 | 《华夏考古》2015年第3期，9～21页 |
| 应侯鼎 | M13：00795 | BⅡ鼎 | 西晚后段 | 2行10字 | 腹壁 | 唯□月丁亥，/应侯作尊鼎 | 竖款 | 《考古》2003年第3期，92、93页 |
| 应姚簋 | M13：00779 | BbⅠ簋 | 西晚后段 | 4行29字，重文2 | 盖、底 | 唯七月丁亥，应姚作/叔诰父尊簋，叔诰/父其用易（锡）眉寿永/命，子=孙=永宝用享 | 竖款 | 《考古》2003年第3期，92、93页 |
| 应姚簋 | M13：? | BbⅠ簋 | 西晚后段 | 4行29字，重文2 | 盖、底 | 唯七月丁亥，应姚作/叔诰父尊簋，叔诰/父其用易（锡）眉寿永/命，子=孙=永宝用享 | 竖款 | 《考古》2003年第3期，92、93页 |
| 应姚簋 | M13：00778 | BbⅠ簋 | 西晚后段 | 4行29字，重文2 | 盖、底 | 唯七月丁亥，应姚作/叔诰父尊簋，叔诰/父其用易（锡）眉寿永/命，子=孙=永宝用享 | 竖款 | 《中原文化大典·文物典·青铜器》（上册）400、401页 |

续表

| 器名 | 来源 | 型式 | 年代 | 字数 | 铭文位置 | 铭文内容 | 行款特征 | 著录 |
|---|---|---|---|---|---|---|---|---|
| 应姚鬲 | M13：00759 | Ⅱ鬲 | 西晚后段 | 1圈13字 | 口沿 | 应姚作叔诰父尊鬲，其永宝用享 | 逆时针 | 《考古》2003年第3期，92、93页 |
| 应姚鬲 | M13：? | Ⅱ鬲 | 西晚后段 | 1圈13字 | 口沿 | 应姚作叔诰父尊鬲，其永宝用享 | 逆时针 | 《考古》2003年第3期，92、93页 |
| 应姚鬲 | 传世 | Ⅱ鬲 | 西晚后段 | 1圈13字 | 口沿 | 应姚作叔诰父尊鬲，其永宝用享 | 逆时针 | 《铭图续》0253 |
| 应侯壶 | M13：00784 | BaⅡ壶 | 西晚后段 | 1行4字 | 颈壁 | 应侯作壶 | 竖款，有字格 | 《中原文化大典·文物典·青铜器（上册）》450页 |
| 应侯壶 | M13：? | BaⅡ壶 | 西晚后段 | 1行4字 | 颈壁 | 应侯作壶 | 竖款，有字格 | 《中原文化大典·文物典·青铜器（上册）》450页 |
| 应姚盘 | M13：00782 | AⅡ盘 | 西晚后段 | 3行17字，重文2 | 器底 | 应姚作叔诰父/宝般（盘），其万年/子=孙=永宝用享 | 竖款，左起 | 《考古》2003年第3期，92、93页 |
| 应侯匜 | M13：00792 | Ⅱ匜 | 西晚后段 | 2行10字，重文2 | 器底 | 应侯作匜，子=/孙=其永宝用 | 竖款 | 《考古》2003年第3期，92、93页 |
| 应公鼎 | M8：33 | AaⅥ鼎 | 两周之际 | 4行15字，重文2 | 腹壁 | 应公作尊/彝簟鼎，/珷帝日丁子=/孙=永宝 | 竖款 | 《华夏考古》2007年第1期，23、27页 |
| 应申姜鼎 | M6：79 | BⅣ鼎 | 春早前段 | 3行14字，重文2 | 腹壁 | 应申姜作宝鼎，其万年子=孙=永宝用 | 竖款 | 《中原文化大典·文物典·青铜器》（下册）533页 |
| 应申姜鼎 | M6：? | BⅣ鼎 | 春早前段 | 3行14字，重文2 | 腹壁 | 应申姜作宝鼎，其万年子=孙=永宝用 | 竖款 | 《中原文化大典·文物典·青铜器》（下册）533页 |

续表

| 器名 | 来源 | 型式 | 年代 | 字数 | 铭文位置 | 铭文内容 | 行款特征 | 著录 |
|---|---|---|---|---|---|---|---|---|
| 应申姜鼎 | M6：? | BⅣ鼎 | 春早前段 | 3行14字，重文2 | 腹壁 | 应申姜作宝鼎，其万年子=孙=永宝用 | 竖款 | 《中原文化大典·文物典·青铜器》（下册）533页 |
| 衔镳 | M230：31、M230：34 | | 西早后段 | 2字 | 镳 | 九（M230：31）；八（M230：34） | | 《平顶山应国墓地Ⅰ》233～235页 |
| 衔镳 | M230：32、M230：33 | | 西早后段 | 2字 | 镳 | 五（M230：32）；四（M230：33） | | 《平顶山应国墓地Ⅰ》233～235页 |

注：“重文”指重文符号，不计入所在篇铭的总字数；一个合文按1个字计算

# 参考文献

## 一、历史文献


（周）左丘明撰，（汉）郑玄注，（唐）孔颖达疏.春秋左传正义[M].同治十年十三经注疏重刻本.

（汉）郑玄注，（唐）贾公彦疏.仪礼注疏[M].同治十年十三经注疏重刻本.

（汉）郑玄注，（唐）贾公彦疏.周礼注疏[M].同治十年十三经注疏重刻本.

（汉）郑玄注，（唐）孔颖达疏.礼记正义[M].同治十年十三经注疏重刻本.

（汉）司马迁.史记[M].北京：中华书局，1959.

（汉）班固.汉书[M].北京：中华书局，1973.

（魏）张辑.广雅[M].摛藻堂四库全书荟要本，清乾隆.

（宋）郑樵撰，王树民点校.通志二十略[M].北京：中华书局，1995.

（清）沈钦韩.春秋左氏传地名补注[M].北京：商务印书馆，1936.

徐元诰撰，王树民、沈长云点校.国语集解[M].北京：中华书局，2002.

黄怀信，张懋镕，田旭东.逸周书汇校集注（修订本）[M].上海：上海古籍出版社，2008.


## 二、铜器著录


（宋）吕大临.考古图[M].四库全书文渊阁书录钱曾影钞宋刻本，清乾隆四十六年.

（宋）王黼等.博古图[M].亦政堂刻本，清乾隆十八年.

（宋）薛尚功.历代钟鼎彝器款识法帖[M].海城于省吾影印明崇祯六年朱谋垔刻本，1930.

（宋）王俅.啸堂集古录[M].民国涵芬楼影印本，1922.

（清）吴荣光.筠清馆金文[M].清宜都杨守敬重刻本.

（清）刘心源.古文审[M].自写刻本，清光绪十七年.

（清）吴式芬.攈古录金文[M].西泠印社翻刻光绪二十一年吴氏家刻本，1913.

（清）吴大澂.愙斋集古录[M].民国涵芬楼影印本，1930.

（清）方濬益.缀遗斋彝器考释[M].商务印书馆石印本，1935.

（清）刘心源.奇觚室吉金文述[M].自写刻本，清光绪二十八年.

（清）朱善旂.敬吾心室彝器款识[M].朱之榛石印本，清光绪三十四年.

（清）清高宗敕编.西清古鉴[M].内府刻本，乾隆二十八年.

（清）清高宗敕编.宁寿古鉴[M].涵芬楼据宁寿宫写本石印本，1913.

（清）徐同柏.从古堂款识学[M].蒙学报馆影石校本，清光绪三十二年.

邹安.周金文存[M].广仓学窘石印本，1916.

容庚.宝蕴楼彝器图录[M].燕京大学古物陈列所，1929—1930.

罗振玉.贞松堂集古遗文[M].石印本（初选版），1930.

罗振玉.贞松堂吉金图[M].上虞罗氏墨缘堂影印本，1935.

罗振玉.三代吉金文存[M].北京：中华书局，1983.

刘体智.小校经阁金文拓本[M].石印本，1935.

"故宫中央博物院"联合管理处.故宫铜器图录[M].台北：中华丛书委员会，1958.

陕西省博物馆，陕西省文物管理委员会.陕西省博物馆陕西省文物管理委员会藏青铜器图释[M].北京：文物出版社，1960.

陈梦家.美帝国主义劫掠的我国殷周铜器集录[M].北京：科学出版社，1962.

陕西省考古研究所.陕西出土商周青铜器（一～四）[M].北京：文物出版社，1979—1984.

上海博物馆.商周青铜器文饰[M].北京：文物出版社，1984.

中国社会科学院考古研究所.殷虚青铜器[M].北京：文物出版社，1985.

故宫博物院.故宫青铜器图典[M].北京：紫禁城出版社，2010.

中国青铜器全集编辑委员会.中国青铜器全集（1～16）[M].北京：文物出版社，1993—1998.

故宫博物院.故宫青铜器[M].北京：紫禁城出版社，1999.

《保利藏金》编辑委员会.保利藏金[M].广州：岭南美术出版社，1999.

《保利藏金续》编辑委员会.保利藏金续[M].广州：岭南美术出版社，2001.

刘雨，卢岩.近出殷周金文集录[M].北京：中华书局，2002.

陈佩芬.夏商周青铜器研究[M].上海：上海古籍出版社，2004.

曹玮.周原出土青铜器[M].成都：巴蜀书社，2005.

安徽大学，安徽省文物考古研究所.皖南商周青铜器[M].北京：文物出版社，2006.

钟柏生，陈昭容，黄铭崇，等.新收殷周青铜器铭文暨器影汇编[M].台北：艺文印书馆，2006.

湖北省博物馆.湖北出土文物精粹[M].北京：文物出版社，2006.

刘雨，汪涛.流散欧美殷周有铭青铜器集录[M].上海：上海辞书出版社，2007.

湖北省文物考古研究所.曾国青铜器[M].北京：文物出版社，2007.

中国社会科学院考古研究所.殷周金文集成（1～18册）[M].北京：中华书局，1984—1994.

首阳斋，上海博物馆，香港中文大学文物馆.首阳吉金——胡盈莹、范季融藏中国古代青铜器[M].上海：上海古籍出版社，2008.

杨正宏，肖梦龙.镇江出土吴国青铜器[M].北京：文物出版社，2008.

秦文生，张锴生.中原文华大典 · 文物典 · 青铜器[M].郑州：中州古籍出版社，2008.

中国社会科学院考古研究所，安阳市文物考古研究所.殷墟新出土青铜器[M].昆明：云南人民出版社，2008.

山西省考古研究所，山西博物院，大连现代博物馆.晋国雄风：山西出土两周文物精华[M].沈阳：万卷出版公司，2009.

首都师范大学历史系.首都师范大学历史博物馆藏品图录[M].北京：科学出版社，2004.
河南省文物考古研究所.考古河南[M].郑州：大象出版社，2012.
湖北省博物馆等.随州叶家山西周早期曾国墓地[M].北京：文物出版社，2013.
吴镇烽.商周青铜器铭文暨图像集成[M].上海：上海古籍出版社，2012.
吴镇烽.商周青铜器铭文暨图像集成续编[M].上海：上海古籍出版社，2016.
〔日〕中村不折.三代秦汉の遗品に识せゐ文字[M].1934.
〔日〕白川静.金文通释[M].日本：白鹤美术馆本，1962-1984.
〔日〕林巳奈夫.殷周青铜器综览[M].京都：吉川弘文馆，1984.
〔日〕泉屋博古馆.泉屋博古（中国古铜器编）[M].京都：泉屋博古馆，2002.
〔日〕梅原末治.日本收储支那古铜精华[M].日本大阪市：中山商会，1959-1964.
〔澳〕巴纳，张光裕.中日欧美澳纽所见所拓所摹金文汇编[M].台北：艺文印书馆排印本，1978.
〔德〕Herbert Butz. Frühe Chinesische Bronzen aus der sammlung Klingenberg[M]. Berlin: Museum für Ostasiatische Kunst，1993.

## 三、考古报告

**河南省：**

郭宝钧.山彪镇与琉璃阁[M].北京：科学出版社，1959.
中国科学院考古研究所.上村岭虢国墓地[M].北京：科学出版，1959.
中国科学院考古研究所.濬县辛村[M]. 北京：科学出版社，1964.
河南省文物考古研究所.三门峡虢国墓（第一卷）[M].北京：文物出版社，1999.
洛阳市文物工作队.洛阳北窑西周墓[M].北京：文物出版社，1999.
河南省文物考古研究所，平顶山市文物管理局.平顶山应国墓地Ⅰ[M].郑州：大象出版社，2012.
河南省文物考古研究所，周口市文化局.鹿邑太清宫长子口墓[M].郑州：中州古籍出版社，2000.
中国社会科学院考古研究所.安阳大司空——2004年发掘报告[M].北京：文物出版社，2014.

**陕西省：**

中国科学院考古研究所.沣西发掘报告[M].北京：文物出版社，1962.
陕西省博物馆，陕西省文物管理委员会.扶风齐家村青铜器群[M].北京：文物出版社，1963.
中国科学院考古研究所.长安张家坡西周铜器群[M].北京：文物出版社，1965.
卢连成，胡智生.宝鸡弜国墓地[M].北京：文物出版社，1988.
陕西省考古研究所.高家堡戈国墓[M].西安：三秦出版社，1995.
中国社会科学院考古研究所.张家坡西周墓地[M].北京：中国大百科全书出版社，1999.
陕西省考古研究所，秦始皇兵马俑博物馆.华县东阳[M].北京：科学出版社，2006.
陕西省考古研究院等.周原——2002年度齐家制玦作坊和礼村遗址考古发掘报告[M].北京：科学出版社，2010.
陕西省考古研究院，宝鸡市考古研究所等.吉金铸华章——宝鸡眉县杨家村单氏青铜器窖藏[M].

北京：文物出版社，2008.

陕西省考古研究院等.梁带村芮国墓地：二〇〇七年度发掘报告[M].北京：文物出版社，2010.

**其他地区：**

山东省文物考古研究所，山东省博物馆等.曲阜鲁国故城[M].济南：齐鲁书社，1982.

北京市文物研究所.琉璃河西周燕国墓地（1973—1977）[M].北京：文物出版社，1995.

北京大学考古系商周组，山西省考古研究所.天马-曲村（1980-1989）[M].北京：科学出版社，2000.

中国社会科学院考古研究所.滕州前掌大墓地[M].北京：文物出版社，2005.

**四、考古简报**

**甘肃省：**

甘肃省博物馆文物组.灵台白草坡西周墓[J].文物.1972，（12）.

甘肃省博物馆文物组.甘肃灵台白草坡西周墓[J].考古学报.1977，（2）.

**陕西省：**

陕西省文物管理委员会.长安普渡村西周墓的发掘[J].考古学报.1957,（1）.

石兴邦.长安普渡村西周墓葬发掘记[J].考古学报（第8册），1954.

梁星彭，冯孝堂.陕西长安、扶风出土西周铜器[J].考古，1963,（8）.

段绍嘉.陕西蓝田出土弭叔等彝器简介[J].文物.1960，（2）.

葛今.泾阳高家堡早周墓葬发掘记[J.文物.1972，（7）.

西安市文物管理处.陕西长安新旺村、马王村出土的西周铜器[J].考古，1974，（1）.

吴镇烽，雒忠如.陕西省扶风县强家村出土的西周铜器[J].文物，1975，（8）.

吴镇烽，王东海.王臣簋的出土与相关铜器的时代[J].文物.1980,（5）.

韧松，樊维岳.记蓝田县新出土的应侯钟[J].文物.1975，（10）.

陕西省博物馆，陕西省文物管理委员会.陕西岐山贺家村西周墓葬[J].考古.1976，（1）.

岐山县文化馆，陕西省文管会.陕西省岐山县董家村西周青铜器窖穴发掘简报[J].文物.1976，（5）.

扶风县文化馆，陕西省文管会.陕西扶风出土西周伯䧹诸器[J].文物.1976，（6）.

罗西章，吴镇烽，尚志儒.陕西扶风县召李村一号周墓清理简报[J].文物.1978，（11）.

陕西周原考古队. 陕西扶风庄白一号西周青铜器窖藏发掘简报[J].文物.1978，（3）.

陕西周原考古队.陕西扶风县云塘、庄白二号西周铜器窖藏[J].文物.1978，（11）.

陕西周原考古队.陕西扶风齐家十九号西周墓[J].文物.1979，（11）.

中国社会科学院考古研究所沣西发掘队.1967年长安张家坡西周墓葬的发掘[J].考古学报.1980,（4）.

卢连成，罗英杰.陕西武功出土楚簋诸器[J].考古.1981，（2）.

中国社会科学院考古研究所沣西发掘队.陕西长安县新旺村新出西周铜鼎[J].考古.1983，（3）.

高次若.宝鸡贾村再次发现矢国铜器[J].考古与文物.1984，（4）.

陕西省文物管理委员会.西周镐京附近部分墓葬发掘简报[J].文物.1986，（1）.

陕西周原考古队.陕西扶风云塘西周墓[J].文物.1986，（8）.

周原扶风文管会.陕西扶风强家一号西周墓[J].文博.1986，（8）.

呼林贵，薛东星.耀县丁家沟出土西周窖藏青铜器[J].考古与文物.1986，（4）.

胡百川.陇县梁甫出土西周早期青铜器[J].文博.1987，（3）.

宝鸡市考古研究所.陕西宝鸡纸坊头西周早期墓葬清理简报[J].文物.2007，（8）.

陕西省考古研究院等.陕西韩城梁带村遗址M19发掘简报[J].考古与文物.2007，（2）.

陕西省考古研究院，渭南市文物保护考古研究所，韩城市文物旅游局.陕西韩城梁带村遗址M27发掘简报[J].考古与文物.2007，（6）.

陕西省考古研究院，渭南市文物保护考古研究所，韩城市文物旅游局.陕西韩城梁带村遗址M26发掘简报[J].考古与文物.2008，（1）.

陕西省考古研究院.陕西韩城市梁带村芮国墓地M28的发掘.[J].考古.2009，（4）.

陕西省考古研究院等.陕西韩城梁带村墓地北区2007年发掘简报[J].文物.2010，（6）.

石鼓山考古队.陕西宝鸡石鼓山西周墓葬发掘简报[J].文物.2013，（2）.

陕西省考古研究院，宝鸡市考古研究所，宝鸡市渭滨区博物馆.陕西宝鸡石鼓山商周墓地M4发掘简报[J].文物.2016，（1）.

中国社会科学院考古研究所沣西发掘队.1979—1981年长安沣西、沣东发掘简报[J].考古.1986，（3）.

**河南省：**

河南郏县发现的古代铜器[J].文物参考资料.1954，（3）.

河南省博物馆.河南省襄县西周墓发掘简报[J].文物.1977，（8）.

周到，赵新来.河南鹤壁庞村出土的青铜器[C]//文物资料丛刊（3）北京：文物出版社，1980.

顶山市文管会.河南平顶山市发现西周铜簋[J].考古.1981，（4）.

张肇武.河南平顶山市又出土一件邓公簋[J].考古与文物.1983，（1）.

张肇武.平顶山市出土周代青铜器[J].考古.1985，（3）.

孙清远.河南平顶山发现西周甬钟[J].考古.1988，（5）.

河南省文物研究所，平顶山市文管会.平顶山市北滍村两周墓地一号墓发掘简报[J].华夏考古1988，（1）.

平顶山市文管会.平顶山市新出青铜器[J].中原文物.1988，（1）.

孟宪武，李贵昌.河南安阳郭庄村北发现一座殷墓[J].考古.1991，（10）.

河南省文物研究所，平顶山市文物管理委员会.平顶山应国墓地九十五号墓的发掘[J].华夏考古.1992，（3）.

徐英俊.南阳博物馆征集一件应国铜器[J].文物.1993，3（3）.

洛阳文物工作队.洛阳东郊C5M906号西周墓[J].考古.1995，（9）.

王正龙，姜涛，娄金山.匍鸭铜盉与頫聘礼[J].文物.1998，（4）.

河南省文物考古研究所，平顶山市文物管理委员会.平顶山应国墓地八十四号墓[J].文物.1998，（9）.

河南省文物考古研究所，平顶山市文物局.平顶山应国墓地十号墓发掘简报[J].中原文物.2007，（4）.

平顶山市文物管理局.河南平顶山市出土的应国青铜器[J].考古.2003，（3）.

平顶山市文物管理局.平顶山市新出青铜器[J].考古.2003，（3）.

河南省文物考古研究所，平顶山市文物管理局，河南大学历史文化学院.河南平顶山春秋晚期M301发掘简报[J].文物.2012，（4）.

河南省文物考古研究所，平顶山市文物局.平顶山应国墓地两座战国墓发掘简报[J].中原文物.2007,（4）.

中国社会科学院考古研究所安阳工作队.安阳殷墟刘家庄北1046号墓[C]//考古学集刊15.北京：文物出版社，2004.

河南省文物考古研究所，平顶山市文物管理局.河南平顶山应国墓地八号墓发掘简报[J].华夏考古.2007，（1）.

中国社会科学院考古研究所安阳工作队.殷墟大司空M303发掘报告[J].考古学报.2008,（3）.

平顶山市文物管理局.平顶山市西高皇鱼塘捞出的一批应国铜器[J].中原文物.2010，（2）.

河南省文物考古研究院，平顶山市文物管理局，河南大学历史文化学院.河南平顶山应国墓地M257发掘简报[J].华夏考古.2015，（3）.

河南省文物考古研究所等.上村岭虢国墓地M2006的清理[J].文物.1995,（1）.

河南省文物考古研究所等.三门峡虢国墓地M2010的清理[J].文物.2000,（12）.

**山西省：**

谢青山，杨绍舜.山西吕梁石楼镇又发现铜器[J].文物.1960，（7）.

山西省文物管理委员会，洪洞县文化馆.山西洪洞永凝堡西周墓葬[J].文物.1987，（2）.

北京大学考古系，山西省考古研究所.1992年春天马–曲村遗址墓葬发掘简报[J].文物.1993，（3）.

北京大学考古系，山西省考古研究所.天马–曲村遗址北赵晋侯墓地第二次发掘[J].文物.1994，（1）.

山西省考古研究所，北京大学考古系.天马–曲村遗址北赵晋侯墓地第三次发掘[J].文物.1994，（8）.

山西省考古研究所，北京大学考古系.天马–曲村遗址北赵晋侯墓地第四次发掘[J].文物.1994，（8）.

北京大学考古系，山西省考古研究所.天马–曲村遗址北赵晋侯墓地第五次发掘[J].文物.1995，（7）.

北京大学考古文博学院，山西省考古研究所.天马–曲村遗址北赵晋侯墓地第六次发掘[J].文物.2001，（8）.

山西省考古研究所，运城市文物工作站，绛县文化局.山西绛县横水西周墓地[J].考古.2006，（7）.

山西省考古研究所等.山西绛县横水西周墓发掘简报[J].文物.2006，（8）.

山西省考古研究所大河口墓地联合考古队.山西翼城县大河口霸国墓地[J].考古.2011，（7）.

**山东省：**

山东省昌潍地区文物管理组.胶县西菴遗址调查试掘简报[J].文物.1977，（4）.

德州地区文化局文物组、济阳县图书馆.山东济阳刘台子西周墓地第二次发掘[J].文物.1985，（12）.

山东文物考古研究所.山东济阳刘台子西周六号墓清理报告[J].文物.1996，（12）.

王锡平，唐禄庭.山东黄县庄头西周墓清理简报[J].文物.1986，（8）.

高明奎.山东高青县陈庄西周遗存发掘简报[J]，考古.2011，（2）.

杜传敏等.1989年山东滕州庄里西西周墓发掘报告[J].中国国家博物馆馆刊.2012，（1）.

滕州市博物馆.滕州前掌大村南墓地发掘报告（1998～2001）[C].海岱考古（第三辑）.北京：科学出版社，2010.

**北京市：**

中国社会科学院考古研究所，北京市文物研究所琉璃河考古队.1981—1983年琉璃河西周燕国墓地发掘简报[J].考古.1984，（5）.

中国社会科学院考古研究所，北京市文物研究所琉璃河考古队.北京琉璃河1193号大墓发掘简报[J].考古.1990，（1）.

北京市文物研究所，北京大学考古学系.1995年琉璃河遗址墓葬区发掘简报[J].文物.1996，（6）.

中国社会科学院考古研究所，北京市文物考古研究所，北京大学考古学系琉璃河考古队.琉璃河遗址1996年度发掘简报[J].文物.1997，（6）.

北京市文物研究所，北京大学考古文博学院，中国社会科学院考古研究所.1997年琉璃河遗址墓葬发掘简报[J].文物.2000，（11）.

**辽宁省：**

热河省博物馆筹备组.热河凌源县海岛营子村发现的古代青铜器[J].文物参考资料.1955,（8）.

喀左县文化馆，朝阳地区博物馆，辽宁省博物馆.辽宁喀左县北洞村出土的殷周青铜器[J].考古.1974，（6）.

喀左县文化馆等.辽宁省喀左县山湾子出土殷周青铜器[J].文物,1977，（12）.

**湖北省：**

王毓彤.江陵发现西周铜器[J].文物.1963，（2）.

李健.湖北江陵万城出土西周铜器[J].考古.1963，（4）.

徐正国.湖北枣阳市收藏的几件青铜器[J].文物.1994，（4）.

湖北省文物考古研究所，随州市博物馆.湖北随州叶家山M65发掘简报[J].江汉考古.2011，（3）.

湖北省文物考古研究所，随州市博物馆.湖北随州叶家山西周墓地发掘简报[J].文物.2011，（11）.

湖北省文物考古研究所，随州市博物馆.湖北随州市叶家山西周墓地[J].考古.2012，（7）.

湖北省文物考古研究所等.湖北随州叶家山M107发掘简报[J].江汉考古.2016，（3）.

**安徽省：**

安徽省文化局文物工作队.安徽屯溪西周墓发掘报告[J].考古学报.1959，（4）.

**江苏省：**

镇江市博物馆，丹阳县文物管理委员会.江苏丹阳出土的西周青铜器[J].文物.1980，（3）.

江苏省文物管理委员会.江苏丹徒烟大港母子墩西周铜器墓的发掘[J].文物.1984，（5）.

**湖南省：**

湖南省博物馆.湖南资兴旧市战国墓[J].考古学报.1983，（1）.

益阳市文物管理所.湖南桃江腰子仑春秋墓[J].考古学报.2003，（4）.

向桃初.湖南望城县高砂脊商周遗址的发掘[J].考古.2001，（4）.

**江西省：**

朱心持.江西余干黄金埠出土铜甗[J].考古.1960，（2）.

**广东省：**

广东省博物馆.广东四会鸟旦山战国墓[J].考古.1963，（2）.

广东省文物管理委员会.广东清远发现周代青铜器[J].考古.1983，（1）.

**广西壮族自治区：**

贺州市博物馆.广西贺州市马东村周代墓葬[J].考古.2001，（11）.

**五、论著**

陈梦家.西周铜器断代[M].北京：中华书局，2004.

陈梦家.西周年代考 · 六国纪年[M].北京：中华书局，2005.

陈槃.春秋大事表列国爵姓及存灭表撰异（三订本）[M].上海：上海古籍出版社，2009.

陈槃.不见于春秋大事表之春秋方国稿[M].上海：上海古籍出版社，2009.

曹玮.周原遗址与西周铜器研究[M].北京：科学出版社，2003.

方诗铭，王修龄.古本竹书纪年辑证[M].上海：上海古籍出版社，2005.

郭沫若.两周金文辞大系图录考释[M].北京：科学出版社，1957.

郭宝钧.商周铜器群综合研究[M].北京：文物出版社，1981.

何浩.楚灭国研究[M].武汉：武汉出版社，1989.

胡长春.新出殷周青铜器铭文整理与研究[M.北京：线装书局，2008.

杰西卡 · 罗森.祖先与永恒[M].邓菲，黄洋，吴晓筠，译.上海：生活 · 读书 · 新知三联书店，2011.

李学勤.新出青铜器研究[M].北京：文物出版社，1990.

李学勤.夏商周年代学札记[M].沈阳：辽宁大学出版社，1999.

李学勤.中国古代文明研究[M].上海：华东师范大学出版社，2005.

李学勤.东周与秦代文明[M].上海：上海人民出版社，2007.

李学勤.走出疑古时代[M].长春：长春出版社，2007.

李学勤.文物中的古文明[M].北京：商务印书馆，2008.

李学勤.通向文明之路[M].北京：商务印书馆，2008.

李学勤.三代文明研究[M].北京：商务印书馆，2011.

李朝远.青铜器学步集[M].北京：文物出版社，2007.

刘启益.西周铜器纪年[M].广州：广东教育出版社，2002.

罗泰.宗子维城：从考古材料的角度看公元前1000至前250年的中国社会[M]. 吴长青，张莉，彭鹏等，译.上海：上海古籍出版社，2017.

马承源.中国青铜器研究[M]上海：上海古籍出版社，2002.

马承源.中国青铜器[M].上海：上海古籍出版社，1988.

彭裕商.西周青铜器年代综合研究[M].成都：巴蜀书社，2003.

平顶山市文物管理局.应国墓地的发现与研究[M].平顶山：汝州晚报社，2006.
裘锡圭.古文字论集[C].北京：中华书局，1992.
上海博物馆青铜器研究组.商周青铜器纹饰[M].北京：文物出版社，1984.
任伟.西周封国考疑[M].北京：社会科学文献出版社，2004.
容庚.商周彝器通考[M].上海：上海人民出版社，2008.
山西博物院，山西省考古研究所.发现山西——考古人手记[M].太原：山西人民出版社，2007.
唐兰.西周青铜器铭文分代史征[M].北京：中华书局，1986.
唐兰.唐兰先生金文论集[C].北京：紫禁城出版社，1995.
王世民，陈公柔，张长寿.西周青铜器分期断代研究[M].北京：文物出版社，1999.
王龙正.古应国访问记[M].北京：中国国际广播出版社，2010.
巫鸿.黄泉下的美术[M].北京：生活·读书·新知三联书店，2010.
杨宽.西周史[M].上海：上海人民出版社，2003.
杨向奎.古代社会与古代思想研究[M].上海：上海人民出版社，1962.
尹盛平.西周微氏家族青铜器群研究[M].北京：文物出版社，1992.
岳洪彬.殷墟青铜礼器研究[M].北京：中国社会科学出版社，2006.
张昌平.曾国青铜器研究[M].北京：文物出版社，2009.
张懋镕.古文字与青铜器论集[C].北京：科学出版社，2002.
张懋镕.古文字与青铜器论集（第二辑）[C].北京：科学出版社，2006.
张懋镕.古文字与青铜器论集（第三辑）[C].北京：科学出版社，2010.
张亚初，刘雨.西周金文官制研究[M].北京：中华书局，2004.
郑小炉.吴越和百越地区周代青铜器研究[M].北京：科学出版社，2007.
朱凤瀚.中国青铜器综论[M].上海：上海古籍出版社，2009.
朱凤瀚.新出金文与西周历史[M].上海：上海古籍出版社，2011.

**六、研究论文**

陈梦家.西周铜器断代（三）[J].考古学报.1956，（1）.
蔡运章、张应桥.季姬方尊铭文及其重要价值[J].文物.2003，（9）.
曹玮.从青铜器的演化试论西周前后之交的礼制变化[J].周原遗址与西周青铜器研究[M].北京：科学出版社，2003.
曹玮.试论茹家庄西周墓地的器用制度——兼论西周后期器用制度的流源[C]//中国考古学跨世纪的回顾与前瞻（1999年西陵国际学术讨论会文集.北京：科学出版社，2000.
曹玮.周原西周铜器的分期[C].周原遗址与西周青铜器研究.北京：科学出版社，2003.
曹玮.西周前期南北方钟的比较与北传路线[C].周原遗址与西周铜器研究.北京：科学出版社，2004.
陈昌远，王琳.“匍鸭铜盉”应为“匍雁铜盉”新释[J].河南大学学报（社会科学版）.1999，（4）.
陈公柔，张长寿.殷周青铜容器上鸟纹的断代研究[J].考古学报.1984，（3）.

陈公柔，张长寿.殷周青铜容器上兽面纹的断代研究[J].考古学报.1990，（2）.

陈絜.应公鼎铭与周代宗法[J].南开学报（哲学社会科学版）.2008，（6）.

陈小三.简论曲村墓地发现的南宫姬鼎[J].江汉考古.2014，（6）.

陈小三.平顶山应国墓地新见铜盉与吴越地区西周铜器断代[J].考古.2015，（5）.

陈小三.长江中下游周代前期青铜器对中原地区的影响[J].考古学报.2017，（2）.

耿铁华.关于西周监国制度的几件铜器[J].考古与文物.1985，（4）.

耿铁华.应监甗考释[J].东北大学学报，1987，（1）.

郭沫若.释应监甗[J].考古学报.1960，（1）.

高崇文.西周时期铜壶的形态学研究[C]//.考古类型学的理论与实践.北京：文物出版社，1989.

何光岳.应国略考[J].江汉考古.1988，（2）.

何浩.应国兴亡史略[C]//楚灭国研究.武汉：武汉出版社，1989.

何景成.应侯视工青铜器研究[C]//新出金文与西周历史.上海：上海古籍出版社，2011.

黄锦前.叒鼎铭试释.复旦大学出土文献与古文字研究中心[EB]：http://www.gwz.fudan.edu.cn/SrcShow.asp?Src_ID=1924，2012.

黄锦前.叒鼎铭试释[J].中国国家博物馆馆刊[J].2015，（3）.

黄益飞.匍盉铭文研究[J].考古.2013，（2）.

黄益飞.平顶山应国墓地出土“旡”鼎铭文研究[J].考古2015，（4）.

黄益飞.应侯簋流传及相关问题[J].华夏考古2012，（4）.

姜涛，贺全法，廖佳行.商周时期的应国考辩及其相关问题[C]//河南文物考古论集.河南人民出版社，1996.

李朝远.应侯见工鼎[C]//上海博物馆集刊(10）.上海：上海书画出版社，2005.

李伯谦.中国青铜文化的发展阶段和分区系统[J].华夏考古.1990，（2）.

李步青，林仙庭.山东龙口市出土西周铜鼎[J].文物.1991，（5）.

李丰.黄河流域西周墓葬出土青铜容器的分期与年代[J].考古学报.1988，（4）.

李家浩.应国爯簋铭文考释[J].文物.1999，（9）.

李家浩.应侯盘[C]//.保利藏金.广东：岭南美术出版社，1999.

李乔.应国历史与地理问题考述[J].中原文物.2010，（6）.

李学勤.西周中期青铜器的重要标尺——周原庄白、强家两处青铜器窖藏的综合研究[J].中国历史博物馆馆刊.1979，（1）.

李学勤.应监甗新说[J].江西历史文物.1987，（1）.

李学勤.论应国墓地出土的匍盉[J].平顶山师专学报，1999，（1）.

李学勤.论应国墓地出土的匍盉.平顶山师专学报.1999，（1）.

李学勤.季姬方尊研究[J].中国史研究，2003，（4）.

李学勤.论应侯视工诸器的时代[C]//青铜文化研究（第四辑）.黄山书社，2005.

李学勤.庄白彧器的再考察[C]//华学（第八辑）.北京：紫禁城出版社，2006.

李学勤.新出应公鼎释读//通向文明之路[M].北京：商务印书馆，2010.

李学勤.《首阳吉金》应侯簋考释[C]//人文中国学报（15）.上海：上海古籍出版社，2009.

李学勤.探寻久被遗忘的周代应国[C]//三代文明研究[M].北京：商务印书馆，2011.

李凯.应公鼎“珷帝日丁”试解[J].殷都学刊.2008，（3）.

林沄.周代用鼎制度商榷[J].史学集刊.1990，（3）.

梁彦民.殷周青铜器双身龙纹及相关问题[J].考古与文物.2006，（6）.

刘华夏.金文字体与铜器断代[J].考古学报.2010，（1）.

刘桓.关于匍盉“柬”字考释[J].考古.2001，（6）.

刘绍明.丁儿盖鼎与应国存亡问题[C]//楚文化研究（第4集）.郑州：河南人民出版社，1996.

刘正.江西所出应国铜器铭文研究[J].南方文物.2006，（2）.

娄金山，王龙正.应国史考[J].平顶山师专学院.1993，（4）.

娄金山.河南平顶山出土的应国青铜器[J].考古.2003，（3）.

罗西章.扶风沟西发现的叔赵父爯[J].考古与文物.1982，（4）.

马世之.应国铜器及相关问题[J].中原文物.1986，（1）.

潘民中.姬姓应国灭亡考[J].平顶山师专学报（社会科学版）.1997，（4）.

彭裕商.西周铜簋年代研究[J].考古学报.2001，（1）.

彭裕商.西周青铜器窃曲纹研究[J].考古学报.2002,（4）.

齐文心.关于商代称王的封国君长的探讨[J].历史研究.1985，（2）.

齐文涛.概述近年来山东出土的商周青铜器[J].文物.1972，（5）.

崎川隆.关于西周时期饰有“上卷角兽面纹”的青铜器[C]//青铜器与金文（第一辑），上海古籍出版社，2017.

裘锡圭.应侯视工簋铭文补释[J].文物.2002，（7）.

任伟.从应监诸器铭文看西周的监国制度[J].社会科学辑刊.2002，（5）.

任伟.“应史”诸器与周代异姓史官[J].华夏考古.2002，（3）.

任雪莉.从宝鸡新出亚共尊看西周特殊的具銎铜器[J].文物世界.2013，（2）.

宋建忠，谢尧亭等.山西绛县横水西周墓地[C]//2006年中国重要考古发现.北京：文物出版社，2007.

孙常叙.公剑铭文复原和“脽”、“鹍”字说[J].考古.1962，（5）.

孙华.中国青铜文化体系的几个问题[C]//考古学研究（五）.北京：科学出版社，2002.

唐兰.略论西周微史家族窖藏铜器群的重要意义——陕西扶风新出墙盘铭文解释[J].文物.1978，（3）.

唐兰.论周昭王时代的青铜器铭刻[C]//古文字研究（第2辑）.北京：中华书局，1980.

汤淑君.平顶山应国墓地出土青铜器鉴赏[J].中原文物.2001，（3）.

田率.新见鄂监簋与西周监国制度[J].江汉考古.2015，（1）.

王龙正.应国史研究的里程碑——平顶山应国墓地[C]//中国十年百大考古新发现.北京：文物出版社，2002.

王龙正.平顶山应国墓地九十五号墓年代、墓主及相关问题[J].华夏考古1995，（4）.

王龙正.匍盉铭文补释并再论覜聘礼[J].考古学报.2007，（4）.

王龙正，姜涛，娄金山.匍鸭铜盉与覜聘礼[J].文物.1998，（4）.

王龙正，刘晓红，曹国朋.新见应侯见工簋铭文考释[J].中原文物.2009，（5）.

王龙正，王聪敏.应国墓地有铭铜器[J].收藏家.2000，（8）.

王龙正，王宏伟.南北交汇的青铜文化[J].文史知识.2010，（11）.

王龙正，孙清远.也谈应监甗[J].中原文物.2012，（1）.

王世民.应侯见工钟的组合与年代[C].//保利藏金（续）.广州：岭南美术出版社，2001.

王蕴智，陈淑娟.应国有铭青铜器的初步考察[J].中原文物.2008，（4）.

王辉.创辟创新 求真求实——读《平顶山应国墓地Ⅰ》[J].华夏考古.2014，（2）.

吴镇烽.金文研究札记[J].人文杂志.1981，（2）.

王子超.释夆——兼论夆、邦、丰诸字之孳乳关系[J].河南大学学报.1986，（1）.

伍仕谦.论西周初年的监国制度[J].西周史研究（人文杂志丛刊第2辑）.1984.

巫鸿."明器"的理论和实践——战国时期礼仪美术中的观念化倾向[J].文物.2006,（6）.

徐锡台.应、申、邓、柞等国铜器铭文考释[C]//容庚先生百年诞辰纪念文集.广州：广东人民出版社，1998.

徐中舒.西周史论述（上）[J].四川大学学报（哲学社会科学版）.1979，（3）.

徐中舒.金文嘏辞释例[C]//徐中舒历史论文选辑.北京：中华书局，1998.

张光裕.蓝田新出土的应侯钟与书道藏器的复合[J].东方文化.1977，（2）.

张懋镕.周人不用日名说[J].历史研究.1993，（5）.

张懋镕.两周青铜盨研究[J].考古学报.2003，（1）.

张懋镕.金文字形书体与二十世纪的西周铜器断代研究[C]//古文字研究（第26辑）.北京：中华书局，2006.

张懋镕.夷曰匜研究——兼论商周青铜器功能的转化问题[C]//古文字与青铜器论集（第三辑）.北京：科学出版社，2010.

张闻捷.周代用鼎制度疏证[J].考古学报.2012，（2）.

周永珍.西周时期的应国、邓国铜器及地理位置[J].考古.1982，（1）.

朱凤瀚.应侯见工簋[J].保利藏金（续）[M].广州：岭南美术出版社，2001.

朱凤瀚.应侯见工钟[J].保利藏金（续）[M].广州：岭南美术出版社，2001.

朱凤瀚.应侯壶[J].保利藏金（续）[M].广州：岭南美术出版社，2001.

## 七、学位论文

胡嘉麟.两周时期青铜簠研究[D].西安：陕西师范大学硕士学位论文，2007.

黄益飞.应国具铭青铜器研究[D].北京：中央民族大学硕士学位论文，2010.

乔美美.商周青铜鬲研究[D].西安：陕西师范大学硕士学位论文，2008.

鞠焕文.《金文形义通解》订补[D].长春：东北师范大学博士学位论文，2014.

## 八、工具书

王国维.宋代金文著录表[M].雪堂丛刻，1915.

王国维，鲍鼎.国朝金文著录表、国朝金文著录表补遗、国朝金文著录表校勘记[M].台北：文海出版社影印，1974.

孙稚雏.金文著录简目[M].北京：中华书局，1981.

容庚.金文编（第四版）[M].北京：中华书局，1985.

孙稚雏.青铜器论文索引[M].北京：中华书局，1986.

张亚初.殷周金文集成引得[M].北京：中华书局，2001.

周法高.金文诂林（十四册）[M].香港：香港中文大学，1975.

张世超，孙凌安，金国泰，马如森.金文形义通解[M].京都：中文出版社，1996.

张懋镕，张仲立.青铜器论文索引（1983—2001）[M].香港：香港明石文化国际出版有限公司，2005.

张懋镕.青铜器论文索引（2002—2006）[M].北京：线装书局，2008.

吴镇烽.金文人名汇编（修订本）[M].北京：中华书局，2006.

刘雨，沈丁，卢岩，王文亮.商周金文总著录表[M].北京：中华书局，2008.

# 后　　记

本书是在笔者的硕士学位论文《应国青铜器整理与研究》的基础上或增或删修改而成的，无论是在原先硕士论文撰写过程中还是在本次书稿撰写过程中，都得到导师张懋镕先生的批评、指正，在此致谢！关于本次书稿的撰写，原先预定课题并非应国青铜礼器，无奈因中途多种变故不得不临时撤换成现在的题目，致使眼前的这本书稿不仅修改时间短暂，更严重的是来不及等待《平顶山应国墓地Ⅱ》的出版，对书稿中多处研究论证造成甚为不利的影响。因此，笔者不奢望本书能为古应国历史文化研究带来多大贡献和意义，若能为后来研究者提供一份资料索引，心愿已足。

李树浪

成都锦江畔

2018年3月18日记